2017年国家社科基金项目结项成果

2022年安徽大学国家一流专业汉语国际教育专项资助

固化三音词研究

李思旭◎著

中国社会科学出版社

图书在版编目（CIP）数据

固化三音词研究 / 李思旭著. —北京：中国社会科学出版社，2024.3
ISBN 978-7-5227-3418-7

Ⅰ. ①固… Ⅱ. ①李… Ⅲ. ①汉语-语法-研究 Ⅳ. ①H146

中国国家版本馆 CIP 数据核字（2024）第 073845 号

出 版 人 赵剑英
责任编辑 宫京蕾
责任校对 赵雪姣
责任印制 郝美娜

出 版 中国社会科学出版社
社 址 北京鼓楼西大街甲 158 号
邮 编 100720
网 址 http://www.csspw.cn
发 行 部 010-84083685
门 市 部 010-84029450
经 销 新华书店及其他书店

印刷装订 北京君升印刷有限公司
版 次 2024 年 3 月第 1 版
印 次 2024 年 3 月第 1 次印刷

开 本 710×1000 1/16
印 张 16.25
插 页 2
字 数 298 千字
定 价 98.00 元

前　言

一

汉语的合成词大多数是在词汇层面通过构词法产生的，但也有不少合成词是在句法层面，因前后两个成分经常相邻接而逐渐凝固为合成词的（江蓝生 2013）。双音节的这类合成词，近年来在词汇化、语法化理论的背景下展开了详细的研究，取得了较为丰硕的成果，董秀芳（2011）可以说是这一领域的集大成者。但是三音节的这类合成词，还未受到学界的足够重视。虽然学界也有许多探讨三音词词汇化、语法化的文章，但是多以零散的个案研究为主，从宏观上系统地探讨固化三音词演变的研究，到目前为止我们还未见到。

本课题主要研究现代汉语固化三音词的词汇化现象及其规律，不仅对其词汇化、语法化过程进行详细的描写，而且尽量对其演变规律、演变动因、演变机制，尝试作出统一的解释。在具体研究对象的选择上，为了避免重复研究，我们提倡创新至上，即凡是学界已有很多研究而我们又暂时不能有所突破的，将不作继续研究，而是将研究的重点放在那些学界还没有研究，或尚未得到深入研究，以及研究尚存争议的固化三音词上。

固化三音词的研究意义重大，不仅有利于深入了解近、现代汉语新产生的词语，而且有利于深入了解与此相关的词汇化和语法化现象，拓展词汇化、语法化理论的应用领域。此外，三音节固化词语的研究还具有重要的应用价值，研究成果对对外汉语教学、汉语词典的修订与编纂、中文信息处理等，都具有一定的实用参考价值。

二

本课题从词类、构词图式、应用研究三个维度，对固化三音词作了尝试性的研究。按照词类的不同，分副词、连词、其他词类三个专题，在每类词里选取学界尚未研究或研究较少的典型三音词做个案研究。三音词的构词图式研究，也是以学界研究较少的非能性述补关系的构词图式为主。

三音词的应用研究主要是从词典计量研究和对外汉语教学两个角度展开。本书尝试搭建微观的个案研究、中观的构词图式研究、宏观的三音词应用研究这一立体研究框架，力图多层面、多角度探究固化三音词的共时句法语义特征、历时演变历程、演变规律。本课题的主要观点和学术创新，集中体现在“绪论”“构词图式”和“结语”这几章。

本课题的研究，尤其是其中三大词类研究专题以及构词图式研究，为了突出创新性，避免重复研究，以学界尚未研究或研究较少的个案和构词图式为主。一个选题如果学界已有很多研究，那么我们的研究则不求全面，而是突出已有研究尚未涉及的角度，比如构词图式“X 不得”就把研究重点放在了语音弱化、语义固化程度、有无相对应的肯定形式等方面；或者突出已有研究的不足之处，比如构词图式“X 不成”中的“难不成”的形成机制，并不是概念叠加和构式整合，而是利用构词图式“X 不成”直接产生的。

在构词图式和个案研究的选取上，典型性是首要条件，但同时也尽量兼顾类型的多样性。在构词图式的选择上：既有非述补关系的“X 不是”“X 不成”“X 不然”，也有述补关系的“X 不得”，还有一般的“X 说是”“XX 乎”；既有跨词类的构词图式“X 不是”（副词、连词、动词），也有单一词类的构词图式，如副词构词图式“X 不成”。在个案研究的选择上：既考虑了典型性，又考虑了词类的多样性；既涉及副词、连词、动词、代词、叹词、助词等诸多大的词类，又涉及词类内部小的下位类型。

在词汇化、语法化基础上发展起来的构式化，可分为语法构式化和词汇构式化。最近几年，国内构式化研究的重点都放在了语法构式化上，而词汇构式化的研究相对欠缺。在此背景下，我们把词汇构式化作为本书的主要发力点之一，对构词图式进行了一些尝试性研究，主要理论思索有：1）固化三音词的构式图式，按照空槽位置的不同，可分为前图式、中图式、后图式和框式图式；按照空槽数量的不同，可分为单空槽和双空槽。2）三音节构词图式在图式性、能产性、组合性方面存在差异。3）三音节构词图式具有层级性。

三

本研究 2017 年获得国家社科基金项目的资助，2022 年 6 月提交了课题结项材料，9 月底顺利结项，并收到了 5 份评审专家的鉴定意见。在给予肯定的同时，也指出了书稿的不足之处。为了便于学界同仁更好地理解本书，下面把部分鉴定意见分别摘录如下。

“固化三音词的词汇化、语法化和构式化研究”选择学界关注较少、成果不够丰富、研究不够深入的固化三音节词，从微观的个案研究、中观的构词图式研究、宏观的三音词应用研究三个层级，开展多层面、多角度的研究。所取得的成果，清晰地揭示了固化三音词的共时句法语义特征和历时演变历程、演变规律、演变动因，是近年来汉语词汇语义研究的重要成果，值得学术界重视。成果值得重视之处有以下几个方面。

一是系统全面。第二至第五章，从词类角度研究固化三音词，把三音节词归纳为副词、连词、其他词类以及副词兼类词 4 类，分类展开研究，描写并解释固化三音词的句法语义特征以及词汇化过程。第六章、第七章是固化三音词的构词图式研究，讨论了“X 不是”“X 不成”“X 不然”“X 说是”等构词图式的句法语义特征、历时演变及词汇化历程。第八章讨论固化三音词的应用问题，调查分析了《现代汉语词典》中的固化三音词的词类分布和结构，提出了对外汉语教学中固化三音词的相关教学问题。第九章从理论角度进行总结，深化了成果理论性、解释力。从事实描写到理论解释，对固化三音节词进行了系统、全面、深入的研究。

二是创新性成果多。作者在全面研究中，重点关注的是学界未及研究或研究较少的三音节典型词语，同时，从构词图式的角度展开研究，这些都是该成果最值得称道的地方，也是该成果创新性显示度最高的地方。如非能性述补关系构词图式“X 不是、X 不成、X 不然、X 说是、XX 乎”的研究，构词图式“X 不得”语音弱化、语义固化程度、成词时间以及形成机制的研究，构词图式“X 不成”、列举助词“什么的”的形成机制研究，等等。这些研究，无论是从研究方法，还是研究结论上，都推进了词汇语义和词语固化演变过程的研究，具有方法论的意义。

三是规律揭示与理论解释合理。作者注重从事实描写中揭示词语演变的规律，并作理论上的解释，体现了描写与解释的结合。如对固化三音词的来源问题，作者认为，大多数固化三音词来源于词汇化、概念叠加与构式整合、构词图式，如“到头来、蓦地里、于是乎”等由词汇化形成，“别不是、要不然、什么的、庶几乎”等由概念叠加与构式整合形成，“X 不成”等由构词图式形成等，这一研究，对深化固化三音节的研究很有意义。作者还从空槽位置、空槽数量以及图式性、能产性等方面对三音节构词图式进行了细化研究：作者认为构词图式“XX 乎”“XX 里”含有两个空槽，“X 不是”“X 不成”“X 不然”只有一个空槽，因而前者的图式性高于后者；不同构词图式的允准词数量也不同，如“X 不得”允准 13 个词，“X 不是”允准 8 个词，“X 不成”允准 4 个词。这些研究，都是该成果的重要发现。

此外，作者还揭示了三音节构词图式语义固化程度的差别，对词语成词过程的研究很有价值。

总之，该成果对推进词汇语义研究、词语演变研究、词典编纂和对外汉语教学研究等都很有价值，是近年来三音节词语研究的重要成果。

该研究语料丰富，逻辑清楚，论述较为扎实，具有一定的学术创新性与学术价值。在分析具体案例基础上对固化三音词词缀的跨词类倾向、主要形成机制及词汇化程度差异等问题进行理性思考，归纳词汇构式化中的构词图式规律，深入探讨构式空槽、构词图式特征、层级性等前沿问题。研究的创新性主要体现为两点。

第一，在构词图式和个案研究的选取上，兼顾典型性与类型多样性。在构词图式的选择上，既有非述补关系的“X 不是”“X 不成”“X 不然”，也有述补关系的“X 不得”，还有一般的“X 说是”“XX 乎”。在个案研究的选择上，涉及副词、连词、动词、代词、叹词、助词以及兼类词等诸多类型，再深入分析副词的短时、语气、情状三个下位类型，连词的转折、原因、顺承三个下位类型，兼类词的数副、动副、形副三个类型。

第二，把词汇构式化作为研究重点，探讨固化三音词的构式图式，按照空槽位置的不同，分为前图式、中图式、后图式、框式图式；按照空槽数量的不同，分为单空槽、双空槽。认为三音节构词图式在图式性、能产性、组合性方面存在差异，三音节构词图式具有层级性。

国内语法构式化研究文献丰富，词汇构式化研究成果偏少。研究者能发现词汇化受到更多特异性因素的制约，与语言特定结构相关，呈现出不同语言类型的差异，与语法化更具系统性和跨语言的一致性有很大区别，属实不易。研究最初设计“对汉语二音节固化词语的词汇化、语法化以及构式化的动因与机制的探讨，放在人类语言演变的共性背景下进行的，从而更有利于认清哪些演变反映的是汉语的个性，哪些演变反映的是人类语言的共性”问题，由于汉语的特殊韵律特征，与世界其他语言差别较大，找不到比较的基础，放弃了跨语言类型学研究，留下学术遗憾。

该成果选择近现代汉语三音词的形成过程作为考察对象。作者在近年来广泛讨论的词汇化、语法化和构式化等理论框架下，对数十个三音词的语义特征、句法分布特点和形成过程进行了分析和考察。主要建树和学术价值有以下几点。

第一，考察了数十个以往未被充分关注的三音词的特点和形成过程。

以往关于词汇化的研究，关注的重点是双音词。其实三音词在汉语中也占相当的分量，有待进一步探究。本项课题的研究，为三音词的描写和分析提供了较好的示范。

第二，作者对词汇化、语法化及构式化等理论比较熟悉，对几对关系的分析简明畅达。

第三，书稿对三音节词的词典计量研究、肯定义三音词的二语习得偏误分析等应用方面的探究，对词典编纂、二语习得研究具有较大的参考价值。

“固化三音词的词汇化、语法化和构式化研究”论题具有较高的研究价值，对固化三音词分四个维度研究，做到了理论研究和个案分析相结合，归纳了固化三音词的构词图式特征，同时探讨了固化三音词研究的应用价值，对课题研究相关的语言事实和理论作出归纳总结。其结论基本可信，提出的观点有较大创新性。

通过课题研究的系统论证，丰富和发展了固化三音词的词汇化、语法化和构式化研究的理论，其具体案例和问题研究,理论阐述较为全面、精当，论证过程中体现了课题研究者相关知识结构体系的完整性。

目　录

第一章　绪论：理论前提与方法

第一节　研究对象与研究意义

一　研究对象的界定

汉语的合成词大多数是在词汇层面通过构词法产生的，但也有不少合成词是在短语或句法结构（包括跨层结构）层面，因前后两个成分经常相邻接而逐渐凝固为合成词的，人们很容易忽略这类合成词作为词的身份（江蓝生 2013）。双音节的这类合成词，近年来在词汇化、语法化理论的背景下展开了详细的研究，取得了较为丰硕的成果，董秀芳（2011）可以说是这一领域的集大成者。但是三音节的这类合成词（本书称为“固化三音词”），还未受到学界的足够重视。如果从肖奚强、王灿龙（2006）探讨三音节连词“之所以”的词汇化算起，到现在已经 16 年。在这 16 年中，虽然也有一些探讨三音词词汇化、语法化的文章，但是多以零散的个案研究为主，从宏观上系统地探讨固化三音词演变的研究，到目前为止我们还未见到。

现代汉语中有不少已经发生了词汇化的三音词，还未引起学界的足够重视，这突出表现在词典收词的滞后上。《现代汉语虚词例释》（1982）收录 11 个三音词，侯学超主编的《现代汉语虚词词典》（1998）收录 16 个三音词，张斌主编的《现代汉语虚词词典》（2003）收录 47 个三音词。《现代汉语八百词》（1999）收录 47 个三音词，以及 22 个三音节习用语。而《汉语动词用法词典》（1999）一个三音节动词都没收录，《汉语形容词用法词典》（2003）只收录了一个三音节形容词“了不起”。

跟以上这些词典有所不同，《现代汉语词典》对三音词的收录一直比较重视，每次修订都会增收一些三音词：2005 年第 5 版新增 1010 个三音词，2012 年第 6 版新增 486 个三音词，2016 年第 7 版新增 403 个三音词。目前最新的第 7 版《现代汉语词典》收录的三音词，已从 2002 年第 4 版 5138

个增加到6210个，其中绝大多数是通过构词法产生的，由词汇化而来的三音词只占很小的比例。

本书只研究通过词汇化模式产生的三音词，不研究通过构词法产生的三音词。经由构词法产生的复合词是语言使用者有意识的创造，创造出来时就已经是词，不需要经过一个固化成词的过程。经由词汇化产生的词，则是在语言发展中自然而然地出现的，需要一定的时间过程，语言使用者往往意识不到（董秀芳2011：141）。本书以《现代汉语词典》（第7版）所收三音词为主，适当加入其他现代汉语虚词词典收录的少数典型三音词。考虑到类型的多样性，本书的研究对象既有动词、形容词、数词、代词、叹词等实词，也有副词、连词、助词等虚词。更为重要的是，不同词类的三音节词，在词汇化后又发生了词汇图式的构式化，进而形成了一些构词图式。目前学界还没有研究或研究较少的构词图式，主要有以下12个：

X不是：别不是、莫不是、可不是、要不是、敢不是、怕不是

X不成：难不成、莫不成、终不成、总不成

X不然：果不然、要不然、若不然、再不然、终不然、纵不然

X不得：怪不得、怨不得、由不得、巴不得、恨不得、了不得

X的是：说的是、为的是、有的是、多的是、真的是

X说是：别说是、莫说是、虽说是、要说是、甭说是、漫说是

X至于：甚至于、以至于、乃至于、不至于、何至于

X地里：暗地里、背地里、蓦地里、猛地里、忽地里

X然间：忽然间、突然间、猛然间、蓦然间、骤然间、陡然间

X时间：一时间、霎时间、顿时间、瞬时间、登时间、立时间

XX乎：无怪乎、无须乎、庶几乎、几几乎、于是乎、不外乎、不在乎

XX着：明摆着、意味着、紧跟着、上赶着、凑合着、伴随着、围绕着

本书主要研究现代汉语固化三音词的词汇化现象及其规律，不仅对其词汇化、语法化过程进行详细的描写，而且尽量对演变规律、演变动因、演变机制，尝试作出统一的解释。在具体研究对象的选择上，为了避免重复研究，我们提倡创新至上，即凡是学界已有很多研究而我们又暂时不能有所突破的，将不做继续研究，而是将研究的重点放在那些学界还没有研究，或尚未得到深入研究，以及研究尚存争议的固化三音词上。

汉语的三音词很多是从短语凝固而来的，如果三音词跟短语之间具有衍生关系，说明三音词是通过句法途径产生的；如果不具有衍生关系，说明三音词是经词法或其他途径独立发展出来的。除了短语的词汇化之外，三音词还有其他一些来源和渠道，可以从语法性成分参与组成的句法成分，或者由跨层结构中相邻近的成分固化而来，也可以由词法上的同义复合词

构成。那么我们不禁要提出疑问：由短语词汇化而来的三音词数量有多少？通过词汇化产生的三音词的结构类型有哪些？其他方式产生的三音词的具体情况又是怎样的呢？

本书只研究现代汉语中仍在使用的三音词（包括在近代汉语中产生的，一直沿用到现在的三音词），不研究那些在近代汉语中产生而现代汉语中已基本不用的三音词，比如杨爱姣（2005）研究的近代汉语三音词，其中有很多在现代汉语中已不再使用了。以现代汉语中仍在使用或存活的三音词为研究对象的好处在于，可以从近代汉语历时演变和现代汉语共时变异两个角度，同时对其加以研究，进而践行历时与共时相结合的研究理念。

二　三音词研究意义

三音词萌芽于上古，中古开始产生，元代以后有了巨大发展。三音词的大量出现，为近代汉语词汇发展开辟了一条广阔的道路（向熹 2010：643）。然而，与二字格、四字格词相比，三字格词语可以说是长期地受到冷落（王彦坤 2005：1），尤其是三音词成词的研究，相较于双音节词而言还不多见。

从唐代开始，一直到明末清初，汉语词汇发生了根本性的变化，有了许多新的发展，出现了很多前代所未曾见到的词汇现象，表现之一就是三音词的大量产生。三音节词是汉语发展史上较为特殊且又重要的语言现象，近现代汉语产生了一批三音节词，具有跟双音节词不同的演变过程、产生动因和演变机制，值得我们去做全面而深入的分析。唯有如此，才能真正了解三音词的本质特征，揭示三音词的演化规律，明确三音词的发展前景。比如现代汉语中的三音词，哪些是现代汉语才产生的，哪些是近代汉语就产生并一直沿用到现在的？近代汉语产生的三音词，具体产生于哪个朝代，产生的动因和机制是什么？从短语到三音词的历时演变轨迹是怎样的？

三音词大量产生于近代汉语，这绝非是偶然现象，这跟近代汉语自身的特点有关。近代汉语指唐代到清代初期这个历史时期的汉语，在此期间，虽然书面语仍以文言文为主，但是人们的口语以及一些接近口语的书面语，跟古代汉语已经有了较大的差别，而且随着时代的发展，越来越接近现代汉语了。尤其是唐宋以来，古白话广为流传，从唐宋禅宗语录、宋元话本小说、金代诸宫调、元杂剧以及明清小说等，白话口语成为文学语言的重要组成部分，这为三音词的产生提供了土壤。总之，唐宋以后以反映口语为主的古白话的广泛使用，是三音节固化词语产生的重要因素。

三音节固化词语的研究意义重大，不仅有利于深入了解近、现代汉语新产生的词语，而且有利于深入了解与此相关的词汇化和语法化现象，拓展词汇化、语法化理论的应用领域。除了这些学术价值，三音节固化词语的研究还具有重要的应用价值，研究成果对对外汉语教学、汉语词典的修订与编纂、中文信息处理等，都具有一定的实用参考价值。

比如本书研究的三音节固化词语，在三部近代汉语断代语言词典《唐五代语言词典》、《宋语言词典》（了不得、终不成）、《元语言词典》（终不然、使不得）中只收录 4 个。根据我们的研究，有些三音词就是在这一时期产生的，但是词典中并没有收录：比如“莫不是”在五代就已经发生词汇化了，两宋时期继续使用，但在《唐五代语言词典》《宋语言词典》两部词典中都未见相应的词条；“由不得”在元代已经成词了，《元语言词典》中也没有收录。本书研究的三音词，有一些《现代汉语词典》（第 7 版）、《现代汉语八百词》都还没有收入，建议这两部重要词典再次修订时，可以适当收录本书研究的三音词，比如“别不是、莫不是、可不是”“难不成、莫不成”“为的是、说的是”等，语义都已发生凝固化，完全符合词典收词的标准。可见，三音节固化词语的词汇化、语法化方面深入而细致的研究，对于修订或编纂汉语共历时词典，无疑都具有一定的实用参考价值。

第二节 研究的理论背景

词汇化是个非常复杂的过程，牵涉的因素很多。Brinton & Traugott（2005：142）就认为，词汇化有时被等同于其他过程，该过程是一个形式类性质（如“固化”fossilization）、一个语义的性质（如“习语化”idiomatization）、一个语用的性质（如“惯例化”routinization）、一个社会语言学的性质（如“约定俗成规约化”institutionalization）。下面主要从词汇化与构词法、词汇化与语法化、词汇化与构式化、词汇化与习语化四个角度展开分析。

一 词汇化与构词法

由于本书只研究通过词汇化模式产生的三音词，不研究通过构词法形成的三音词，所以有必要对词汇化与构词法、词汇化模式与词法模式的关系加以说明。

（一）词汇化与构词法的差异

已有研究中提到的“构词法”所描写的东西很多并不属于词法研究的对象，因为有些汉语复音词是历时词汇化的结果，并不是在共时状态下由词法模式生成的，不适合在词法中描写，如“知道、容易、所以、既然”等。大部分现代汉语教材在讲构词法时主要举双音复合词，其中有不少其实并不是由词法模式生成的，而是词汇化的结果，其内部结构和语义在共时状态下并不具备可分析性，不应该由词法来处理（董秀芳 2004：30）。由此可见，区分构词法和词汇化就非常有必要。

在词汇化特征较为宽泛的背景下，构词法和词汇化二者之间几乎没有或根本没有被区分（Brinton & Traugott 2005：51）。从传统意义上说，典型的词汇化就是一个构词法的过程，比如复合词、派生词、词类的转换，这是一种最宽泛的定义。从历时的角度来看，这可能也是最难以令人满意的一种定义，因为它很少或没有告诉我们各种类型的构词法的结果在跨时间上经历了何种类型的演变。所以 Brinton & Traugott（2005：62-65）就强调指出，应该将词汇化和构词法区分开。构词法常被看作是一个形态学的分支，它既依赖于词库也依赖于形态，指的是一个基本成分按照某一组合型的原则，组合成具有新语义和新结构的过程。构词法常常强调的是构形特征，而词汇化则更倾向于历时地描述词汇是如何从独立的结构输出成一个词汇的。换句话说，构词法主要关注一个语言系统中的新词，是如何在原有的基础上造成的，以及有哪些不同的类别，是一种静态的描写；词汇化主要关注的是输入端的语言单位（包括短语、句法结构、跨层结构），如何演变为输出端的新词汇形式这样一种历时演变过程，是一种动态的考察。

吴福祥（2005）认为，构词法和词汇化是语言中新词产生的两种主要途径：前者是利用特定的语法规则创造新词，即依据某种构词规则将语言系统中业已存在的两个（或两个以上）语素组合成新的词汇项；后者指一个非词汇的语言成分（主要指句法结构或词汇序列）演变成一个独立的词汇项的过程。

构词过程可以类推并具有高度的能产性，但是用这种方法创造的新词，本身不含有任何演变的过程，而且也没有一个特定的结构式作为该新词项的词源。与构词过程不同，词汇化过程不具有类推性和能产性，但却包含了一个历史演变的过程，并且总是以特定的句法结构式或词汇序列作为新词项的语源。比如双音节副词“还是”是由句法结构式“还+是 NP”中的非直接成分副词“还”和系词“是”融合而来的。

董秀芳（2004：202）强调指出，词汇化过程可以造成新的词，构词法也可以造成新的词，二者都可以产生新的词，但是二者造成新词的方式有本质的区别：

1）词汇化在语言自然演变的过程中发生，在语言运用中自然而然地实现，其出现是语言使用者的意识之外；用词法模式来创造新词是人们有意识地对规则加以运用，是一个自觉的过程。

2）词汇化的发生是一种历时的变化，往往需要一段时间，甚至很长的时间；而词法创造新词则可以在瞬间完成，如有需要还可以用现成的词法规则创造一个新词。

3）词汇化的发生是以单个形式为单位，以离散的方式进行，具有比较多的特异性（不同形式的词汇化可能会有共同的规律，某些结构类型的成批的词汇化也可以表现出一种系统性）；而一条词法规则却可以作用于大量的适用对象，以一种批量的方式创造新词，具有较多的规则性。

4）词汇化的过程是发生在语言中原本不是词（比如短语或句法结构）的单位上，也就是说词汇化的起点不是词汇成分而终点是词汇成分；词法过程的作用对象是语言中原有的词或词汇性成分（比如语素），词法过程的起点和终点都是词汇成分。

虽然词汇化过程在很大程度上表现出特异性，似乎“每一个词都有自己的历史”。但是也有相当一部分词汇化过程有着内在的相似性，比如“X说”“X是”“X着”“X了”等一批结构的词汇化，无论从形式上还是从语义的变化上，都表现出高度的一致性，这样的历时词汇化过程有可能会转变为一种共时的词法模式。换句话说，经常发生词汇化的一些句法组合模式，很可能在将来的发展中转变为词法模式。

（二）词法模式与词汇化模式

所谓“词法模式”是指词法词（即在线生成的词）的一种构词格式，这种格式是有能产性的，而且其构成成分的语义类别和所构成的复合词的意义之间比较固定。就像一个造词模子一样，能在线生产出一批由同类语义构成、语义属于同一语义类别的复合词来。董秀芳（2004：101）指出，词法模式具有以下特征：1）其中一个成分具有固定性，另一个成分具有语法类别和语义类别的确定性；或者虽然其中没有一个固定成分，但两个成分都具有语法和语义类别的确定性；2）构成成分之间的语义关系固定；3）整体的意义基本可以预测。

当发生词汇化的一系列形式中的某个共同成分，可以直接出现在大量双音节词之后，就可以证明这个共同成分已经变为词法模式中的标志性成分，使用时是根据词法模式直接加上去的，这样历时的过程就变成共时的规则。比如随着语言的发展，在成词的“X说”越来越多之后，“X说”就有可能成为一个词法模式，就会有一些“X说”作为词被直接创造出来，“X说”从而完成从词汇化模式向词法模式的转变。再比如在很多“X是”词汇化为词之后，在类推的作用下，以后“是”会不会直接黏附到一些双音节副词或连词的后面，从而构成“X是”的词呢？如果可以，则说明“X是”已经成了一种词法模式，语言使用者可以自觉地用它来构造副词或连词。也就是说，当大量的“X是”通过独立而又类似的词汇化过程形成为词之后，“是”很有可能成为副词或连词的标志，从而类推创造出结构相同的词（董秀芳 2004）。

词法模式和词汇化是词库成员的两个重要来源，经常发生词汇化的一些句法组合模式也可能在将来的发展中转变为词法模式。也就是说，词汇化模式也可以具有一定的能产性，可以变为词法模式。比如动补结构的产生是两个独立动词合并为一个使役复合词的词汇化过程造成的结果，当通过这种词汇化过程产生的动补式复合词越来越多时，历时的词汇化过程就转变为一种共时的词法模式，在这之后再产生的动补式复合词就不一定非要经历一个词汇化的过程，也可以直接是构词法的产物了（董秀芳 2007）。

总之，历史上反复出现的词汇化模式可能变为后代的构词法，当构词法确定之后，复合词就有可能直接通过构词法直接产生，而不再需要经历词汇化的过程。

二 词汇化与语法化

词汇化的概念，可以分为共时和历时两个维度来解读。共时的词汇化是指在语言系统中将概念转换为词的过程，不同的语言类型可能有不同的将概念转化为词的方式。共时词汇化以 Talmy（2000）的跨语言研究为代表。历时的词汇化有两种含义：一是指词缀变为词，这种意义上的“词汇化”是与“实词虚化”或“语法化”相对而言；二是指词的组连（指两个或多个词连接在一起的序列）变为词（沈家煊 2004）。词缀（即前者）变为词的现象十分罕见，而词的组连（即后者）变为词的现象则很普遍。沈先生在这里讲的词的组连变为词的现象，并没有区分变为什么样的词，因而实词和虚词都包括在内。

吴福祥（2005）指出，按照现时多数语言学家的意见，词汇化指的是一个非词汇的语言成分（如音系成分、语义项、句法成分、形态成分以及语用成分）演变为词汇成分的过程，而狭义的词汇化只指语法成分（形态标记、虚词以及结构式）演变为实义词的过程。他文中对词汇化的理解是，包含语法词（或附着词）的句法结构式或非直接成分的词汇序列，演变为一个独立的实义词的过程。

董秀芳（2011）注意到非词形式变为实词和虚词，是两种不同的演变类型：一个变为词汇性成分，一个变为语法性成分。词汇化的结果大部分是实词，但在一些地方也涉及语法化问题，因为短语、句法结构或跨层结构，也可能变为虚词。由于虚词是一种语法性成分，所以这一变化过程同时也可以看作语法化。还有一个区别就是：语法化一般发生在特定的语境中，如从动词演变为介词的语法化是发生在多动词的句法结构中的；但是我们很难找到具有规律性的诱发词汇化的特定句法环境，因而词汇化的变化轨迹比语法化更难追寻。为了讨论方便，她把由非词形式变为虚词的这一语法化现象，也归为广义的词汇化。

李宗江（2012）赞同吴福祥（2005）和董秀芳（2011）的观点，认为应该对词汇化和语法化进行区分，即词汇化的输入端是词组、短语或跨层结构，输出端是一个词汇性质的单位，但不一定是严格意义上的单词。因为如果说演变的输出端是词，这很容易把“词汇化”理解为单词化，可是目前讨论的很多词汇化的结果并不是一个单词，而是一个习语化的单位。那么，董秀芳认为，包含“说”的一些成分，是一个词汇性质的单位也还可以，但说是词，就不大合适了。词汇只能是指实义的词汇成分构成的系统，不包括虚词。因而词组、短语或跨层结构向虚词的演变，应该是语法化问题，不是词汇化问题。

蒋绍愚（2015：88）指出，Brinton & Traugott（2005）的词汇化定义跟国内汉语学界的定义不一样。她们认为，判定一个词语的历史演变过程到底是词汇化还是语法化，主要是看演变的结果：只有最后形成的单位是词汇性的实义词项，才是词汇化；如果最后形成的单位是语法性的或功能性的，则是语法化。国内汉语学界通常把从大于词的形式演变为词的过程都称为“词汇化”，而不管最后形成的词是词汇性的还是语法性的。比如董秀芳（2011）界定的词汇化定义就比较宽泛，把由短语、句法结构或跨层结构等非词形式演变为虚词的这一语法化过程，也看成是词汇化的一种形式。蒋绍愚认为，以上汉语学界的这种做法是有道理的，因为这有利于从总体上考察汉语词汇（包括实词和虚词）的演变方式和演变历程，否则在研究时会把一部分虚词排除在外。

此外，汉语虚词的成词有几种情况，有时候很难用“语法化”来解释，必须从词汇化和语法化两个角度来研究（蒋绍愚 2015：88—91）：

1）两个单音虚词凝固成一个新的复音虚词，或者一个单音虚词加上词缀成为一个新的复音虚词。跟原先两个单音虚词相比，这个新的复音虚词语法化的程度并没有进一步加深。这样的演变过程只能从词汇化的角度进行研究，比如“因为、何况、况且”。

2）有些语法性的词是由跨层结构凝固而成的，凝固以后其语法功能并没有进一步变化，因而不存在语法化的问题。对这些词主要研究它们是如何由跨层结构凝固而成词的，也只是词汇化问题，比如“否则、无非”。

3）有的复合词形成以后，其意义和功能有进一步的发展变化，可以同时从词汇化和语法化两个角度来研究，比如“的确、除非”。

由此可见，在汉语中区分词汇化和语法化，不能仅仅根据演变的结果，因为变为语法性成分的也可能是词汇化，起决定作用的是变化过程的特点。

有些汉语虚词的产生是通过词汇化的方式，比如董秀芳（2002）就曾举“于是、极其、所有”等词语的词化，通过分析其过程来证明词汇化的判定不能仅根据其演变结果。有些词汇化的发生具有一定的系统性和规则性，在这一点上与语法化相似，如“不V”“X说”“X是”的词汇化（董秀芳 2003，2004），这些高频使用的虚词与其相邻成分发生词汇化之后变为一系列的词内成分，已出现位置固定、有词缀化倾向，这与语法化又非常接近。

总之，词汇化和语法化的区分，不能仅看演变结果。语法化可以产生虚词，词汇化也可以产生虚词。由于汉语复合词的构造模式与短语的构造模式基本一致，这就造成了汉语词汇和语法的界限不是很容易分清，对于一个形式应归入词汇还是语法，很容易产生分歧。因此，仅从演变结果来区分词汇化和语法化的观点是有问题的，更好的方式是从演变过程的特点来区分二者。比如Himmelmann（2004）就指出，判断一个变化是语法化还是词汇化，要看这个变化过程的特点是更接近于原型的语法化过程，还是更接近于原型的词汇化过程。

本书研究的固化三音词，既包括名词、动词、形容词、数词、叹词等实词，也包括副词、连词、助词、语气词等虚词。考虑到汉语的实际，我们对词汇化的定义，没有采纳Brinton & Traugott（2005）的观点，而是采用了汉语学界的一般做法，即把非词形式演变为词的都看成词汇化，不管演变的结果是词汇性质的实词，还是语法性质的虚词。有的三音词在词汇化完成以后，又发生了语法化，即从一个词类向另一个更虚的词类演变。比如“说不定、怪不得、不由得”等词汇化为动词后，又进一步语法化为副词；“差不多、大不了”词汇化为形容词后，又进一步语法化为副词；“甚至于”词汇化为副词后，又进一步语法化为连词。此外，还有一些三音节固化习用语，如“没的说、没说的、有的是、说的是、为的是”等，虽然它们的词汇化程度很低，还处在词汇化的初级阶段——习语化阶段，但是它们已经发生了语法化。由此可见，固化三音词的产生过程，既涉及词汇化，也涉及语法化。

三 词汇化与构式化

（一）构式化与构式演化

构式化（constructionalization）是指一个全新的“形式—意义”结合体的产生过程。构式化将构式看成一个语言网络，把语法化和词汇化都纳入构式化，构建一个整体框架，不仅包含以往研究中的词汇语法化（实词虚化）和结构式语法化，而且还包括以往研究中的词汇化。构式化的目标是

“重新审视并整合先前的语法化和词汇化研究，从构式角度来解释与这些研究有关的问题”（Traugott & Trousdale 2013：1）。构式化理论继承语法化、词汇化理论的精髓同时又优于两者。或者可以说，语法化、词汇化的局限性以及构式语法的潜力，是构式化理论诞生的最重要推手。构式化对构式形式和意义的产生、演化同等关注，把词汇化、语法化和构式化看成一个连续体（Traugott 2014）。

构式语法把构式看作语言研究的基本单位，包括语素、词、短语、习语、小句、复杂句子等各种形式。所以，语言演化（如语法化、词汇化、语用化、习语化等）研究都可以置于构式语法理论框架下进行统一处理。也就是说，无论是语法化、词汇化，还是语用化、习语化，只有涉及“形式”和“意义”的共同演化，即创造“新形式—新意义”组配的过程，才是构式化；只涉及“形式”或“意义”某一个方面的演化，即单纯的形式变化或意义变化，是构式演化（constructional change），不是构式化。换言之，构式的形式或意义的单独演化，只能看作构式演化，而不是真正意义上的构式化。构式化的结果是语言知识网络中增加新的节点，构式演化并不产生新的构式，也不会为语言知识网络增加新的节点。

构式演化可先于构式化而发生，称为构式化前构式演化，简称为“构式化前演化”，并促成构式化。构式演化也可后于构式化而发生，称为构式化后构式演化，简称为“构式化后演化”，这类构式化演化通常会引起搭配的扩展，也可能伴随形式及语音上的紧缩（Traugott & Trousdale 2013：27-29）。构式化前演化→构式化→构式化后演化，从而构成了围绕构式化的连续统。构式化前演化包括语用的拓展、语用的语义化、形式和意义的错配以及一些小的分布变化；构式化后演化包括搭配的拓展，也包含形态和音系的缩减（reduction）。以“大不了”的产生为例：五代时期出现了形容词“大”修饰“不了”，从而组成状中短语“大不了”，这是构式化前演化；清代“大不了”开始固化成词，这是构式化；后来形容词“大不了”又进一步语法化为副词，这是构式后演化。

（二）语法构式化与词汇构式化

构式化主要分为语法构式化（grammatical constructionalization）和词汇构式化（lexical constructionalization），前者产生的是语法构式，后者产生的是词汇构式。语法构式化的输出端是程序性的（或功能性的），词汇构式化的输出端是词汇性的（或实体性的）。但是，语法构式化不完全等同于语法化，词汇构式化也不完全等同于词汇化（Traugott & Trousdale 2013：232）。语法构式化和语法化之间虽有一定的源流关系，但是前者打破了后者单一专注于形式或意义的传统，认为形式与意义并重。语法构式化理论与以往语法化理论的根本差别在于，前者同时着眼于实体化构式和图式化构式的发展两个方面，而后者仅仅关注实体化构式的发展。词汇构式化主要关注新形式和新意义的配对，配对中意义主要是实义的，形式主要是重要的词类，如名词、动词或形容词。

语法构式化的主要特征是能产性和图式化程度的增强、语义合成性的降低。能产性的增强指构式类型及其用例的扩展，具体表现为微观构式的类频率和例频率的增加、搭配成分的扩展。图式化程度的增强涉及两个方面：一是微观构式在使用中变得越加图式化、越加抽象，成为抽象图式中更为典型的成员；二是图式逐渐拥有更多的内部成员（即更多的次级图式或微观构式）。语义合成性的降低是指构式的意义和形式之间关联的透明度不断减小，构式的语义和功能不再是其构成成分的简单相加。

词汇构式化也同样涉及能产性、图式化程度、语义合成性三个方面的变化。词汇微观构式的形成（即凝固成词的现象）涉及的是能产性、图式化程度和语义合成性三者的同时降低。但是在词汇图式的层面，情况就有所不同了。词汇图式的构式化（即构词图式的形成），主要体现为能产性和图式化程度的增强，语义合成性的降低。比如英语中复合词微观构式martyr|dom、free|dom 等的不断使用，就促成了图式层面的词汇构式化，得到了能产的构词图式[x|dom]，从而支配着一定数量的微观构式。

本书主要研究三音词的词汇构式化，既包括副词、连词、动词、代词、叹词、助词等具体词语的构式化，也包括三音节构词图式“X 不是”“X 不成”“X 不然”“X 不得”“X 说是”“XX 乎”等的构式化，描写其构式化的历程，探讨其构式化的动因与机制。

（三）构式化研究的意义

构式化理论把语法化、词汇化和历时构式语法纳入构式化，分为语法构式化和词汇化构式化，构建了一个寓语法化和词汇化于大语言环境下的框架体系，相对于以往语法化和词汇化都属于不同类别的情况而言，构式化理论体系更加完善。在语法化、词汇化理论基础上发展起来的构式化理论，其应用前景十分广阔。从语言类型学方面来看，构式化研究尚处于萌芽和探索阶段，目前仍以英语的历时研究为主，很少涉及其他语种的构式化，仍需要通过对其他语言的研究来检验与完善。比如构式化理论对汉语的适用度有多大，还有待大量汉语事实的检验。Traugott & Trousdale（2013：237）就建议通过研究不同语言来检验构式化理论的解释力，尤其提到汉语和日语，提议观察这两种语言在演变过程中的构式类型差异。本书研究的三音词的词汇构式化研究，一方面可以检验构式化理论的跨语言解释力，另一方面也可以深化或完善这一历史语言学前沿理论。

四 词汇化与习语化

词汇化还常常涉及语义、语用的习语化（idiomization），也就是语义成分丧失了其组构性。尽管对于习语的意义还缺乏一致的共识，但普遍认同词汇化和习语化之间有着密切的联系。习语化指由短语等非词汇单位变为习语（idiom）的变化，习语虽然不是词，但却是具有词汇性的单位，很多词汇化过程的第一步或初级阶段就是习语化，即先由自由短语变成固定短语，然后再进一步向词发展。习语一般有三个特征（Brinton & Traugott 2005：55）：1）语义含混或非组构性：不可推导出习语的意义。2）语法失效：习语不允许自由组合的句法变异性特征。3）缺乏可替代性：不能够被同义词所替换，词项不可颠倒或删除。

习语的内部成分有些可以分离，有些不能分离，不能分离是更高程度词汇化的表现。习语可以通过减缩进一步词汇化，从而在语音形式上更接近于语言中典型的词。已达成的共识是，许多习语在语义上不是完全含混的，在形态和句法上也不是完全不变的。相反，跟固化存在程度差异一样，习语也是一个存在等级的概念，从较多习语性到较少习语性（Brinton & Traugott 2005：55）。用我们的话来说，就是习语也有整合程度高低的差别，比如本书探讨的 5 个“X 不是”中，“可不是”的习语化程度最高，其次是“别不是、莫不是”，而“该不是、要不是”的习语化程度最低。

根据一个习语的组成成分是固定的词项还是开放性的，Fillmore et al.（1988）将习语分为实体习语和形式习语。实体习语（substantive idioms）是指由实实在在的、固定不变的词汇成分构成的习语，这样的习语所用的词汇基本固定，一般不能随意更换。简而言之，即完全由固定成分填充的习语。如 let alone、by and large。汉语三音节实体习语有“什么的、好家伙、无怪乎”等。形式习语（formal idioms）是指一部分词汇成分不固定的、用于表达一定的语义和语用功能的格式。习语提供了一个句法框架，其中可插入不同的词项，或至少有部分词语可被换用。简而言之，即半填充的具有一定抽象度的图式性习语，如 what X doing Y。形式习语相当于 Langacker 使用的 schemantic idioms（图式性习语）。汉语中的三音节形式习语有“X 不是、X 不成、X 不然、X 不得、X 说是”，等等。只有形式习语才被吸收进语法构式的范畴，完全填充的实体习语应该归为词汇，它们像词汇一样被学习和使用。

习语化与固化、词汇化之间存在着密切关联（Brinton & Traugott 2005：56）。首先，一些习语可以看成是“部分固化”（partially fossilized）或者语义专门化，它们的解释依赖于文本环境或者外部语言环境。其次，尽管对于“习语”的含义缺乏一定的共识，但是普遍认为习语与词汇化之间存在密切的联系：从涉及属于库藏（inventory）的意义上来说，习语化就是词汇化；习语化是词汇化的历时部分，习语是词汇化的最好范例（the best example）。

第三节　研究现状与存在问题

近年来，三音词逐渐成为汉语学界研究的热点，这又可分为词汇层面的构词法研究和句法层面的词汇化研究。下面分别展开论述。

一　三音词的构词法研究

三音词的构词法研究，成果非常丰硕，包括论文、学术专著和词典三大方面。在期刊论文方面，我们通过对中国知网的检索后发现，仅就语言学专业期刊上发表的探讨三音词的论文就有董秀芳（2014）、周韧（2016）、孟凯（2016）、侯瑞芬（2017）等。

研究三音词的学位论文有近 30 篇，可分为以下四个方面：1）现代汉语三音词的宏观研究，如苏宁（2012）、吕晓玲（2015）；2）近代汉语专书中的三音词研究，如王焕彪（2013）、杨雅楠（2014）、胡庆章（2019）分别对《金瓶梅词话》《西游记》《红楼梦》三音词的研究；3）《现代汉语词典》第 5 版、第 6 版中三音词的增收情况研究，如程洲（2007）、赵向果（2015）；4）外国留学生三音节习用语、惯用语的习得研究，如王楠（2013）、白云（2014）。这些研究中存在的主要问题是，不区分构词法产生的三音词，还是词汇化产生的三音词。

在学术专著方面，有 3 本探讨近现代汉语三音词的专著。一是杨爱姣的《近代汉语三音词研究》（2005），该书探讨了近代汉语三音词的结构方式、语义构成、语法特征以及修辞特点等。书中涉及的三音词有几千条，但是跟固化三音词有关的却很少，只有“到头来、难为情、了不得、大不了、下不去、几几乎、好容易、背地里、猛地里、私地里、巴不得、使不得、少不得、免不得、终不成、终不然”共计 16 个，并且都没有展开分析。

二是杨书俊的《现代汉语三音节词语研究》（2015），该书讨论了现代汉语三音节词语的结构层次、语法属性、构成方式，三音词的造词法及其发展，以及三音节词语的语法功能与演变等。书中提到的固化三音词有“充其量、难为情、所以然、豁出去、舍不得、免不了、对不起、冷不防、保不定、大不了、怪不得、天晓得、之所以、以至于、要不然、虽说是、甚至于、意味着、难道说、到头来”共计 20 个，但是，对这些三音词的词汇化历程及其动因机制，并没有展开分析。

三是曹向华的《现代汉语三音节词语研究》（2022），该书对现代汉语三音节词语词类分布进行了统计分析，对三音节词语的结构方式、语法特征、造词方式、语义构成等方面的特征展开了研究。由于该书主要讨论的是词汇层面的构词法研究，涉及的固化三音词很少，只是在分析三音词的词类分布时提到了以下 36 个，但是都没有展开分析：动词（保不住、不敢当、犯不着、赶得及、挂不住、禁不起），形容词（不得了、不得已、够瞧的），数词（多一半、一多半），代词（那么些、那么着、这么些、这么着、这么样），副词（保不定、不由得、动不动、短不了、庶几乎、花搭着、猛孤丁、猛不丁、敢不是、几几乎、里外里），连词（别说是、乃至于、要不然、要不是、以至于、于是乎、之所以），助词（什么的），叹词（好家伙）。

在词典方面，王彦坤 1999 年主编出版了《现代汉语三音词词典》，2005 年出版了“增订本”，共收录三字词语约 5000 条。其中绝大部分是词法层面的三音词，句法层面的固化三音词，该词典虽然也收录了一些，但是数量有限。该词典的缺点明显：对所收三音词没有标注词类，释义非常简单，举例也只限于现代汉语。

二 三音词的词汇化研究

近年来在词汇化、语法化研究的背景下，三音词的研究也不断升温，可分为图式研究和个案研究两大类。

在图式研究方面，大部分研究都是语法构式，更具体来说，是语法图式构式，比如“X 不了”“X 不着”“X 不来”“X 不起”等。而词汇层面的图式构式的研究相对较少，只有董玲玲（2009）、张明友（2010）对“V 不得”的词汇化研究，刘洋洋（2017）对“V 不住”的词汇化研究，魏雪（2019）对“说不 X”语义功能和历时演化研究。

在个案研究方面，已有三音词研究文献非常多，且大部分是关于共时层面的三音词句法语义特征描写。为了使综述的主题更为集中，下面缩小了范围，主要综述一些有关三音词历时演变的文献：每类词中，主要综述那些特征明显、研究质量相对较高的词语；一个词如果有好几篇文献，则综述其中写得相对比较好的文献。以下主要从动词、形容词、副词、动副兼类词、形副兼类词、连词、其他词类（语气词、叹词、代词）、习用语 8 个方面展开。

（一）三音节动词演变研究

好意思 滕越（2013）指出，“好意思”在宋代出现，产生之初并不是一个词，而是由“好”和“意思”构成的偏正短语。明代，“好意思”语义开始虚化，在句法上作谓语，可受疑问代词“怎、怎么”修饰，用在反问句中，也可受否定副词“不”修饰。清代，“好意思”除了作谓语，后面还可以带动词，在句中主要作状语，用于反问句。民国时期，“好意思”凝固为一个词。

无所谓　陆蕊（2001）指出，“无所谓”来源于古代汉语中的“所”字结构，在句子中的作用是引证、复说。宋代以前，它是个跨层结构，尚未凝固成词，句法功能主要是在句中作谓语。到了宋代，一直延续着表示“所谓”的否定形式的用法。到了清代，“无”与“所谓”之间的边界完全消失，成为一个稳定的凝固结构，共同表达语义，作用是介绍一个新信息，旨在说明“谓”后的宾语与“无所谓”前的叙述成分的不对等的关系，其意义随之发展成为“说不上”。

王兴才（2011）探讨了“无所谓”的成词轨迹及其词义主观化问题。一方面，因类推的作用，“无所谓”的句法环境，由原来用在“S+无所谓NP”中而逐渐过渡到经常用于“S+无所谓VP/AP”，“无所谓”逐渐固化为一个表言说意义的动词，义为“说不上”；另一方面，当“无所谓”用在“S+无所谓”的句法环境中，它虚化为一个表说话人主观态度的动词，表示对S的“不在乎”或对S的“不计较”。

挂不住　刘洋洋（2017）指出，“挂不住”连用始于宋朝时期，使用频率比较低，是动补短语。到了明清时期，“挂不住”的连用有所增加，开始搭配宾语充当谓语中心，语义为“不能挂住”。清朝中后期开始，“挂不住”的句法环境和语义发生了变化，主要表示脸面上受不了、难堪，语义融合程度增加，这可以看成是“挂不住”词汇化的萌芽时期。民国，“挂不住”的出现频率增强，在动补短语“挂不住”不断发展的基础上，动词“挂不住”开始大量出现。

怪不得　董玲玲（2009）指出，“怪不得”最早是以动词形式出现在宋代的《朱子语类》中，到了元代出现了副词用法，并且在明清时期其副词用法占据优势。“怪不得”的虚化经历了“怪不得+O”到“怪不得+SVO（消极事件）”，再到“怪不得+SVO（中性或积极事件）”这三个过程；而与此相对应的“怪不得”，也从动词词组词汇化为动词，然后再继续虚化为副词。

恨不得　王灿龙（2005）认为，“恨不得”的词汇化萌芽于宋，兴起于元明，真正完成是在清代，且提出“恨不得”的词汇化与“恨”的多义性有一定的关系。董玲玲（2009）认为，“恨不得”是跨层结构“恨+不得”词汇化为动词，并且列举出动词“恨不得”和跨层结构“恨+不得”的鉴别标准。

免不了　潘晓军、周正红（2015）认为，“免不了”最早出现在明末，此时动词和副词的用法皆已成形，但尚不成熟。当“免不了”能够位于状语位置才逐渐摆脱了句法上的限制，从而为词汇化创造了有利条件。“免不了”受到一般常识规则与特例情况的限制，所以都加速了其副词化进程。

少不了 潘晓军、周正红（2015）指出，“少不了”最初是以“V +不了”的结构出现在元朝。到明朝时，它已能位于小句句首，表达的是“不会缺少”义，带有一定的能愿性。到清末时，“少不了”作为动词得到了广泛使用，其句法功能也已经非常成熟。副词性用法是在当代才出现的。

说不上 柴永华（2017）认为，“说不上”的形成机制是“V不上”到“说不上”的类推和“说不上”的逐渐词汇化，形成动因包括“上”的虚化、言说义动词的竞争和归一、语言的经济性原则和白话文学的推动。

（二）三音节形容词演变研究

好容易 江蓝生（2010）认为，“好容易”的否定义来自由它构成的疑问句，但真正表示否定、相当于“很不容易”是在陈述句中。反问句中的“好容易”后面出现谓语动词的时候，它就降格为状语，句子的语义重心落在谓语。当谓语动词是已经完成或实现时，处在状语位置上的“好容易”反诘义虚化，变得不表反诘而纯表否定。与此同时，句式也从反问句变为陈述句。作状语的“好容易”惯用化以后，凝固成一个表示反面意义的副词性成分。

不像话 潘晶虹（2016）从构式角度出发，探讨了“不像话”的形成与演变。她认为，构式“像X”为“不像话”的词汇化提供了理据支持，主要体现在两个方面：一方面，“不像话”是“像X”构式的否定式形成，从语法形式来看，“不像话”是一个双层结构（由偏正结构和述宾结构套合而成），而在现代汉语中，双层结构很难发生词汇化；另一方面，从语义上来看，“像”与“话”二者的常用意义其实并不能搭配，但在构式的强制压制作用下作了一些“变通”，“话”成为专指会话合作原则或语境要求下的话语。

不得了 徐时仪（2009）指出，“不得了”是由偏正词组“不得”凝结成三音节词。从双音节的韵律来看，“不得了”是“不得了结”的缩略；而就三音节词[2+1]的韵律而言，“不得了结”也可看作是“不得了”的扩展。赵丽华（2017）认为，宋代出现了“不得”“了（liǎo）”连用的用法；明代出现了“不得了”作补语的用法；明清时期，“不得了”正式固定于“得（的）”结构充当程度补语。“不得了”词汇化的进程，经历了两个阶段：①“不得”的词汇化；②“不得”与“了”的再词汇化。

了不得 董玲玲（2009）认为，“了不得”作为一个动补词组，最先出现在宋代。宋元时期的“了不得”使用频率很低，可用在“了不得+O”“N+

了不得”格式中。明代“了不得”出现在使役句中、无主语句中，也可以用在动补结构的补语位置。清代，“了不得”词汇化为形容词，同时保留了“了不得”元明时期的其他用法。徐时仪（2009）认为，大约在宋代，“了不得”逐渐由“不能了结”的词组义凝固成表示“情况严重”的形容词义。而后又引申为表示程度深，可用作补语，再进一步引申出加强感叹的语气，用否定式来表示肯定，表示“不同寻常，极其突出”义，从而由具体的动作义虚化为一种抽象的认知义。

不要紧　张艳（2016）、孟德腾（2018）以“这一X不要紧，Y”这一构式对“不要紧”进行了研究。张艳（2016）认为，该构式的形成过程主要是“句式杂糅”和“概念整合”。孟德腾（2018）认为，该构式属假性否定构式，其构式义为：凸显引发反预期结果“Y”的原因“X”的重要性。表意机制可以概括为：利用惯常的具有规约性质的常理或者言语活动参与者的心理期待，以“Y”的反预期性来招请人们由果溯因，通过修正话语理解过程中产生的认知偏差，反推出原因“X”对于结果“Y”而言非常重要的结论。

（三）三音节副词演变研究

果不然　江蓝生（2008）认为，“果不其然”是“果不然”的增字四字格。车录彬、许杰（2013）认为，“果不然”是由“果然”与“果不出所料”糅合而成。叶建军（2016）指出，“果不然”的生成机制是糅合，是由肯定形式的陈述句式或感叹句式“果然”，跟否定形式的反诘句式“不其然乎”类糅合而成的。这一糅合过程可以表示为：“果然”+“不其然乎”类 →“果不然”。

莫不是　楚艳芳（2008）指出，语气副词“莫不是”在宋代开始成词，元代大量使用。语气副词“莫不是”的语法化过程：莫（代词）+不是（VP）（从晚唐五代始见）到最后语法化为“莫不是”（副词）。张敏（2010）认为，“莫不是”在元代才开始正式成词。“莫”是揣测副词，“不是”是否定副词，“莫不是”由揣测副词“莫”与否定副词“不是”连用。“莫不是”的词汇化轨迹则是：莫（揣测副词）+不是（否定副词）→莫不是（揣测副词）→莫不是（反诘副词）/（揣测副词）→莫不是（揣测副词）。

可不是　孙利萍（2011）指出，“可不是”连用最早出现在唐代，到了元代，“可不是”用在反问句中的频率大大增加。张田田（2011）指出元代连用的“可不是”已经有了两个重要的变化，这个变化为它的固化打下了基础：一是连用的“可不是”开始由句中位置向句首位置转移，并且以句首位置为主；二是“可不是”后面所接的成分由表实在到后来表性质。

充其量　罗荣华、刘英（2015）指出，在宋元明时期出现了比较口语化的“充其量”，在清代发展成为语气副词。“充其量”发展成为让步语气副词的成熟标志是与限定副词“不过”共现。陈琳（2016）指出，清代“充其量”有了进一步的发展，“其”的指代性减弱、消失，同时结构凝固、语义融合。亓文香（2018）指出，北宋和南宋时期“充其量”意义逐渐固化，分别出现了动词和副词用法。

指不定 陈琳（2016）认为，“指不定”是在现代汉语经历了词汇化和副词化。语义的具体义减少、抽象义增加，结构由松散到凝固，黏着性增强，语音弱化，是“指不定”语法化的重要条件；指不定+疑问形式的句法成分+小句谓语，是“指不定”语法化的重要的句法条件。李晓琴（2017）指出，“指”最早出现于《今文尚书》，“不定”最早出现于春秋时期，“指不定”首次出现于清朝，是一个述补结构。“指不定”的词汇化过程是：“指不定”最初表示“不能指定”，也就是不能确定的意思；后来“指不定”凝固为一个语法词，不可再分析，表示推测义。

不见得 徐锦芳（2016）指出“不见得”这一形式最早出现在西汉时期；到了元朝，“不见得”已经凝固成一个词。潘晶虹（2016）指出，“不见得”的最早用例出现在六朝时期的《幽明录》中；到了宋代，“不见得”由动结式偏正结构转变为状态型述补结构和可能式述补结构，“不见得”在这种语言环境中由特定的语境及语用推理共同作用而发生了重新分析，产生了情态意义。

一口气 曾常红（2014）指出，“一口气”的词汇化从元末明初开始，明代中后期已基本完成，它经历了由事物性、转喻性指称到比况性、方式性描摹的演变过程。在这个过程中，“一”“口”和“气”的基本义以及呼吸的生理特征为其词汇化提供了语义基础，“一口气”所在的主谓词组、熟语和小句为其词汇化提供了促发“类推”的句法环境，而“一口气”的篇章衔接功能和形象、简洁的表达需要，为其词汇化提供了动力。

（四）三音节动副兼类词演变研究

不由得 范振强（2011）指出副词“不由得”是由“不由”加上后缀“得”发展而来的。“不由得”最早出现在北宋，句子中“由”还是一个动词，“不由得”仍是个动词性短语，表示“不能任由……”。明末，“不由得”大量出现，从一个保留一定动词性的词语演变为一个相当于副词的成分。康馨月（2014）认为，“不由得”最初是一个词组，后来逐渐凝固成一个动词，而后逐渐衍生出副词的用法。现代汉语中基本上作副词使用，语义也从“不允许”发展到“禁不住”，从否定发展到情态。

保不住 孙青波（2014）认为，副词“保不住”由能性述补结构“保住”的否定式演变而来。“保不住”连用最早始于明代的《剪灯新话》中，但数量很少。清中期“保不住”连用的用例增多，并发展出动词和副词的用法。动词用法“保不住”的形成源于线性序列上的紧邻、高频的使用以及“保”和“住”较低的动词义特征。副词用法的“保不住”是在动词用法基础上发展而来的。

刘洋洋（2017）也认为，“保不住”连用的语例最早出现在明代初期《剪灯新话》。明代，“保不住”使用数量很少。清代中期，“保不住”连用开始大量增加，在此基础上，动词“保不住”大量出现，是词汇化发展的萌芽时期。清朝末年至民国时期，“保不住”基本上延续了清朝中期的用法，“保不住”位于谓词性短语前面充当状语，从谓语或谓语中心的动词核心地位退居到了句中的非主要地位。由于经常出现在谓词性成分的前面充当状语，最终发展成为一个情态副词。

说不定　刘科含（2016）认为，“说”与“不定”连用最早出现于北宋，但是还处于分离的状态。“说”和“不定”融合始于明代，表示一种“不能说确切，没把握”的意味，此时的“说不定”已经发展成为动补短语。清代，“说不定”出现了作语气副词的用法。陈琳（2016）认为，“说”与“不定”的共现，最早可以追溯至先秦。宋代出现第二例“说”与“不定”共现的情况。至迟到明代才出现了有完整意义的“说不定”，但是出现频率很低。明代以后，“说不定”才大量出现。“说”由具体的“言说”义泛化模糊的过程，也是“说不定”发展凝固的过程：由短语发展为固化短语，再到动词，最终发展为语义虚化的副词。

（五）三音节形副兼类词演变研究

大不了　周敏莉（2012）指出，“大”和“不了”（表“不能了结”义）在线性序列上首次组合出现在清代，而且主要是出现在“大不了+（结构助词）+名词”这样的偏正结构中。当形容词“大不了”处在状语位置时，便逐渐被重新理解为“程度最高的、最多也不过”的意思，从而在语义及功能上向副词演变。副词“大不了”在清代产生，是形容词“大不了”在言谈的足量准则的作用下经过语用推理固化形成的。

差一点　车录彬（2017）认为，“差一点”最早用例见于元末的《宋史》中，此时“差一点”还是个意义实在的临时动宾结构，用例较少。进入清代以后，“差一点”突然大量出现，而且似乎副词性用法比动宾式、形补式用法出现得更多、更早。明末清初的作品《醒世姻缘传》里面，开始出现大量副词性的“差一点”。

（六）三音节连词演变研究

之所以　肖奚强、王灿龙（2006，2010）认为，连词“之所以”是由句法单位词汇化而成。至迟在南朝时期，“所以”的虚化已初露端倪。到唐五代时期，它的连词用法趋向成熟，“之所以”开始融合，变成一个表示结果的连词。到南宋时期，“之所以”用作表示结果的连词已经相当成熟。到现代汉语时期，其词汇化程度已经相当高了。

王兴才（2007）认为，“之所以”有两个来源：一是源于句法形式“S+之+所以 VP”的“之所以$_1$”；二是源于指示代词“之”修饰和限定后面的名词性词组“所以 VP”的“之所以$_2$”。现代汉语里的“之所以”应该有“之所以$_1$”和“之所以$_2$”两个，它们仅仅是形式上相同，来源不同，用法也不一样。王兴才（2009）则进一步认为，之所以$_1$”和“之所以$_2$”都尚属于句法层面自由组合的范畴，都尚未进行成词的演化（即词汇化）：“之所以$_1$”是句法结构，“之所以$_2$”是由词汇性成分构成的短语。

要不是 纪明俐（2009）指出，宋代，“若不是”表示假设否定，出现在前一假设小句中。“要”语法化为假设连词后，逐渐代替“若”。明代，首现“要”与“不是”的连用。清代，“要不是”出现在小句前，具有连词功能，并开始大量运用。当代汉语中，“要不是”重叠使用，出现选择义。

（七）三音节其他词类演变研究

语气词“就是了” 汪如东（2010）认为，“就是了”在形成过程中很可能不是“就是”跟“了”先组合，而是“是了”先组合，然后“就”跟“是了”再组合。到明清时期，“是了”充当语气助词的用例就不少见了，“就是了”结构是在“是了”的前面添加“就”来表示强调。现代汉语中，句末的“是了”日渐减少，基本上已被“就是了”所替代。

刘顺、潘文（2014）认为“就是了”的产生是替换准语气词“便是了”的结果，“便是了”形成于元末明初。短语组合“就是”最早出现在元杂剧中，大约在元朝的中前期，“就是”开始替换“便是”。明朝中前期，语气词“就是了”替换准语气词“便是了”。到现代汉语时期，“就是了”完全替代了“便是了”，成为唯一形式。

叹词“好家伙” 于立昌（2016）提出“好家伙”在清末已经有虚化迹象，表现在“好家伙”中的“家伙”已不再实指，具有类词缀的性质。由于经常与形容词“好”结合，“好家伙”逐渐词汇化，并保留在共同语中。韩金秒（2019）认为，元代文本中才出现“家伙”这一词。到明代及以后，“家伙”一词被运用在文本中的次数越来越多。到了清代才出现了具有叹词性质的“好家伙”一词。

代词“怎么着” 宋敏慧（2019）指出，在明清小说中开始出现“着”附加在“怎么”之后的连用形式，“怎么着”是由“着”附着于“怎么”组合而成的。“怎么着”的来源可能是由表询问功能的“怎么着”语法化而来，也可能是从“怎么着”句简省而来。

（八）三音节习用语演变研究

有的是　王建军（2006）指出，“有的是”在元代成型，是一个“三合一”的叠加结构，该结构的黏合过程分为两个阶段：初始黏合阶段（“有”与“的”）和终结黏合阶段（“有的”与“是”）。从“X 有的是 Y”到“YX 有的是”，其间最根本的变化是“有的是”移动到 Y 后面，即“有的是”真正凝固的标志是“Y 有的是”格式的出现，此时“是”字已经完全虚化，不再是表判断的系词了。

刘志富（2010）认为，“有的是”词汇化的机制是句子“S 有的是 NP”的重新分析。“有的是”的领有存在义正是“有”的基本义，“有的”构成“的”字短语具有称代功能，随着“有的是”的词汇化，“是”的作用由焦点标记逐渐演变为一个词内成分。

没的说　亓文香（2014）指出，“没的说”“没说的”最初都出现在明清白话小说中，意义经历了“没有话说”→“没有意见”→“非常赞同”→“好”的发展路线。“没说的”来源于“V+的”结构的否定形式，“没的说”来源于“有的+VP”结构的否定形式。储思潜（2017）指出“没的说”是明朝开始出现的，是由“没话说”演变过来的。

莫须有　周晓彦（2019）认为，“莫须有”的词汇化过程可分三步：第一，“莫”由否定副词演化为揣测副词，情态动词“须”由动力情态义经道义情态义演化为认识情态义；第二，“莫须”连用，由“否定副词+情态动词”词汇化为揣测副词；与此同时，其语义经历了“不须”→“不会……吧/也许”→“也许、恐怕”的演化过程；第三，“莫须”与“有”连用凝固为状中复合词“莫须有”。

去你的　王艳、储泽祥（2016）指出，“去你的”这一结构最先出现在清代，表示祈使意义。民国时期，“去你的”产生情态意义。现代汉语中“去你的”构式已经形成，能够固定地表达否定态度或消极情绪。“去你的”构式产生的基础是简省式的结构不完整性和语义模糊性；“V 你的”和“V 你的 N”结构的类推作用是“去你的”构式产生的内在动因。

三　研究中存在的问题

综上可见，目前三音节词以零散的微观个案研究为主，缺乏系统性的研究。从宏观上对固化三音词进行词类研究的目前还没有，比如可以按照词类分为：三音节动词研究，三音节副词研究，三音节连词研究，等等。已有的中观研究，主要是对格式的研究，比如“V 不得”“X 不定”“X 不准”等，但没有区分是词汇层面的构词格式，还是句法层面的一般格式，这两者的性质很不相同，很有区分的必要。如果不作区分，容易导致研究中既有三音节词，又有三音节短语，这很不严谨。

已有的构词图式研究，几乎全部集中在述补关系的“V 不 C”上，比如“V 不了”“V 不住”“V 不定”“V 不得”“V 不好”“V 不准”等，而非述补关系的构词图式则鲜有研究。所以本书把研究的重点转向非述补关系的构词图式上，比如“X 不是”“X 不成”“X 不然”“X 说是”“XX 乎”，而述补关系的构词图式则只讨论一个“X 不得”，并且主要从一些全新角度切入。

以上存在的问题和不足，正是本书努力的方向。我们先对三音词作宏观系统性的分析，即按照词类的不同，做副词、连词、其他词类共 3 个专题，在每个专题内部以选取典型词语作个案研究为主。中观层面以固化三音词构词图式研究为主，探讨了“X 不是”“X 不成”“X 不然”“X 说是”“XX 乎”“X 不得”6 个典型构词图式。总之，本书尝试搭建微观的个案研究、中观的构词图式研究、宏观的三音词词类分析这一立体研究框架，力图多层面、多角度探究固化三音词的句法语义特征和历时演变历程、演变动因、演变规律等。

第四节 本书框架与主要内容

本书共分九章，可分为五大部分，各部分内容如下。

第一部分（第一章），介绍研究的理论前提和方法。对本书的研究对象作了界定，并指出固化三音词研究的学术价值和应用价值。介绍了本书研究直接相关的语言学理论：词汇化、语法化、构式化、习语化。从构词法和词汇化两个角度对已有三音词研究进行了综述。

第二部分（第二章至第四章），固化三音词的词类研究。从副词、连词、其他词类这 3 个维度，对固化三音词的句法语义特征及其词汇化进行研究。第二章讨论了短时副词“一眨眼”、语气副词“到头来”和情状副词“蓦地里”3 个三音节副词。第三章讨论了转折连词“虽说是”，原因连词“为的是”和顺承连词“于是乎”3 个三音节连词。第四章对动词“下不来”，代词“这么些”“那么些”，叹词“好家伙”，以及列举助词“什么的”5 个固化三音词作了探讨。

第三部分（第五章和第六章），固化三音词的构词图式研究。第五章从中观层面讨论了“X 不是”（别不是、莫不是、可不是、要不是）、“X 不成”（莫不成、难不成、终不成、总不成），以及“X 不然”（要不然、再不然、果不然、终不然）3 个构词图式的句法语义特征及其历时来源。第六章从中观层面讨论了递进连词“X 说是”（别说是、莫说是、漫说是、甭说是），语气副词“XX 乎”（无怪乎、无须乎、几几乎、庶几乎），以及“X 不得”（怪不得、怨不得、恨不得、了不得）3 个构词图式的句法语义及词汇化历程。

第四部分（第七章和第八章），固化三音词的应用研究。第七章是固化三音词的词典计量研究，包括《现代汉语词典》（第 7 版）固化三音词的词类分布和结构分析，《现代汉语词典》（第 5 版、第 7 版）固化三音词的纵向对比，《现代汉语词典》（第 7 版）与《现代汉语规范词典》（第 3 版）固化三音词的横向比较。第八章是固化三音词的对外汉语教学研究，包括固化三音词的对外汉语教学大纲以及口语教材的调查，三音节“肯定义”口语习用语的偏误分析、教材调查以及教学策略。

第五部分（第九章），对本书所涉及的主要语言事实和理论进行归纳总结。固化三音词的理论思考，包括三音词词缀的跨词类倾向，三音词的主要形成机制及词汇化程度差异，“V 不 C”“V 得 C”的构词不对称。对词汇构式化中的构词图式进行了探讨，包括构式空槽、构词图式的特征以及构词图式的层级性。

第二章　固化三音节副词研究

第一节　短时副词“一眨眼”

时间副词是现代汉语副词中比较重要的一个次类，大约占副词总数的30%（陆俭明、马真 1999）。时间副词按照内部时间的长短，可分为表时段的时间副词和表时点的时间副词（即“短时副词”）。短时副词“一眨眼”目前学界还没有任何专文研究，即使是双音节的“眨眼”也只有一篇研究文献，即张伟轩（2016）对“眨眼、转眼、转脸、回头”等10个表短时义词语进行了认知和语法化角度的分析。

调查几部重要词典后发现，只有张斌主编的《现代汉语虚词词典》、李行健主编的《现代汉语规范词典》（第 3 版）收录了“一眨眼”：前者认为“一眨眼”是副词，表示时间极短，常用于句首，如“一眨眼已经是月底了”；后者认为“一眨眼”是形容词，表示眨眼之间，形容时间极短，如“机群飞过，一眨眼就消失了/一眨眼的功夫”。但是我们认为“一眨眼”并不是形容词，而是表短时义的时间副词；作定语的“一眨眼”并不是形容词，而是状中短语。本节利用北京大学 CCL 语料库，对短时副词“一眨眼”的语义特征和时体特征展开分析，尝试探讨“一眨眼”的词汇化历程及其动因。

一　“一眨眼”的语义特征

（一）短时义

“一眨眼”最突出的语义特征是“短时义”。在表示短时义时，既可以表示客观短时义，即在很短的时间内发生了某事；也可以表示主观短时义，即客观上时间并不是很短，但说话者主观地认为时间很短。就语料库中的实际用例来说，主观短时义的使用频率远远高于客观短时义。

（1）4 位男女“变脸”演员轮番登场，一眨眼，黑脸红脸，青脸紫脸，看得台湾民众连连叫好。（2003 年《新华社新闻报道》）

（2）一眨眼，李武在内蒙古毛乌素大漠已拼搏了 16 个年头。（1995 年

《人民日报》）

以上例（1）中的“一眨眼”表示客观短时义，“变脸”是川剧表演艺术的特殊技巧之一，“变脸”演员黑脸红脸，青脸紫脸，说的是演员转瞬间变换各种脸谱。例（2）中的“一眨眼”表示主观短时义，“拼搏16个年头”并不是“一眨眼”所能发生的事情，由于说话者主观情感的作用，运用了夸张的手法凸显说话人对时光飞逝的感慨。

由此可见，“一眨眼”表示短时义的时候具有很强的主观性。“一眨眼”虽然可以表示客观短时义，但是用例很少。“一转眼”所修饰的事件往往是短时间内难以完成的，用“一眨眼”来修饰，往往带有一种夸张的意味，所以说“一眨眼”在表示短时义时具有很强的主观性。

（二）出乎意料义

（3）昨天，在西瓜园的大会场上，周炳也分明看见了他，但是一眨眼又不见了，想不到他如今却在这里出现！（欧阳山《三家巷》）

（4）几十年的松树，漂亮得像棵圣诞树呀，一眨眼给锯掉了！（《读者》）

例（3）“他不见了”是出乎周炳意料的事情，例（4）“几十年的松树被锯掉”也是出乎说话人意料的事情。

（三）虚拟夸张义

（5）想到应付这个词，他不禁苦笑了笑，抬头看看天上的星，觉得那星们变得有些空洞，一眨眼就要消失了似的。（张洁《漫长的路》）

（6）又扭回头对他用天生的、特殊的魅力露齿一笑，就往前跑，一眨眼就像一只野兔钻进稻田里去似的，跑得无影无踪了。（欧阳山《三家巷》）

例（5）“就要消失了似的”是一种虚拟的情况，并没有发生。例（6）“像一只野兔钻进稻田里去”是虚拟的，是一种比喻，为了说明区桃跑得快。这两句都用了夸张的修辞手法。

二　“一眨眼”的时体特征

（一）“一眨眼”的体特征

通过对北京大学CCL现代汉语语料库“一眨眼”170条有效语料的分析，我们发现，“一眨眼”既可以用于现在完成体，也可用于将来完成体。如：

（7）多少条彩闪似的一直的自上而下落下来，或横扫过，一眨眼，秋树已成了光杆。（《老舍长篇》）

（8）我要是把它放开，它一眨眼就会跑到别墅里去。（《福尔摩斯探案集》）

以上例（7）“秋树已成了光杆”是说话时已经发生的事件，“一眨眼”与时间副词“已”、动态助词“了”共现，是典型的已然完成体事件。例（8）说话人认为，如果将它放开，它将会跑到别墅去，属于将来完成。虽然“一眨眼”既可以用于现在完成体也可以用于将来完成体，但是二者的频率却相差很大，比例是165:5。

（二）“一眨眼”与时体成分的共现

马庆株（1981）根据动词后时量成分的不同，将动词分为持续性动词与非持续性动词两大类，前者又可分为强持续动词和弱持续动词。据我们对“一眨眼”有效语料的考察，“一眨眼”主要与非持续动词共现，也有少数与弱持续动词共现，但不能与强持续动词共现。

首先，“一眨眼”可以与非持续动词共现。以下例句中“一眨眼”分别与非持续动词或动词性成分“过去”“成了”“穿过”共现，“一眨眼”所修饰的事件“14年时间过去”“秋树已成了光杆”“他穿过灌木丛和溪谷”在说话时间已经完成，是完成体。

（9）依旧熙熙攘攘、推推挤挤的生活，14年，一眨眼就过去了。（《读者》）

（10）多少条彩闪似的一直的自上而下落下来，或横扫过，一眨眼，秋树已成了光杆。（《老舍长篇》）

（11）他推开门，走出笼子。一眨眼他穿过灌木丛和溪谷向西北疾跑。（《地球杀场》）

其次，“一眨眼”可以与弱持续动词共现。以下例句中“一眨眼”分别与弱持续动词“跑”“走”“砍”共现，但句中这些弱持续动词并不表动作的持续，它们通过不同的方式使动作实现了有界化（李思旭2011），比如例（12）、例（13）动词后面出现补语“到”“得”，表示动作的结果；例（14）动词后面加补语“下”，也促使了动作的有界化。

（12）我要是把它放开，它一眨眼就会跑到别墅里去。（《福尔摩斯探案集》）

（13）我追赶您追得多苦啊。您一眨眼就走得没影了。（《残雪自选集》）

（14）亚拉冈满腔怒火正好无处发泄，一眨眼就砍下了守卫队长的脑袋，其他的半兽人见情势不对，纷纷开溜。（《魔戒》）

“一眨眼”与动词的共现情况，如下表所示。“一眨眼”只能与非持续动词和弱持续动词共现，这跟“一眨眼”的短时义语义特征有关，强持续动词由于跟“一眨眼”的短时义特征相矛盾，所以不能共现。

表 2-1 “一眨眼”与动词的共现

非持续动词	弱持续动词
成、过去、离开、看见、穿过、估透、消失、卖光、到了	走、跑、拼搏

在与动态助词的共现上，“一眨眼”可以与“了$_1$”“了$_2$”共现：例（15）“一眨眼”与动态助词“了$_1$”共现表示动作完成；例（16）“一眨眼”与动态助词“了$_2$”共现表示事态的实现。

（15）昨天她将一幅图拿到阳光下，她亲眼见到那图纸烧起来了，一眨眼就成了灰烬。（《残雪自选集》）

（16）谦，日子真快，一眨眼你已经死了三个年头了。（朱自清《给亡妇》）

“一眨眼”不与动态助词“着”“过”共现，这跟短时副词“一眨眼”的时体特征有关。“一眨眼”所修饰的事件往往都是已经完成的，属于现在完成体。动态助词“着”一般表示动作的进行或状态的延续；动态助词“过”一般表示曾经发生某动作或存在某状态，但是，现在动作已不进行或状态已不存在。这些与“一眨眼”的现在完成体特征不一致，因此“一眨眼”不与“着”“过”共现。

在跟时间频率等其他副词的共现上，与“一眨眼”共现的时间副词有“就、就要、已、已经”，频率副词有“又、也”，范围副词有“都”。如：

（17）你不停地追赶它，把一天当成两天用，可十年的时间还是一眨眼就过去了。（1994 年《报刊精选》）

（18）他跌跌撞撞地走到外面，一眨眼又抓着那把大葱回来了。（1997 年《作家文摘》）

（19）他这才明白土匪般的警备队员们，一眨眼都叫八路军给拾掇了。（冯志《敌后武工队》）

表 2-2 “一眨眼”与其他副词的共现情况

共现的副词类型	具体副词	数量（条）	总数（条）	频率
时间副词	就（要）	63	86	79.6%
	已（经）	14		
	便	9		
频率副词	又	11	13	12%
	也	2		
范围副词	都	9	9	8.4%

由上表可见，“一眨眼”与时间副词共现的频率最高，高达 79.6%，我们认为这是言者主观性的体现。上文提到，“一眨眼”在表示短时义时具有很强的主观性，与时间副词“就（要）、已（经）”等连用，更加凸显了短时义与完成义。如例（17），“一眨眼”与时间副词“就”连用，如果将时间副词“就”删去，则变成了“可十年的时间还是一眨眼过去了”，与原句相比，主观性倾向有所减弱。

此外，短时副词“一眨眼”与其他副词搭配使用时，总是出现“一眨眼”+其他类副词的语序。我们分析这种现象的出现，可能主要受以下因素影响：1）根据张谊生（1996）、史金生（2011）的观点，各种副词连用时，一般总要遵循着某些顺序，而当时间副词与其他类副词连用时，往往时间副词会出现在频率副词、范围副词、语气副词以及否定副词之前，所以“一眨眼”与上表中提到的 3 类副词连用时，倾向于出现在它们前面的位置。2）为什么有时候同属于时间副词，而“一眨眼”也往往出现于其他副词之前呢？该现象的出现可能跟副词所管辖的范围有关。“一眨眼”的辖域是句子，强调句子所表示的事件发生得突然，而其他时间副词的辖域主要是谓语动词所表示的动作。因此，“一眨眼”倾向于出现在其他与之共现的时间副词之前。

三 “一眨眼”的词汇化及动因

（一）“一眨眼”的词汇化

李思旭（2017）指出，汉语的三音节词很多是在双音节的基础上发展起来的，新词的构成经常利用已有的词汇成分作基础。本节研究的短时副词“一眨眼”就是由“一”+双音节动词“眨眼”发展而来的。

根据北京大学 CCL 古代汉语语料库检索的显示，“眨眼”一词最先出现在五代时期的《祖堂集》中，此时的“眨眼”还是表示动作，指“眼睛一闭一睁”。如：

（20）师曰：“还曾眨眼向陛下摩？”鱼军容问：“师住白崖山时如何修行？”（五代《祖堂集》）

北宋时期，“眨眼”开始出现在“VP 不眨眼”结构中，古代汉语语料库“眨眼”的语料一共 210 条，“VP 不眨眼”有 67 条，占比高达 32%。此时“眨眼”表示“眼睛一闭一睁”，表示动作义；“VP 不眨眼”整个结构表示“做某事毫不犹豫”，有凶狠残暴的意味。如：

（21）而元适至，子淳请说法於上蓝。元炷香曰。此香为杀人不眨眼上将军。（北宋《禅林僧宝传》）

（22）翰怒诃曰：“长老不闻杀人不眨眼将军乎？”（南宋《五灯会元》）

明代，“眨眼”不再仅仅表示动作义，而且还出现了表时间义的用法。如：

（23）要把女儿嫁个人家，思量靠他过下半世，又高不成，低不就。光阴眨眼，一错就是论年，女儿也大得过期了。（明《二刻拍案惊奇》）

（24）你我年过四旬，尚无子嗣，光阴似箭，眨眼头白。百年之事，靠着何人？（明《警世通言》）

例（23）不能再将“眨眼”理解为动作义“眼睛一闭一睁”，“眨眼”出现在主谓结构中作谓语，主语是时间名词“光阴”，这里的“眨眼”具有了时间义，表示时间很快就过去了。例（24）“眨眼”也表示时间义，即“很快”的意思。

在明代小说《醒世恒言》中，出现了“眨眼间”这样的结构，这是由本义衍生出相似性比喻义，表示“只有一眨眼的时间那么长”，如例（25）。与“眨眼”和“间”“之间”的搭配使用相比，“眨眼”与时间名词搭配的频率较低，经语料库检索发现，古代汉语中“眨眼”修饰名词的语料仅有4条。

（25）那阵风却把地下这些花朵吹得都直竖起来，眨眼间俱变做一尺来长的女子。（明《醒世恒言》）

清代，“一眨眼”开始出现，作定语，还可以出现在“一……（间）”结构中，整个结构表示很短的时间。如：

（26）哪里有她娘的踪迹。急得她屋前屋后到处乱找，兀自没有影子。又想，一眨眼的工夫，无论如何走不到怎远的去处。（清《八仙得道》）

（27）这边天子惊喜非常，道：“卿等看他如何一眨眼间就上了高阁呢？”（清《七侠五义》）

（28）二人听得清楚，不由都抬头一望，一眨眼间，一位金甲神人，带着一犬自天而下。（清《八仙得道》）

民国时期，“一眨眼”出现了副词用法。下例中“一眨眼”修饰“女鬼很快就消失了”，此时“一眨眼”也可以移动到句首主语“女鬼”前，形成“一眨眼女鬼果然就不见了”。

（29）夫人破门而入，女鬼果然一眨眼就不见了。（民国《古今情海》）

为了形象起见，我们将“一眨眼”的词汇化历程做了一个梳理，如下表所示：

表 2–3 “一眨眼”的词汇化历程

五代	北宋	明代	清代	民国
眨眼：表动作，眼睛一闭一睁	眨眼：表动作；“VP 不眨眼”结构：表示做某事毫不犹豫	眨眼：动词，表时间义。	一眨眼：作定语，表时间义	一眨眼：副词

从上表可见，双音节结构“眨眼”最先出现在唐五代时期，此时的“眨眼”表示最原始的意义：眼睛一闭一睁。北宋时期，“眨眼”大量出现在“VP 不眨眼”结构中，整个结构表示“做某事毫不犹豫，具有凶狠残暴的意味”。明代，“眨眼”出现了动词的用法。此外，“眨眼”经常出现在“……间”结构中，整个结构强调时间非常短。清代，“一眨眼”作为一个线性结构开始出现，作定语修饰时间名词。到了民国时期，“一眨眼”出现了副词用法。

（二）“一眨眼”词汇化的动因

短时副词“一眨眼”词汇化的动因，主要有句法环境的改变、认知隐喻以及语义融合等。

首先，句法环境的改变为短时副词“一眨眼”的词汇化提供了条件。通过上文分析，我们发现“眨眼”由一开始作谓语到明代作定语修饰时间名词，清代“一眨眼”最先出现是在“一眨眼间”结构中，而“一……（之）间”这个格式在春秋时期就已经有了表示在某段时间的用法，比如下例中“一食之间”的意思是在吃饭之间，也可进一步引申为“吃一顿饭的时间”。

（30）吾子一食之间而三叹，何也？（春秋《国语》）

从西汉开始，出现了大量时间名词用于“一……（之）间”的例子，如“一世之间、一日之间、一年之间”，但是并未发现有动词或动词词组出现在该格式中。直至唐代，动宾结构的“弹指”出现在“一……间”格式中，如：

（31）若遇善知识，劝令一弹指间，皈依地藏菩萨。（唐《地藏本愿》）

在佛经中，二十瞬倾为一弹指，也就是时间很短的意思。这个例子说明，唐代已有动词词组进入“一……（之）间”格式中，并且表示时间很短的意思；“一眨眼”最先出现在“一眨眼间”这个格式中也是合理的，整个结构表示时间很短。

在近代汉语中，“一眨眼”的语料共有 24 条，其中有 4 条是“一眨眼间”的用法。后来，“一眨眼”出现在定语的位置，再后来“一眨眼”出现在状语的位置，如：

（32）铁拐先生笑了笑，用手向钟离权丢下泥团处指了一指，忽然大片污泥四面卷了拢来，一眨眼的工夫，卷成一个滚圆的大泥团儿。

（清《八仙得道》）

（33）还没有等到林义成告诉她徐骧往访被害的话，一眨眼早把原来的番装重新扎扮停当。（清《孽海花》）

“一眨眼间”具有表示时间很短的语义，“一眨眼间”中的“一眨眼”是作定语。清代，“一眨眼”也可以作定语修饰“功夫”“工夫”这样的时间名词，后来出现在状语位置修饰后面的小句。“一眨眼”由最初出现在“一……之间”格式中，到后来的出现在定语位置再到状语位置，所经历的时间很短，从明代到清代，仅隔了一个朝代。但是“一眨眼”后面所修饰的内容却已经发生了变化，由修饰名词性内容到修饰以谓词为中心的结构，此时句子的重心并不在“一眨眼”上，而在“一眨眼”后面所修饰的谓词上。这样，“一眨眼”具备了充当状语的功能。因此，句法环境的改变为“一眨眼”的词汇化提供了条件。

“一眨眼”作定语修饰名词的时候，往往都是修饰时间名词，如“工夫、瞬间、时间”，“一眨眼”作定语时就是“一眨眼的时间”的意思。因此，当“一眨眼”后面所修饰的名词不出现时，也不影响语义，比如下例（34）改为“一眨眼水已深可没膝”也可以说。因此“一眨眼”后面所修饰时间名词的省略，为“一眨眼”句法位置的改变提供了条件，去掉后面所修饰的名词后，“一眨眼”不再充当定语而是作为状语修饰后面的动词性短语或小句，这为“一眨眼”词汇化为副词提供了可能。因为后面的动词性短语或小句是句子的表义重心所在，前面状语位置的“一眨眼”处在非重心地位，成分之间很容易由于边界失落（boundary loss）而发生词汇化（董秀芳2003）。

（34）夫妻俩未及答言，忽然平地水起，自数寸至一尺、二尺、三尺，一眨眼的工夫，水已深可没膝。（清《八仙得道》）

其次，隐喻在“一眨眼”词汇化过程中也起着非常重要的作用。三音节短时副词“一眨眼”的词汇化，与双音节副词“眨眼”由表动作义到表时间义的虚化有关。上文例（23）提到，明朝时期，本来是表示动作的“眨眼”，出现了表时间的用法。双音节“眨眼”的成词为三音词“一眨眼”的词汇化提供了基础。“眨眼”的本义是指“眼睛一闭一睁”，但是，在语言表达中，“眨眼”所表示的时间很短。认知语言学的时空隐喻理论普遍认为，“时间就是空间”。“眨眼”在表示动作时，动作有起止点，并且该动作在短时间内可以完成。也就是说，“眨眼”在空间概念和时间概念上建立了联系，由一开始的动作域向时间域进行投射，由表示动作“眼睛一闭一睁”到表示“形容时间极短”。此外，“眨眼”跟“转眼”的词汇化过程有些相似，都是先通过隐喻衍生出相似性比喻义，即“像一眨眼的时间那样长”，再通过夸张等手法进一步衍生出“形容时间极短”这一更加抽象的语义。

再次，“一眨眼”的词汇化还与语义融合有关。明清时期，“一眨眼”作定语的用法出现，并且有大量的“一眨眼（之）间”用法。其实，汉代就出现了“倏乎之间”“须臾之间”等结构，表示时间很短；“眨眼”时间义的产生，致使其能够进入“X之间”这样的结构中。此外，“一”能够作为短时体标记，在古代汉语和现代汉语中有很多[一 V]结构，因而“一”与表短时义“眨眼”的结合也合乎情理。“一眨眼”所表示的动作行为的发展或状态的变化，都是在很短时间内完成的，但是在表示“时间义”的时候，“眨眼”所强调的并不是动作，而是动作或事件所耗费的时间。

第二节　语气副词“到头来”

“到头来”是现代汉语中使用频率较高的一个三音词，几部重要词典中只有《现代汉语词典》（第7版）收录了“到头来”，标注为“副词”，释义为“到末了儿；结果（多用于坏的方面）”，如“倒行逆施，到头来只能搬起石头砸自己的脚”。但是，到目前为止，“到头来”还没有任何专文研究，仅有刘红妮（2019）在讨论“双音副词+句中语气词‘来’”再演变为新的副词时，提出“到头来”是由双音节副词“到头”+句中语气词“来”词汇化而成的，此观点值得商榷。本节利用北京大学CCL语料库，来探讨“到头来”的句法语义特征及词汇化过程，以期能对该词有更全面深入的认识。

一　“到头来”的语义分析

（一）反预期信息

“到头来”意为“到末了儿；结果（多用于坏的方面）”，其后接的内容常常是与说话人预期相反的，并常与“只”搭配。如：

（1）读书人把一生精力都消耗在八股文上，到头来只能变成酸腐迂拙、不学无术的蠢才。（阴法鲁《中国古代文化史》）

（2）折腾半天，到头来只是一场空，图什么呐！（李砚春《一场走向死亡的婚外恋》）

例（1）中，读书人耗费了一生的精力在八股文上，本该是有所回报的，但“到头来”后出现转折，变成蠢才。例（2）中，“折腾半天”本该有所收获，“到头来”引出“一场空”的结果。由此，我们可以看出“到头来”后所接内容是不按照句子主语或者言者主语所预期的方向发展，且后接内容多为“坏的方面”。但“到头来”也能后接表示积极的内容，如：

（3）他做梦也没想到李嘉诚在他的公司里坐了一个多月冷板凳，到头

来竟然攻克了万和公司多年都无力打开的太平洋商行大门。（窦应泰《李嘉诚家族传》）

（4）张厂长的减法不简单，到头来，减法竟变成了加法。（1994年《报刊精选》）

通过语料分析，我们认为“到头来”在表达“到末了、结果”时，其前后内容在语义上应是相反的，其后所表达的是一种反预期的信息，并不一定局限于消极的内容。

（二）突出强调结果

“到头来”意为“结果”，所以它的后项是对前项的总结，强调突出其后的内容。如：

（5）任何只顾局部不顾全局的观点和行为，都有害于改革、有碍于发展，到头来也会损害自身的利益。（1994年《报刊精选》）

上例中，“到头来”所连接的前后项是递进的关系，突出强调“损害自身利益”的结果。当删去“到头来”时，句子整体上语义不变，但是“有害于改革、有碍于发展”与“损害自身的利益”它们之间的关系就会变成并列，无法突出强调“损害自身的利益”这个结果。

（三）语义韵

语义韵是指关键词项的典型搭配词在其语境中营造的语义氛围，这种“气氛”可以具体划分为三类：消极语义韵、积极语义韵和中性语义韵。这说明某一个词处于什么样的语义韵里是有规律可循的，并不是随机或者杂乱无章的。如：

（6）你不论摆出何种高明姿势，无论接战之初以何等技术击中对手，到头来仍不免失败。（张小蛇《李小龙的功夫人生》）[消极语义]

（7）为了赢得消费者，各保龄球场馆纷纷延长营业时间、降低消费价格。到头来，消费者得到了实惠，经营者也赚到了利润。（1998年《人民日报》）[积极语义]

（8）用王先生的话说，就是“翰墨生涯存至乐”。到头来，自然筋骨老练，笔画与结构之间，已贯注了自己的品性与审美观。（1996年《人民日报》）[中性语义]

当“到头来”位于句中时，它的左侧搭配词主要为名词，还有表达转折义的连词、副词。但这里的转折只是表示句法关系，并没有明显的语义倾向，对语句的语义韵并无多大影响。当“到头来”位于分句句首时，其左侧内容多为陈述一个客观事实，右侧即为该事件带来的结果。由此可见，“到头来”一词更容易搭配表消极意义的词，所以整体上呈现出消极的语义韵。

表 2–4 “到头来”的语义韵

语义韵	右侧高频搭配词语	数量	百分比
消极	损失、损害、失败、危害、一场空、悲伤、两手空空、事与愿违、一事无成、不了了之、阻碍、吃苦	398	83%
积极	攻克、善报、感激涕零、回报、战胜、收成、筋骨老练、赚到	21	4%
中性	国家、避免、依靠、政府、选择、影响、取决于	61	13%

二 “到头来”的句法特征

（一）句中位置

“到头来”在句中的位置比较灵活，可以位于句首、句中，而且后面可以有短暂的停顿，但不充当句法成分，也不能出现在句尾。当“到头来”位于句首时具有承前启后的功能。因此其前必须有其他的话语成分，不能处于话语最开始的位置。如：

（9）狂妄傲慢，不得真实受用。到头来，落得个悟后迷，仍随生死流浪，宁不冤苦？（《佛法修证心要》）

（10）只会唱功，摆花架子。到头来，机遇丧失，发展停滞，谈何政绩！（1995 年《人民日报》）

“到头来”位于句中的，如：

（11）不是命相相背，就是横生枝节，或是门不当户不对，到头来竹篮打水一场空。（刘绍棠《刘绍棠的四十婚庆》）

（12）你欠我，我欠他，反正都是国家所有，到头来国家总要出面清理。（1994 年《报刊精选》）

“到头来”与其后的句子成分之间，除了无停顿直接相连，还可以有停顿，表现为被逗号隔开，即“到头来，”。如：

（13）事实已经证明，说的过分，往往不能兑现，到头来，就会更被动。（1994 年《报刊精选》）

位于句中的“到头来”，尤其是在谓语动词之后，有可能是介词短语在句中作补语，并不是我们讨论的三音词，如：

（14）虽难免有些盲目，做起来再说，可做到头来总归有所收成。（1995 年《人民日报》）

（15）农民说，辛辛苦苦忙一年，临到头来赚不了钱。（1994 年《报刊精选》）

（二）后接成分

“到头来”后面所接成分可以是小句，如：

（16）所以如果从一开始就未把基础设施和公益事业放在眼里，到头来吃苦头的还是农民自己。（1994年《报刊精选》）

（17）这样的大赛上，倘若自信可以强食弱肉，到头来哭都没地方哭去。（1994年《人民日报》）

还可以是复句，如：

（18）执迷不悟，追随邪教，到头来既祸国殃民，又害了自己。（2001年新华社新闻报道）

（19）对台军售到头来不仅影响中美两国关系，而且将给美国在中国及其周边地区的投资和贸易活动造成很大的负面影响。（2001年新华社新闻报道）

（三）共现成分

通过检索，我们发现“到头来”常与“哟、呀、的、了”等语气词连用，偶尔还跟表示小量的语气词“而已”连用。“到头来”与语气词的共现，使句子的语气更加舒缓协调。如：

（20）他把平原野战的战法，也用来对付坚城利炮，到头来是要吃大亏的哟！（李文澄《努尔哈赤》）

（21）贪图省点保险费，到头来还是自己糊弄自己呀！（1996年《人民日报》）

（22）当初您告诉我，凡是穷凶极恶的东西，到头来都会受到报应的。（窦应泰《李嘉诚家族传》）

（23）这么学，到头来顶多也就算是懂得些数学理论而已。（喻家卿《从死囚到理学学士》）

三 “到头来”的词汇化及动因

（一）“到头来”的词汇化过程

“到头来”作为短语最早出现在唐代，它是由“到头”+“来”构成，自产生后词汇化程度不断加深。刘红妮（2019）在讨论“双音副词+句中语气词‘来’”再演变为新的副词时，提出“到头来”是由双音节副词“到头”+句中语气词“来”词汇化而成的。但我们认为，“到头来”经历了从“到（身体）顶端”向“到（过程）最后”的语义演变，即从空间转移到时间，“来”应是由趋向动词转变为副词词缀，并不是句中语气词。

唐代，“到头来”主要出现在句尾和句中，没有出现在句首的情况，并且在句中还是一个动词性较强的短语，如：

（24）正报到头来，徒费将钱卜。（唐《王梵志诗》）

（25）君到头来忆我时，金简为吾镌一字。（唐《赠金鹅山人沈师鲁》）

（26）限到头来，不论贫富。著甚干忙日夜忧，劝年少。（唐《沁园春》）

例（24）中，“到”为动词，作“正报”的谓语，“头”表达的是事情的终点，“来”是趋向动词，表示结果，与“到”相呼应，“到头来”是“到最后”的意思。例（25）、（26）中，“到”的动词性更加显著，分别作名词“君”和“限”的谓语，“头”表达的是时间上的尽头，“来”作为趋向动词加强结果义。

宋代没有相关语料，到了元代，“到头来”用频明显增高（18 条用例全部出现在元曲中），不但延续了唐代的用法，而且在此基础上有了新的发展，如：

（27）（丑）事到头来，官司逼临，往常将义仓谷家里来吃，终不然都是我吃了？（元《全元曲》）

（28）【尾声】鹤长凫短不能齐，到头来不知谁是谁。（元《全元曲》）

（29）三生梦，百岁身，到头来，衰草荒坟。（元《全元曲》）

从以上三例中，我们可以看到“到头来”的句法位置更加丰富，结构也发生了变化。例（27）延续了唐代时的用法，“到”作“事”的谓语，“到头来”整体上还是一个动词结构。例（28）中的“到头来”位于分句句首，已经不再是一个动词短语，而是介词短语在句首作状语，意为“到最后”。例（29）中的“到头来”首次作为一个小句单独出现，此时的“头”在语境的影响下，已经延伸出了时间尽头的含义，“来”丧失动词性，可以将它看作诗歌、熟语中的衬字附加在后面。

明朝时期，共有 11 条语料，8 例是“事到头来”，其中又有 5 例是用在“事到头来不自由”这句俗语中。“事到头来”中的“事”具有聚合可变性，因而“事”跟“到头来”的组合具有临时性。其中的“到头来”既可表示“到了最后”义，也可通过转喻引申出“降临（发生）在自己身上”的意思，“到”依然具有明显的动词性，表示“达到、来到”义。如：

（30）王生道：“如今事到头来，说不得了。”（明《初刻拍案惊奇》）

（31）路逢险处难回避，事到头来不自由。（明《周朝秘史》）

（32）任他快活我只守己，到头来巧伪败露，毕竟有我受用之日。（明《练兵实纪》）

例（30）中，“到头来”在名词“事”的后面作动词短语，表示“事情到了这种地步”。例（31）中，“头”表示“自己”，以身体部位指代人物本身，“到头来”意为“事情发生在自己身上”。例（32）中，“到头来”意为“到了最后”，后接动词短语，此时的“到头来”已经凝固为一个表时间义的副词，表示“到（事件）尽头”义。

清代，共有 30 条语料，其中 4 条是用在“事到头来不自由”的俗语中，“到头来”作为表时间义的副词在句中作状语的用法得到了进一步的发展。如：

（33）说这是你的，那是我的，到头来究竟是谁的？（清《侠女奇缘》）

（34）世人为名为利，逐逐营营，到头来只求寿终正寝，已是大好的结局，岂不可怜？（清《八仙得道》）

（35）可叹这青灯古殿人将老，辜负了红粉朱楼春色阑，到头来依旧是风尘肮脏违心愿。（清《红楼梦》）

以上三例中的“到头来”作为副词在句中作状语，且有强调其后所跟内容的作用。由人体部位特征“头”引申为从下到上竖直方向的物体移动，由于人们常用“上、下”等空间方位词表示时间上的先后，“从头到脚”除了表示空间位移运动，还可以表示时间流逝，即“自始至终”。通过时空隐喻，“到头来”自然能直接从“到尽头”义引申出“到最后”义。

民国时期，共有5条语料，“到头来”已经没有动词短语的用法，“来”完全成为一个词缀附加在“到头”的后面，“到头来”词汇化为一个副词。在表达时间义的同时，它也开始表达说话人的主观态度，暗含了语气。

（36）你们下界凡人终日劳劳碌碌，担忧怀恐，茹苦含辛，到头来还不能长久。（民国《上古秘史》）

（37）可惜陆二爷心血一生，到头来两手空空！（民国《雍正剑侠图》）

例（36）和例（37）中的“到头来”已经完全词汇化，在句中作状语，其后所跟内容也大部分是消极的。

总之，“到头来”从唐代初现时作为一个动词短语，而后在元代由隐喻和转喻发展为介词短语，再到明代产生了状语的用法。由于在状位上的使用频率逐渐增多，最后词汇化为表时间义的副词。伴随着其词汇化程度的加深，语义也逐步虚化。现代汉语中的“到头来”，已经词汇化为一个具有无奈、惋惜语气的语气副词。

（二）“到头来”词汇化的动因

一个短语的词汇化经历了漫长的过程，所处的句法位置以及使用环境都推动了它向词的演变。

“到头来”词汇化的动因之一是语义的虚化。董秀芳（2011）指出，在历史上发生了词汇化的动词短语中的动词一般都是动作性弱的，宾语的语义都是较为抽象的，动词对宾语的影响很小。“到头来”中的“到”动词性较弱，它不表示一个物理过程，也没有一个外部的明显可见的动作。“头”虽然是表示具体事物的名词，但是，在词内已经改变了它的用法，具有隐喻的性质，也就不再有具体性，而是以实代虚，表示一个事件或时间的终点。“来”作为时间词后缀，与“到头”结合，它们之间的关系逐渐模糊。

通过转喻使一个表示运动过程的词语引申出表示该运动导致的结果状态的用法。

二是句法位置的变化，“到头来”作为动词短语时，“到”是句子的谓语，处在句子的核心位置，如例（26）中的“限到头来”。但是我们认为这并不是“到头来”由一个动词短语词汇化为一个副词的句法环境。随着语言的发展，它的句法位置越来越丰富，从句尾开始向句首和句中转移。到了例（35）“到头来依旧是风尘肮脏违心愿”中，整个句子结构完整，“到头来”就有了分析为状语的可能，于是就有词汇化为副词的可能性。

第三节　情状副词“蓦地里”

三音节情状副词“蓦地里”目前学界还没有任何研究，几部重要词典都没有收录“蓦地里”，只有《现代汉语词典》（第7版）、《现代汉语八百词》提到了双音节的“蓦地”，表示“出乎意料；突然”，如“他蓦地扑向老师，抽泣不已”。虽然《汉语大词典》里收录了“蓦地里”，但释义非常简单，即“蓦地里，犹蓦地”。本节利用北京大学 CCL 语料库，从语义特征、句法特征、词汇化历程三个方面对“蓦地里”进行分析。

一　“蓦地里”的语义特征

（一）短时突发性

“蓦地里”在表示“突然”的语义时，常常表现的是其后所接内容对于句子主语来说的“突发性”，可以看出该事件（感受）都是在极短的时间内发生（产生）的。

（1）如今镜里相见，心头蓦地里冒出两句诗：“十年睽隔先生面，千里重逢异物惊。”（朱静芳《聂绀弩出狱前后》）

（2）手中单刀却仍是劈向西华子，蓦地里双掌相交，矮老者踉跄后退，险些跌倒。（金庸《倚天屠龙记》）

例（1）中“心头冒出两句诗”这一事件是在句子主语“他”的心中一闪而过的，具有突发性，并不是“他”一开始就在心中准备好的。例（2）中“双手掌相交”也是在一瞬间发生的一个动作，具有突发性。

（二）出乎意料

“蓦地里”还具有出乎意料义，也就是含有“偶发”或“意想不到”的含义。这也包含了负面的感情色彩，如“不如意”“不愉快”等。如：

（3）郭芙眼见丈夫艺冠群雄，将丐帮帮主之位拿到了手，于当世豪杰之前大大露脸，哪知蓦地里生出这些事来。（金庸《神雕侠侣》）

（4）越奔血腥气越浓，蓦地里眼前横七竖八地躺着十几具尸首，兵刃四散，鲜血未干。（金庸《天龙八部》）

例（3）中，“生出这些事来”与前文中丈夫的艺冠群雄形成反差，对于郭芙来说，这是意料之外的事情。例（4）中，“眼前横七竖八地躺着十几具尸首”这对于句子主语来说是意料之外的事件，并且这里的意想不到包含着不如意的消极色彩。

（三）转折、对比

“蓦地里”可以表示转折和对比，“蓦地里”和“却”在具体语境下可以互相转换，具有标示、突出转折的作用。

（5）段誉要了一壶酒，叫跑堂配四色酒菜，倚着楼边栏杆自斟自饮，蓦地里一股凄凉孤寂之意袭上心头，忍不住一声长叹。（金庸《天龙八部》）

（6）此刻听到这阴气森森的声音说道“花肥房”三字，心中蓦地里一凛：“什么‘花肥房’？是种花的肥料么？”（金庸《天龙八部》）

例（5）中，段誉从开始的并没注意，到后来的“一股凄凉孤寂之意”，有着很明显的心理变化，通过这样心态上的对比来突出强调其后内容。例（6）则有明显的转折义，当我们将“蓦地里”替换为转折词“却”时，句子的语义也不会发生改变，此时“蓦地里”具有突出转折焦点的作用。

（四）非规划性

“非规划性”是指不按照既定的步骤完成动作或事件，与这一语义特征相矛盾的词语，即符合说话人心理预期的动作或事件，很少与“蓦地里”共现。

（7）次日清晨，张翠山走出洞来，抬头远眺，正自心旷神怡，蓦地里见远处海边岩石之上，站着一个高大的人影。（金庸《倚天屠龙记》）

（8）韩林儿大喜之下，正要喝彩，蓦地里一只软绵绵的手掌伸了过来，按在口上，却是周芷若及时制止他呼喝。（金庸《倚天屠龙记》）

例（7）中，在次日清晨，张翠山走出洞口时，本是心旷神怡的，但是眼前出现了谢逊的身影，是张翠山未预料到的事件，即并非其内心所预期的事件。例（8）中，韩林儿本要喝彩，但是周芷若的制止使事件终止，而这也不是韩林儿的心理预期事件。

二　“蓦地里”的句法特征

（一）“蓦地里”的句法位置分布

“蓦地里”作为一个副词，可以出现在句首和句中，例句分别如：

（9）蓦地里一条长长的人影飘将过来，迅捷无比的抱住钟灵。（金庸《天

龙八部》)

（10）乌老大蓦地里想起一个人来，大声道：“他是蛟王……蛟王不平道人？”（金庸《天龙八部》）

“蓦地里”出现在句首的共有 135 条，占现代汉语语料例句总数的 86%；出现在句中的共有 22 条，占现代汉语语料例句总数的 14%。由此可见，“蓦地里”更倾向于出现在句首，作为情状副词，描摹其后所接内容的情状。

（二）“蓦地里”的共现成分

由于“蓦地里”本身具有“瞬时突发性”的语义特征，因此与之共现的动词在时间轴上应该有起止点，而且起止点都是在短时间内的，与之共现的都是含有瞬时、非持续语义特征的动词（马庆株 1988）。如：

（11）只是瓦耳拉齐身手灵活之极，蓦地里飞出一腿，将苏普手中的长刀踢飞了。（金庸《白马啸西风》）

（12）蓦地里一棵着了火的大树直跌下来，耶律齐拉着她向上游急跃，这才避过。（金庸《神雕侠侣》）

例（11）中，“蓦地里”后所接动词“飞”就是一个含有瞬时义的动词，是短时间内发生的有始有终的一个动作。例（12）中的“跌”也是一个瞬时义动词。

“蓦地里”可以与其他副词共现，如：

（13）蓦地里笑声陡止，心中想到了一事。（金庸《天龙八部》）

（14）段延庆一生从未有过男女之情，室家之乐，蓦地里竟知道世上有一个自己的亲生儿子。（金庸《天龙八部》）

（15）抢上一步，挥锤击下，蓦地里右足足底突然一虚，竟已踏在熊元献等先前藏身的土坑之中。（金庸《雪山飞狐》）

上例中的“陡”“竟”“突然”都暗含着突发性和出乎意料义，此时的共现具有强调的作用，强调“蓦地里”后内容的瞬时突发性。

“蓦地里”可以与转折连词共现，例句很少，只有一例，如：

（16）张翠山行走江湖，生平惨酷的事也见了不少，但蓦地里见到这等杀灭满门的情景，禁不住心下怦怦乱跳。（金庸《倚天屠龙记》）

“蓦地里”还可以后接拟声词，如：

（17）殷离无奈，取出手帕，包住右手食指，一指戳在谢逊肩头，蓦地里“啊哟”一声大叫，向后摔了出去。（金庸《倚天屠龙记》）

（18）蓦地里“哇”的一声，内洞中传出一响婴儿的哭声。（金庸《倚天屠龙记》）

三 “蓦地里”的词汇化及动因

“蓦地里”是由“蓦地”+“里”构成的三音节副词，汉语的三音节词很多是在双音节词的基础上发展起来的，新词的构成经常利用现有的词汇成分做基础（李思旭 2017）。因此，下文先探讨“蓦地”的词汇化，然后再分析“蓦地里”的词汇化。

（一）“蓦地”的词汇化

副词“蓦地”，意为出乎意料、突然，它的词汇意义由“蓦”承担。杨荣祥（2002）认为，由词尾“-地”构成的副词始见于唐代，并列出把“-地”看成副词词尾的三点理由：1）汉语中副词本来就是专门用在状中结构中状语位置的。它们充当状语时，无须后接结构助词，特别是单音节副词；2）从语感和韵律看，“单音副词+地”已经紧紧地连接在一起，其中有些作为双音节副词一直沿用到现代汉语；3）副词“X 地”的“X”单用时一般都和“X 地”的用法和意义完全相同。

（19）深河恰好骋威仪，蓦地维摩染病羸，窗透远风衣半盖，门开秋月枕斜欹。（五代《敦煌变文集新书》）

（20）师有时上堂，蓦地起来伸手云：“乞取些子，乞取些子。”（五代《祖堂集》）

以上两例，“蓦地”具有瞬时突发性的语义特征，“地”在此处无实义，正符合杨荣祥所列举的原则，副词“蓦地”与“蓦”的用法、意义完全相同，都是表示突然之义。“蓦地”在唐代开始用作副词，在句中作状语，但用例较少。

宋代时期，由于宋词的盛行，出现了“蓦地”位于分句句尾的情况，这是诗人为了舒缓语气，与词的韵律有关。虽然句法位置有所不同，但在句中依然是作状语。如：

（21）暮雨相呼，怕蓦地玉关重见。（《全宋词》）

到了明代，“蓦地”的使用逐渐多起来，且作为副词的用法基本定型，在句首描摹事件发生状态，表现出事件发生是在短时间内的、非规划性的。

（22）蓦地鱼舟惊比目，霎时樵斧破连枝。（明《二刻拍案惊奇》）

（23）那婆娘见月香随顺了，心中暗喜，蓦地开了他房门的锁，把他房中搬得一空。（明《今古奇观》）

例（22）中，“蓦地”与“霎时”相对，意义相近，都是表示突然（短时间内）义。例（23）中的“蓦地”则是表示立刻、马上之义。

（二）“蓦地里”的词汇化

“蓦地里”是由“蓦地”+“里”构成的三音节词，从语料中可以观察到“里”的词汇意义已经完全脱落，词义由副词“蓦地”来承担。

1）“里”的虚化

先秦时期，“里”最初作为名词，是以表示“衣物的衬里”出现的（杨爱姣 2012）。下例中的“里”，它与“绿衣黄裳”中的“裳”相对，都是定中结构中的中心语，由“黄”修饰，体现其名词的性质。

（24）绿兮衣兮，绿衣黄里。心之忧矣，曷维其已！（周《诗经》）

西汉时期，“里”开始与名词搭配，构成方位词。下例中的“里”，与名词“闾”构成方位词，指“大门里”。

（25）乃令使人听于闾里，闻丈夫之相与语。（西汉《战国策》）

东汉时期，“里”的方位性加强，已经完全与名词性成分构成空间方位词。下例中“殿”为建筑物，在其后加上“里”，空间方位更为具体，表示宫殿中。

（26）又来入云龙门，而称伯夏教入殿里，与桓贤言。（东汉《全后汉文》）

以上可以看作是“里”作为方位词的构词成分的初始阶段。唐朝时期，“里”还可以与指示代词结合，此时的“里”的词义已经开始虚化，虽也表示范围，但已经变得模糊抽象，开始向词尾过渡。下例中的“里”已经开始虚化，表示的是范围义，可以将它视为向词缀演变的开端。

（27）黄檗云：“这风颠汉，又来这里捋虎须。”（唐《镇州临济慧照禅师语录》）

宋代时期，开始出现“里”与副词结合的用法，此时的“里”不再有范围义，也不再构成方位词，而是已经彻底虚化成一个词缀。下例中“暗地里”的意义由“暗地”承担，“里”的词义脱落。

（28）只是我自昏睡，或暗地里行，便被别人胡乱引去耳。（南宋《朱子语类》）

元明时期，“里”依然与名词等词根搭配，但“里”改变了它们原本的词性，因此“里”此时真正完成了虚化，成为标识副词词性的词缀（杨爱姣 2011）。这样看来，“里”前词根的多样性，促进了它的虚化。

（29）平空里吊下个俊俏官人，坐谈有几句话，声口儿相应。（明《醒世恒言》）

2）“蓦地里”的词汇化历程

三音节形式的“蓦地里”最早出现在明代。如：

（30）为因两个姐姐争风，是我判其曲直，被马太监蓦地里一刀，刺了我的腰眼骨。（明《三宝太监西洋记》）

（31）嫦娥性巧而贞，好净洁，内恶太康之鸠拙，外惧后羿之得地。心

中道："我后羿贪地忘情，不如蓦地里去。"（明《夏商合传》）

例（30）中的"蓦地里"表示"突然"，即"被马太监突然一刀"，这是事件的说话人"我"意料之外的。例（31）中，"蓦地里"表示"立刻"，表达嫦娥的内心活动是想立刻离开。以上两例中，"蓦地里"在句中作状语，并且语义丰富，但作用都是修饰在短时间内发生的事件。

清代时期，"蓦地里"的句法分布较为自由，不仅可以在句中，还可以在句首，后接动词性短语和小句，并且出现了副词连用的情况。

（32）欲要进去就枕，蓦地里咳嗽一声，刚才来的保姆，远远站立，把手来招。（清《隋唐演义》）

（33）见章秋谷蓦地里忽然回过头来看他一眼，赛金花会意，连忙别转头去。（清《九尾龟》）

例（32）中，"蓦地里"后接的"咳嗽"是一个瞬时性的、非持续性的、非规划性的动作，因此也符合了"蓦地里"的突然义。例（33）中，"蓦地里"与副词"忽然"连用，表示强调，也就是"状语+（状语+中心语）"的格式，重音在前一副词"蓦地里"，语序不可调换。

民国时期，"蓦地里"的情态副词地位更加稳固。但是其"立刻""马上"义已彻底消失，在句中仅有"突然"之义，表现的是后接内容的突发性。

（34）沈沈睡着，蓦地里一声怪响，方才从梦中惊醒，开眼一瞧，那营内已被秦军捣入。（民国《秦汉演义》）

（35）正在委决不下，蓦地里传到警耗，乃是大将龙且，战败身亡。（民国《秦汉演义》）

3）词汇化动因与机制

董秀芳（2011：40）认为："语言随时都在发生着细微的变化，语言的演变从整体上来讲是不被语言使用者所察觉的。"一个短语的词汇化经历了漫长的过程，它所处的句法位置及使用环境都推动了它向词的演变。"蓦地里"词汇化的动因是词义的虚化。通过上文对"蓦地里"的分析，可以得知"地"与"里"二者都不表示词汇意义，它们已经虚化为副词词缀，具有标志词性的作用。"里"通过隐喻，从表示事物内部的具体方位的词转变为表示范围或者情态的副词词缀，与"蓦地"的词义开始融合，最终形成了一个新的副词。

"蓦地里"词汇化的机制是心理组块。由于"蓦地"与"里"经常连接使用，"心理上的组块过程使得原来分立的单位变得相互依赖"（陆丙甫1986）。相应地，原结构的较为清晰的理据性逐渐变得模糊甚至最终消失，因而促成了词汇化的发生。"里"的词汇意义脱落，由副词"蓦地"承担"突发"义，"蓦地里"最终变成一个整体。

第三章　固化三音节连词研究

第一节　转折连词“虽说是”

三音节“虽说是”的词汇化，最近几年不断引起学界的关注。龙国富（2018）认为，北京话中的连词“虽说是”是在跨层结构的构式化和句法创新的双重作用下成为连词的。吕佩（2019）认为，“虽说是”是在“类比语法化”的作用下，后附缀“是”直接贴附到宿主“虽说”上形成的。据我们的调查，截至目前，几本重要的词典都还没有提及“虽说是”，只有张斌主编的《现代汉语虚词词典》收录了该词，认为“虽说是”的用法与“虽然”相同，口语色彩较浓，如“虽说是亲上加亲，可从来没见过面”。由此可见，三音节转折连词“虽说是”共时层面的句法语义特征研究还是空白，其历时词汇化机制与动因还存在争议。本节以北京大学 CCL 语料库中的有效语料为出发点，对三音节转折连词“虽说是”的语义句法展开分析，探讨“虽说是”的词汇化历程及其机制。

一　“虽说是”的语义特征

“虽说是”在复句中具有让步义，即“退一步说”，前后分句具有逆转的逻辑关系。如：

（1）我们企业比较年轻，虽说是在为社会作贡献，可每年白白拿出几十万，多少有点气不顺。（1994 年《报刊精选》）

（2）那时正是艰苦的年代，虽说是迎新聚餐，但桌上的几盘菜，用现在的标准衡量，实在是太寒酸了。（1994 年《报刊精选》）

例（1）中，在人们的常识中，“为社会作贡献”是一件理所应当的事情，但说话人在此处用“虽说是”引出，则具有让步的意味，凸显出每年白拿几十万的不易。例（2）中，按照常识“迎新聚餐”应该是用最好的菜品，但此处使用“虽说是”引出，并在后文强调“太寒酸了”，体现了艰苦时代的生活不易。

"虽说是"在句中还隐含着"对比"的语义，其所在分句与主句之间形成对比的语义场。

（3）虽说是大白天太阳暴晒着，柏油公路上车来车往，升平还是往喉咙里咽了一口凉气。（小楂《客中客》）

（4）庞德由研究寄生菌而转攻法律学，虽说是半路出家，但却成绩斐然，令人瞩目。（《读书》）

例（3）中，"大白天太阳暴晒着"营造出炎热的氛围，可是升平咽了一口凉气，由"虽说是"引导的分句此时成为后述情况对比的基础，同时也体现了"虽说是"的转折意味。例（4）中，"半路出家"顺应常识得到的结果应该是成绩一般，但"虽说是"引导该分句后，则体现了引导分句与后一分句形成的对比。

"虽说是"带有"追加补充"义，此时的"虽说是"句法位置较为特殊，只有在后一分句时才能表达"追加补充"的意义。如：

（5）因为他还不赖，真的很不赖，虽说是不大待见我，这是他全部的问题之所在。（兰晓龙《士兵突击》）

（6）近来为要磨练自己，常常话到口边便咽住，怕又在无意中竟刺着了别人的隐处，虽说是开玩笑。（丁玲《莎菲女士的日记》）

上述两例中，"虽说是"均位于其所关联的复句中的后一分句，是对前文所述情况的一种追加补充。例（5）中，"虽说是"后接内容"不大待见我"是说话人对"他"这个人物进行描述判断的补充。例（6）中，"虽说是"后接"开玩笑"是对"怕无意中刺着了别人的隐处"的补充。

二 "虽说是"的句法语序特征

（一）"虽说是"句法位置分布

根据语料库的检索，"虽说是"作为转折连词通常在始发句中使用，不仅可以位于始发句句首，还可以出现在始发句的句中（即主语后），与后一分句构成"先让步，后转折"的逻辑关系。如：

（7）虽说是分久必合，但当时许多观察家们却一致认为：合则必分。（1994年《报刊精选》）

（8）中年夫妻虽说是告别花前月下的卿卿我我，但也要加强情感沟通，增进相互了解。（1994年《报刊精选》）

例（7）中的"虽说是"出现在始发句句首，例（8）中的"虽说是"出现在始发句的主语后。都表示让步，具有"虽然"的意思，所引导的分句是已存在的客观事实，其后出现的主句是对从句中让步的一种转折。

"虽说是"还可以位于后续句句首，如：

（9）县城离桥头镇有四十多里路远，虽说是骑着自行车也得走会子哩。（刘流《烈火金刚》）

（10）你又是个很多情的人，虽说是闷烧，可有点音乐熏陶一下，挺好。（兰晓龙《士兵突击》）

（二）“虽说是”的语序特征

“虽说是”作为前置三音节连词，句法位置分布自由，既可以位于始发句句首和句中，又可以位于后续句句首，主要起到连接作用。那么，转折连词“虽说是”在复句中的典型搭配是什么？是否可以在复句中单独使用？是否可以与其他关联词套用？其语序特征又有何表现？下面就来尝试回答这些问题。

经检索，“虽说是”在复句中经常与转折连词“但（是）、可（是）、不过、然而”等搭配使用，这些转折连词主要用来突出信息焦点，更加客观地叙述异态事实。如：

（11）虽说是作战，但是炎之部族再这么挑拨下去的话也会忍不住的。（《罗德岛战记》）

（12）侯先生在塘沽虽说是有一处住处，可是我们是不敢随便把人往那里送的。（1995 年《作家文摘》）

（13）虽说是好久不见，不过距离那场战争还不到两年嘛。这段时间在做什么啊？（《罗德岛战记》）

（14）虽说是与他在经济建设问题上的思路有关，然而更直接地来说，则是他 1962 年进行两个多月调查的结果。（1995 年《人民日报》）

我们统计了“虽说是”与上述转折连词的搭配使用情况，得出下表：

表 3-1 “虽说是”与转折连词搭配使用情况

与关联连词搭配格式 \ 使用情况	数量	占比
虽说是……，但（是）……	93	65.95%
虽说是……，可（是）……	39	27.66%
虽说是……，不过……	6	4.26%
虽说是……，然而……	3	2.13%

上表显示，与“虽说是”搭配能力由强到弱的连词依次为“但（是）>可（是）>不过>然而”。也就是说，“虽说是”与“但（是）”搭配使用的频率最高，因此我们可以将“虽说是……，但（是）……”视为典型搭配

形式。这是因为，“虽说是”是具有让步义的连词，它所后接的陈述内容主要表达说话人“退一步说”的情况，与其搭配使用的多为转折连词“但是、不过、然而”，这样才能完整地表现“让步—转折”的逻辑语义关系。

“虽说是”在复句中，除了与转折连词搭配使用，还经常与副词搭配。根据语料，我们对“虽说是”与副词搭配的情况进行考察，发现与“虽说是”搭配使用的转折副词包括“却、反（而）”。转折副词主要用于主观评议异态事实，具有反预期的意味，有时说话人为了突出转折义，还会将“虽说是”与转折副词连用。如：

（15）身为考古所秦汉研究主任、研究员的王学理，虽说是著作等身，却没有一般考古学家的矜持与深沉。（1994 年《报刊精选》）

（16）安娜·帕夫洛夫娜·舍列尔虽说是年满四十，却反而充满活力和激情。（《战争与和平》）

与“虽说是”搭配的其他关联副词还有“也”，此时的“虽说是”具有假设让步的意味，即虚让，其实质是“无此因仍有此果”。如：

（17）这兆嘉城虽说是易守难攻，也要灵活看它。（李文澄《努尔哈赤》）

（18）由此看来，虽说是免费，医院也只能量入为出，提供最基本的医疗保障。（1996 年《人民日报》）

除了与关联词搭配使用，“虽说是”还有其他的使用情况。第一，由于“虽说是”本身具有让步语义，因此在句中也可以单独使用，不需要关联连词或关联副词的出现，其所在的复句通过具体描述内容传达转折语义。如：

（19）虽说是给庄稼看病，同样马虎不得，庄稼的好坏关系到一年的收成，关系到农民的生活。（1996 年《人民日报》）

（20）虽说是儿分产女有份，我绝对不要那个，我有主权，这东西哪，你们哥儿仨谁对老的最孝顺归谁。（《中国传统相声大全》）

以上两例是“虽说是”在前一分句单独使用的情况，后一分句没有相关关联词的出现，依然可以完整地表达语义。需要强调的是，当“虽说是”单独出现在前一分句时，后续句依然可以根据语境补出相应的关联词语，但当“虽说是”单独出现在后一分句时，其前不可搭配相关的关联词。

第二，张文贤（2017）将关联词的共现细分为“搭配”与“套用”两种情况，其中，复句中不同语义类关联词共现的情况叫作关联词的套用。“虽说是”所处的复句结构复杂，有套用多个复句的现象。如：

（21）虽说是荒腔走板，但我愿意学乐意唱，因为这有助于我的节目主持工作。（1997 年《作家文摘》）[转折套用因果]

（22）牛郎趁织女洗澡时偷走衣服，虽说是使了点手段，但织女后来总归是爱上了他，而且生米煮成熟饭，生下一对儿女。（网络语料）

[转折套用递进]

（23）莫尔的“乌托邦”里的王爷，虽说是选举产生，可是只要是众望所归的贤者，就允许终身任职。(《读书》) [转折套用条件]

（24）虽说是以迅雷不及掩耳的动作，突然袭击，可以先打死一部分敌人，但是如果敌人一个反击，那就够呛。（刘流《烈火金刚》）[转折套用假设]

根据以上分析，我们可以看到“虽说是”作为转折连词，在复句中常与其他关联项搭配使用，构成“虽说是……，但是/却/然而……”的格式，并且有套用多个复句的现象。“虽说是”的语序位置决定了它不能很好地起到“联系项”的作用，而后续句中出现的关联连词、副词以及套用的不同语义类关联词都正好居于“中介”位置，前后构成关联格式连接分句。因此，我们推测“虽说是”与关联词的搭配、套用也是受“联系项居中原则”的影响。

“虽说是”作为前置连词主要位于始发句句首，但在某些情况下也可以后移至后续句句首，此时的“虽说是”便符合了“联系项居中原则”，主要起到追加补充的语用效果。但在“虽说是……，但是……”的搭配形式中，如果要删去其中一个且不改变句子原意，那么删去先行连词“虽说是”是最优选择，因为连词作为“联系项”的优先位置是“居中”。如：

（25）我们自己（虽说是）已经多少在现代都市里住过一时了，但是一不留心，乡土社会里所养成的习惯还是支配着我们。（费孝通《乡土本色》）

此外，“虽说是”引导分句的语序问题也受到“信息焦点”的影响，即“虽说是”引导的分句在前，后续句才是说话人想要表达的主要信息。如：

（26）虽说是花钱买票，但游客们登塔前仍要费一番“周折”。（1994年《报刊精选》）

（27）虽说是浮光掠影，走马观花，却也深切感受到两岸之间的手足情谊。（1993年《人民日报》）

三 “虽说是”的词汇化及形成机制

学界关于“虽说是”的成词过程存在着争议。龙国富（2018）认为“虽说是”是在“虽说”成词的基础上经过词汇化而形成的，吕佩（2019）在分析“X双+是”类推依附的个案时，认为“虽说是”是“突变”而来的。由于“虽说是”的词汇意义主要由“虽说”承担，因此我们首先考察“虽说”的词汇化，进而分析“是”是如何与“虽说”黏合紧密，构成新词的。我们以CCL语料库中“虽说”“虽说是”的古代汉语语料为基础，分析“虽说是”的成词过程及其形成机制。

（一）“虽说是”的词汇化

吕叔湘（1982）认为“虽”既表示事实的让步，相当于“虽然”，也表示假设的让步，相当于“即使”。郭燕妮（2017）也指出作为让步关联词的“虽”在先秦时期既可以表事实的让步，也可以表假设的让步。由此可见，“虽”从最初出现时就具有让步义。“虽”和“说”作为相邻的线性结构首次出现在战国时期，此时的“虽说”仅是位置上的相邻，“虽”表让步义，“说”是言说动词，表达“虽然说”的意思。直至唐五代时期，“虽说”仅出现过 4 次，如：

（28）故敌国之君王虽说吾义，吾弗入贡而臣。（战国《韩非子》）

（29）未得禀承者，虽说顿教法，未知根本，终不免诤。（唐《六祖坛经》）

到了南宋，“虽说”的使用频率大幅度提升，且出现了“虽（说）……，然……”的关联格式。如：

（30）伊川解作“推致其命”，虽说得通，然论语中“致命”字，都是委致之“致”。（南宋《朱子语类》）

（31）问：“作事多始锐而终辍，莫是只为血气使？”曰：“虽说要义理之气，然血气亦不可无。”（南宋《朱子语类》）

此时的“虽说”有两种存在形式，一种是临时组合的短语，另一种是连词。例（30）中的“虽说”就是一个临时组合的短语，“说”在此处是言说动词，其后接补语构成“说得通”。例（31）中的“虽说”作为连词表让步，“说”的词汇意义已经消失，因此构成“虽说……，然……”的转折复句。郭燕妮（2017）认为在类推作用的影响下，“虽”与“说”可以复合，组成“虽说”表实让。我们认同这种说法，因为连词“虽说”没有体现一般词汇化的“渐变性”和“单向性”，其连词用法与词组都在同一时期出现，且连词“虽说”的用频明显低于词组“虽说”。除此之外，“虽说”还有可类比的对象——“虽然”。汉魏六朝时期“虽然”已经作为一个连词使用，“然”丧失了其词汇意义，但暗含了事情已然的状态，“说”与“然”经历了同样的语法化过程。因此，在“低频率”“可类比”的条件下，“虽说”在南宋时期经过类推突变而成连词。

“虽说是”作为相邻的线性结构，首次出现在南宋时期的《朱子语类》中，直至元朝，它的用例都较少，且此时的“虽说是”均位于始发句句首或主语后，“是”也多为判断词或者焦点标记。如：

（32）虽说是明己德，新民德，然其意自可参见。（南宋《朱子语类》）

（33）你虽说是辽东人，我却不敢保你的来历呢。（元《老乞大新释》）

上述两例中的“虽说”与“是”连接并不紧密，例（32）中的“是”为焦点标记，例（33）中的“是”为判断动词。

明清时期，“虽说是”位于始发句句首作为转折连词开始使用，后接谓词性成分和小句，“是”在此处不再是可分析的句法单位，与“虽说”黏合紧密，二者之间不可插入其他成分，让步义主要由“虽说”承担。如：

（34）这个按院爷爷和那清天太爷，虽说是各有所闻，各有所见，哪晓得其中就里有许多的因果，耳所不及闻，目所不及见。（明《三宝太监西洋记》）

（35）虽说是爱惜光阴的念头很迫切，而不必为了那个虚名而耿耿于怀。（清《曾国藩家书》）

以上例句中“虽说是”分别后接谓词性成分与小句，“是”在此处既不表示判断，也不表示强调，词汇意义主要由“虽说”承担。

（二）“虽说是”的形成机制

南宋至元朝时期，“虽说+是”仅出现5例，而在明朝时期，“虽说是”就已经作为假设连词开始使用，且使用频率较高。也就是说，不管是“虽说是”的句法位置，还是它的后接成分，都无法体现“渐变性”这一特征，即“虽说”和“是”的融合没有经过词汇化的阶段，“虽说是”并不是一般词汇化的结果。因此，我们不认同龙国富（2018）所提出的“虽说是”是由“虽说”与“是”长期连用，最后重新分析为一个转折连词的观点。

根据语料的分析，连词“虽说是”与“虽说（连词）+是（判断词/焦点标记）”产生的时间相隔较短，不存在明显的先后演化关系，这比较符合类推标准之一的“突变性”。同时，在南宋时期“虽说”就已作为转折连词开始使用，“虽说是”与“虽说”在句法语义上都相差无几，符合“可类比”的类推标准。但是，“虽说是”作为转折连词在明清时期使用频率较高，并不符合“低频率”这一特征。而吕佩（2019）在分析类推依附时提出必须同时满足“突变性、可类比、低频率”的条件才可以按照类推的机制成词，因此，我们也不认同关于“虽说是”是类推突变而来的观点。

那么，“虽说是”如何成词的呢？我们推测“虽说是”是“虽说”与“虽是”通过糅合而形成的一个转折连词。叶建军（2016）提出“词语糅合是指两个语义相同或相近的词语通过删略重叠成分合并成一个新的词语的过程或现象”，并且为“糅合”确定了必须要遵循的原则。

第一，要遵循同级原则，即两个语言单位必须是在同级的情况下才能糅合。“虽说”与“虽是”都是双音节词语，因此符合同级原则。

第二，要遵循语义相近原则，即两个语言单位的意义相同或相近才可以发生糅合。“虽说”与“虽是”都是具有让步义的连词，都表示“虽然”，在相同语境下可以互相替换，并不影响句子的语义，因此具有糅合成“虽说是”的可能。

（36）两个人一场鏖战，虽说互相都没有敌意，但是动手这个东西，人家鞭就奔你的眼睛。（清《雍正剑侠图》）

（37）吴用道：“此计亦非良策。虽是斩得他一将，却折了李逵的副手。”（明《水浒传》）

第三，要遵循时代先后原则，即源词语必须先于糅合词语存在，或者与糅合词语同时存在。在上一节中，我们已经分析出表让步义的“虽说”出现于南宋时期并广泛使用。高文盛、席嘉（2005）指出“虽是”作为连词至迟在唐代已出现，且在《朱子语类》中“虽是”的“是”大多已虚化。“虽说是”作为一个转折连词在明朝才出现，所以从时代先后的原则来看，“虽说是”具有“虽说”与“虽是”糅合的可能。

第四，要遵循成分蕴含原则，即糅合词语必须蕴含源词语的主要成分，甚至是全部成分。“虽说是”蕴含了“虽说”和“虽是”的全部成分，并且根据语言的经济原则，删去一个相同语素“虽”。

综上所述，“虽说是”在遵循同级原则、语义相近原则、时代先后原则以及成分蕴含原则的前提下，通过杂糅机制成为一个三音节转折连词。

第二节　原因连词“为的是”

现代汉语中表示目的的“为的是”，虽然还未见专文研究，但是在一些词典或论著中已略有提及。张斌（2001：548）认为“为的是”是短语词，表目的关系。周刚（2002：22）根据划分连词的标准把“为的是”归为目的连词。李宗江、王惠兰（2011：262）把“为的是”看成是语篇关联语，表示引入上文所述事件的目的。王凤兰（2008）、韩明珠（2016）、丁健（2022）在讨论目的范畴时也已涉及该词，认为是目的连词或目的短语。需要特别强调的是，“为的是”在表示目的之外，还可以表示原因。

据我们的广泛检索，表原因的“为的是”，除了香坂顺一（1997：49）简单提及，认为近代汉语中“为的是”可以表示原因，还未见任何其他相关研究。所以本节就专门对原因连词“为的是”的句法语义特征及其历时来源做尝试性研究。

一　“为的是”的语义特征

原因连词“为的是”在形式上已经固化为一个整体，中间不能插入其他修饰成分。以下两例中，“为的是”都表示主体做这件事的原因、理由，并且“为的是”都可以用“因为”来替换。

（1）我收到不少读者来信，他们向我表示感谢，为的是我的诗倾吐了人民的正义之声。（1998年《人民日报》）

（2）知名的少年读物作家郑渊洁宣布，他要罢笔休整一个时期！少年读书界为此议论纷纷，最后还是郑渊洁说明缘由，为的是他的作品在各地盗版太多，他打假捉盗精疲力尽。（1998年《人民日报》）

例（1）可以说因为“我的诗倾吐了人民的正义之声”，所以“他们向我表示感谢”。例（2）根据“缘由”一词也可明显看出“为的是”在句中用来表示原因，即“郑渊洁宣布罢笔休整一个时期”是因为“他的作品在各地盗版太多，他打假捉盗精疲力尽”。

“为的是”在句法上是非自足的黏着句，需要跟其他成分配合，才能构成“为的是”结构完整的语篇表达形式。“为的是”所在的语篇结构一般为“X，为的是Y”，即由前项“X”、中项“为的是”和后项“Y”三部分构成。其中“为的是”对“X”和“Y”起着语义上的关联作用，前项“X”与后项“Y”之间具有“结果—原因”这一因果倒置的语义关系，且表“原因”的后项“Y”具有已然性、不可预测性、起点指向性等语义特征。下面分别展开论述。

因果范畴中，“原因”的时态一般具有已然性，所对应的“结果”可以有三种时态：已然、未然和进行。如：

（3）以前的朋友都和我吹了，为的是同一个原因——我是个变性人。（1994年《报刊精选》）

（4）这一年暑假，我是拖着小辫子回到家里，但要求父亲下学期转学到别处，为的是不愿受“猪尾巴”之辱。（胡愈之《辛亥革命与我》）

（5）“师傅，你借给我一个瓦盆子，让我自己来试试这两只谁能干些好不好？”我说这话时真怪和气，为的是他以逸待劳。（沈从文《我的童年》）

例（3）中，原因“我是个变性人”，时态上是已然的，结果“以前的朋友都和我吹了”已经发生，时态上也是已然的。例（4）中，结合语境可知原因是已然的，结果“要求父亲下学期转学到别处”还没有发生，时态上是未然的。例（5）中，原因“他以逸待劳”是实际情况，具有已然性，结果“我说这话时真怪和气”正在进行。

导致“结果”的因素有很多种，因而“原因”具有不可预测性。下面两例中，不了解当地情况，不了解那时的历史，是预测不出“行船时经常用咒骂来替代唱歌”以及“当时基督教的包牧师特别受本城绅士爱戴”这两种结果的原因的。

（6）行船时常用相互诅骂代替共同唱歌，为的是受自然限制多，脾气比较坏一点。（沈从文《常德的船》）

（7）受尊敬的原因，为的是当时土匪不敢惊动洋人。（沈从文《沅水上游的几个县份》）

相对于“结果”而言，“原因”具有起点指向性。是“原因”导致了“结果”的产生，“结果”是因为“原因”而引发的。由于“结果”是已经存在的客观事实，因此，“结果”对“原因”具有指向性。

（8）先在那里开了房间，为的是担心当天会议不能结束，有个过夜的地方。（《读者》）

例（8）中，从“先在那里开了房间”这一客观现实中，我们可以找到发生该结果的原因，即“担心会议在当天结束不了”，因为担心，所以开了房间。

二　“为的是”的句法特征

“为的是”的句法位置分布主要包括单句句首、复句后一分句句首以及单独使用三种情况。如：

（9）目前，全区六个乡镇中拥有固定资金 100 万元以上的农民不低于 60 户，还有一大批富翁比较保守，不愿露财。为的是常言道：人怕出名，树大招风。（1994 年《报刊精选》）

（10）我只好用这种办法作最后一次请求，为的是我同她已经有了那么深的关系。（《读者》）

（11）精明的寿光菜农在一方菜田里种多个品种，为的是，这个品种价低了，那个品种可能会卖得好点。（1994 年《人民日报》）

“为的是”后面可以连接的语法单位有短语和句子。“为的是”连接短语时，主要是动宾短语和主谓短语。如：

（12）溢满的幸福，常使我有点恐惧，为的是怕乐极生悲。（《读者》）

（13）我是逢旧书店就进去一下，为的是旧书便宜，陆陆续续买了不少。（《当代报刊》）

“为的是”连接句子时，既可以连接小句，也可以连接复句。如：

（14）第二天，李厂长就住不下去了，另找了一家小招待所，为的是每天能为厂里省下二十元。（1993 年《人民日报》）

（15）当荧屏上出现侯宝林大师说方言、唱越剧的镜头时，他开大音量、认真观摩，为的是不久他要参加中国电影代表团慰问钢厂煤矿，献演类似的节目。（1994 年《报刊精选》）

“为的是”还具有篇章衔接功能。所谓篇章衔接功能是指说话人把不连贯的话语衔接成连贯的语篇，从而使得语篇更合逻辑，保持话语意义连贯。“为的是”作为表示原因的连词，在语篇中就起到了衔接的作用。“为的是”可以连接句子与句子或者段落与段落，从而使得前后符合逻辑，并且保持了语义上的连贯。“为的是”前面可以是逗号，也可以是句号。如：

（16）张先生说到这间不大的卡片兼出纳室，为的是那里一位常有交往的管咨询兼出纳“头顶的前半光秃秃”的老人。（《当代报刊》）

（17）我说姓柳是骗你的，我姓龙。为的是他姓杨，我便说姓柳。（金庸《神雕侠侣》）

三 “为的是”的历时来源

根据我们对北京大学 CCL 古代汉语语料库的检索，原因连词“为的是”最早出现在明末小说《醒世姻缘传》中。下例中“为的是”可解释为“因为”，是对上文惠希仁所说事情的提问。因为“为的是”后面是名词性成分，所以此时“为的是”固化程度不高。明代有且仅有这一条关于“为的是”的语料。

（18）陆好善道：“甚么事情？我通没听见说，就是相爷也没见提起。为的是甚么事儿？”（明《醒世姻缘传》）

到了清代，“为的是”使用的频率大幅提高，开始连接动词性短语和句子。下面三例中的“为的是”都是表示原因的连词。

（19）且说这年祭东陵的时候，两位太后又大伤了和气，为的是两人拜陵的时候争名位。（清《清代宫廷艳史》）

（20）幼恽又道：“我以前的银票、戒指被他抢去，不上紧去追他，为的是有过相好，不好意思。”（清《九尾龟》）

（21）我安骥此番抛弃功名，折变产业，离乡背井，冒风冲雨，为着何来？为的是父亲身在缧绁之中。（清《侠女奇缘》）

例（19）中，“为的是”是指“两位太后又大伤了和气”的原因是“两人拜陵的时候争名位”。例（20）中，通过“为的是”把前面句子中的结果与后面的原因连接在一起，保持了话语意义的连贯。例（21）中，“为的是”连接了前后的内容，后面跟的句子“父亲身在缧绁之中”表原因。

清代，“为的是”的使用频率大幅提高，“为的是”表原因的语料大量出现，且“为的是”后面所跟成分，不再局限于名词性成分，更多的是谓词性的短语以及句子。此时，“为的是”已经完全固化成一个三音节词了。

民国时期，表原因的“为的是”使用频率开始大幅下降，如例（22）；而表目的的“为的是”的语义占据主要地位，如例（23）。

（22）四娘赍着旧恨，为的是宫中路径不熟，仍旧徘徊都下，不能发难。

（民国《清朝三百年艳史演义》）

（23）她把香珮拿来给娇娘看，说是申纯派人送来的，为的是表明他已结新好，让娇娘绝念。（民国《古今情海》）

表原因的“为的是”由短语到词的历时演变过程极短，几乎直接成词，而表目的的“为的是”最早可检索到的语料出现在清朝。结合上下文语境，例（24）中“为的是”在句中表示“叶阡儿”在“白员外”生日之时帮着张罗，目的是讨好白员外。

（24）叶阡儿着急道：“老爷不要动怒。我说，我说！只因白家堡有个白员外，名叫白熊。他的生日之时，小人便去张罗，为的是讨好儿。”（清《七侠五义》）

由上文可知，表原因的“为的是”在明末就已经出现，而表示目的的“为的是”最早出现在清代，从时间上来看，表原因的“为的是”不可能来源于表目的的“为的是”。那么原因连词“为的是”是从哪儿来的呢？通过研究与“为的是”在语义、结构上均类似的双音节词“为是”后，我们认为原因连词“为的是”很有可能是从“为是”演变而来的。

“为是”最早出现在春秋时期，此时“为是”还是个短语，语义上表示“因为这”，如例（25）。因为在古代汉语中“为”既可表原因，又可表目的，后来为区分二者，逐渐采用表因连词“为”与后缀“是”相结合构成“为是”表原因。“为是”表原因且完全凝固成词最早出现在唐代。

（25）夫齐弃太公之法而观民于社，君为是举而往之，非故业也，何以训民？（春秋《国语》）

（26）世尊，此道为复本来自有。为是众生妄习生起。（唐《大佛顶首楞严经》）

（27）为是小二哥不识字，央我替他抄了半个月。（明《水浒全传》）

（28）那张氏与员外，为是同姓，又拜他做了哥哥。（明《初刻拍案惊奇》）

例（25）“为是”是指“你为这事也前去观看，这是没有先例的，今后怎么训导百姓呢？”表原因，此时“为是”还是短语。例（26）“为是”所在语句可译为“世尊，这六道是自己本来就有呢？还是因为众生妄惑积习而生出来的？”“为是”在句中表原因，很明显，这时“为是”已经完全凝固成词了。例（27）“为是”在句中是指因为“小二哥不识字”，所以求我替他抄半个月，此时“为是”已经凝固成词表原因。例（28）“为是”后面“同姓”是“又拜他做了哥哥”的原因。上述四个例句分别出现在春秋、唐代、明初，时间上均早于在明末清初才开始出现的表原因的“为的是”。

综上可知，“为是”无论是在语义上（表原因），还是结构形式上（短语或词），都要早于原因连词“为的是”。“为是”这个词表原因在清代以后开始衰微（香坂顺一 1997：50），清代的语料仅有 15 条，而原因连词“为的是”在清代开始兴起，语料有 107 条。两个词在同一时期一衰一兴，正好符合词语历时兴替的要求。

第三节 顺承连词“于是乎”

双音节连词“于是”已有不少研究：共时层面主要对“于是”语义篇章功能的研究，如王祖姝（1999）、杨彬（2012）等；历时层面主要是对“于是”词汇化过程及其动因机制的研究，如范江兰（2009）、李萌和马贝加（2017）。但是三音节连词“于是乎”到目前为止还未见任何专文研究，一些重要的词典也只是简单提及。比如《现代汉语词典》（第 7 版）把“于是乎”标注为连词，等同于“于是”；《现代汉语八百词》《现代汉语虚词词典》都只在释义双音节连词“于是”时顺带指出，口语里的“于是”常常说成“于是乎”。本节在已有研究基础上，利用北京大学 CCL 语料库对三音节连词“于是乎”的句法语义展开分析，尝试探讨“于是乎”的词汇化历程及其形成机制。

一 “于是乎”的语义分析

（一）“于是乎”的语义特征

《现代汉语词典》（第 7 版）、《现代汉语八百词》都认为连词“于是乎”同“于是”，对“于是”的解释也基本相同：表示后一事紧接着前一事，后一事往往是由前一事引起的。结合北京大学 CCL 现代汉语语料库，我们可以把三音节连词“于是乎”的语义特征归纳如下。

“于是乎”可以表示顺承因果义。“于是乎”作为一个连词，在大多数例句中都表示单纯的顺承因果义。“于是乎”前接的句子表原因，后接的句子表示由原因引起的结果，即前因后果。当然也不能说这种因果义和时间顺序完全无关，毕竟有因才有果，但在顺承因果义中，这种时间顺序是可以忽略的。

（1）这个女人跟别人交往，也觉得难以交往，于是乎就与世隔绝，显得非常孤独。（郑国恩《电影摄影的语言》）

（2）过了几天，家里人和他混熟了，不觉得拘束，他们于是乎在他面前采取原有的生活方式。（托尔斯泰《战争与和平》）

例（1）中，因为这个女人觉得和别人难以交往，所以选择与世隔绝。例（2）中，因为安德烈公爵和娜塔莎家人混熟了，所以娜塔莎家人在安德烈公爵面前恢复了原有的生活方式。

“于是乎”可以表示隐性因果义。连词“于是乎”不同于“所以、因此”这些明显表示因果关系的词，它体现的是一种不太明显的隐性因果关系。“所以、因此”重点强调事件的结果，而“于是乎”主要体现一个事件发生的过程，具有动态性。这种因果关系隐含着时间的先后顺序，但事理上的因果并不完全等同于事件发生的先后，从时间上看并不是很紧密。

（3）一步步开拓他的视野，培养他的兴趣，从古今中外的文明宝库中汲取营养，于是乎，他才变成今天的这副样子。（王朔《千万别把我当人》）

（4）再狂奔出去，上操场去跳绕一圈，回来重新又拿起那张报纸，按住心头，复看一遍，这才放心，于是乎方始感到了快活，快活得想大叫起来。（郁达夫《孤独者》）

例（3）中，“于是乎”所衔接的前后句既有时间上的先后也有隐性因果义，句中“于是乎”不可以换成“所以”，因为“所以”只强调事情的因果，而“于是乎”侧重于展现事件发展的全过程。该句表现的是“他”（唐元豹）变优秀的过程：“制定食谱和训练计划—开拓视野—培养兴趣—变得不平凡”。例（4）中，“于是乎”前后连接的句了也存在时间上的先后顺序和隐性的因果义：“我狂奔出去—跳绕操场—重看一遍报纸—感到快活想大叫。”

“于是乎”可以表示推论、总结因果义。连词“于是乎”引导的后一分句，还可以对前一分句的现象或事件进行推论或概括总结。这种句法环境中的“于是乎”在“语境吸收”（absorption of contextual meaning）的作用下，具有了推论、总结这一语义特征。如：

（5）当你看到第一颗膨胀的种子，连着鹅黄色的嫩芽儿破土而出，于是乎，春天就来了。（1996 年《人民日报》）

（6）我既然不会说绍兴话，并且除了花雕和兰亭外几乎不知道绍兴的别的情形，于是乎往往只好自己承认是假绍兴人。（朱自清《朱自清散文》）

例（5）中，“春天就来了”是说话人根据前文所描写的现象得出来的一个推论，“春天来了种子才会发芽”这是一个众所周知的常识。因为种子发芽并破土而出，所以作者认为春天要来了。例（6）中，“承认自己是假绍兴人”是作者对自己的调侃，也是作者对自己不会说绍兴话、不了解绍兴别的情况的一句总结概括。按照常理来说，本地人都是会说本地方言、对自己家乡情况也了如指掌的。

（二）“于是乎”的语义背景

马真（2001）认为语义背景是一种语用环境，虚词的使用几乎都会涉及语义背景问题，研究某个词的语用背景有利于明晰其具体的用法。下面我们将尝试探讨“于是乎”的语义背景，以明确其使用特点。

连词“于是乎”之前的A（包括行为、事件、想法等），应该是其后行为事件B的直接诱因。行为事件B通常是一种应激性反应，是随着A而产生的顺势性变化或状态，具有临时性。“于是乎”所连接的句子主要是表动态性的描写或叙述。例如：

（7）各省市体委纷纷追求金牌数、讲究投入产出效益。花上百万元搞支球队，全运会、城运会上只有1枚金牌，还不一定拿得到。于是乎，各地体委领导们大刀一举，一支又一支的三大球队伍被砍掉，节省下的经费用于发展个人项目。（1995年《人民日报》）

（8）正因为茶具有良好的保健功能，于是乎令人眼花缭乱的保健茶便应运而生，捷足先登。（1994年《报刊精选》）

例（7）中，“各省市体委纷纷追求金牌数、讲究投入产出效益”是事件A，“砍掉球队”是行为B。各省市体委追求的变化对球队被砍具有决定性的意义，是球队被砍的直接诱因。同时球队被砍也是追求变化所导致的必然结果，是在其新追求下产生的新变化。例（8）中，“茶具有良好的保健功能”是事件A，“令人眼花缭乱的保健茶便应运而生”是事件B。“应运而生”一词体现了保健茶是跟随着茶的保健功能被重视应运而生，不是一种稳定不变的状态，而是一种新发展。

因为上面我们已经提到连词“于是乎”的前项是后项的直接诱因，后项是前项的应激性反应，所以“于是乎”所衔接的句子通常是表示已然或正在进行的行为事件。

（9）在长途汽车站附近摆起了小摊。于是乎，外地本地的商人，在此越聚越多，曾一度影响了交通。（1994年《报刊精选》）

（10）当然森林植被的恢复也就成了问题。于是乎，尾沙照样乱堆，造林依然赶不上毁林。（2000年《人民日报》）

例（9）中，“于是乎”后面所衔接的句子是表示已然的行为事件。过去在临沂长途汽车站附近，商人的大量聚集影响了交通。例（10）中，“于是乎”后面所衔接的句子是表示正在进行的行为事件。采矿公司淡薄的法律意识和违法开采的行为，使得当时每年仍然存在尾沙乱堆、造林赶不上毁林的问题。通过对北京大学CCL语料库中有关“于是乎”427条现代汉语有效语料进行穷尽性分析，发现了一个特例。例如：

（11）几年前，当听说曹惠等几位剧作家，要下功夫把1976年发生在我国的那次震惊中外的大地震事件写成电视剧时，我有一种担心——那便是未来的荧屏上可能难以避开对事件过程的描述，于是乎，作为艺术欣赏来说，也就可能难以产生鉴赏冲动。（1994年《报刊精选》）

在（11）这个例句中，连词“于是乎”后面接的分句表示的是对未来的可能性推测。作者了解到曹惠等剧作家要将大地震写成电视剧，便推测这电视剧写成以后可能会让人难以产生鉴赏冲动，是一种未然状态。

二　“于是乎”的句法特征

（一）“于是乎”的句法分布

“于是乎”可以单用。连词“于是乎”可以连接前后两个分句或句子，“于是乎”单用时通常位于后一分句或句子的句首。

（12）公共交通工具成了人生旅途的重要载体，于是乎又产生了所谓“满员电车文化”。（1995年《人民日报》）

（13）坐吃陪请，寻歌伴舞，对学习却不重视不认真，懒于动脑。于是乎，凡开会讲话都要由秘书代劳。（1995年《人民日报》）

“于是乎”单用时还可以位于句中，前后用逗号隔开。如：

（14）现在，大工业生产，高楼大厦，甚至大厦成群了，那种风花雪月的境界，越来越少，于是乎，文人着笔的地界也日益狭小。（1994年《市场报》）

“于是乎”还可以连用。在叙述语体中，“于是乎”连用，表示在前一结果的基础上又产生了新的结果。“于是乎”连用时，由“于是乎”引导的后续句之间存在两种关系：一种是并列关系；另一种是递进关系，表示程度逐渐加深。

（15）不是说人人都会期待一个第三者，而是说期待一种更好的心灵的靠拢和更高的感情世界。于是乎有了张洁的《爱，是不能忘记的》，于是乎有了戴晴的《消失了的号音》。（《读书》）

（16）反是觉得这些臭味竟是香味，而且，反是觉得，这许多混合的臭味，是可以膜拜的神圣了。于是乎，你在南洋，就能站足得住，于是乎，你就适应了这一个环境，于是乎，你可以乐不思蜀。（许杰《榴莲》）

例（15）中，因为人人都会渴望友谊和爱情，所以有了张洁的《爱，是不能忘记的》，有了戴晴的《消失了的号音》。这两本书都体现了作者对于爱情、友谊的渴望，是并列存在的。例（16）中，作者先说南洋的榴莲臭，以榴莲之臭又引出资本家的铜臭，帝国主义的羊腥臭，洋奴走狗们的马屁臭等。然后连用“于是乎”引出三个后续句，长处臭味之中，先是可以站得住，然后慢慢就能适应，最后就乐不思蜀了。层层递进，暗讽一些人不断出卖见解、立场、节操和人格的过程。

（二）“于是乎”的连接功能

“于是乎”起连续性顺承连接功能。在日常生活中，某一行为事件、现象或想法的产生出现，往往会引出一连串的行为事件或情况的发生。例如：

（17）一个作家的才思才会喷涌，记忆才会复活，想象才会翱翔，感情才会迸发，思考才会愈益深刻，于是乎出现了“神来之笔”，出现了“妙语联珠”，出现了“妙笔生花”。（《读书》）

（18）由于是行政负责人审批，投资主体职责不清。于是乎，无视风险与效益，轻率决策，酿成苦果。（1998年《人民日报》）

例（17）中，“于是乎”既承接了前面的事件现象，也引出了后面出现的种种现象，如：神来之笔、妙语连珠、妙笔生花，使句子结构完整，一气呵成。例（18）中，因为制度不完善，权责不明，“于是乎”引出一系列不好的结果，展现了投资制度不完善的危害。

“于是乎”起因果性顺承连接功能。通过分析语料，我们发现在很多例句中，“于是乎”都可以跟“因此、所以”这些单纯表因果的词互换，且其语义不变。

（19）这些单位购买住房往往只注重地段，不在意价格。于是乎，北京城区内的商品住宅虽然价格高得离谱，但是照样供不应求。（1998年《人民日报》）

（20）双方谈判来谈判去总也谈不到一起，于是乎开工施钻的日子也就遥遥无期。（1993年《人民日报》）

例（19）中，因为北京一些单位购房只看地段不在乎价格，所以商品房的价格再高都有人争相购买。例（20）中，因为村里人和施工人员谈判总是谈不到一起去，所以直接导致公路的施工一直遥遥无期。

“于是乎”起解说性顺承连接功能。“于是乎”引导的分句或句子还可以表示对前一句的行为事件、现象或想法进行总结概括或解释说明。“于是乎”作为连词出现在句子中间，使得解说义更加明显，语义更加通顺自然。如：

（21）北京的鸡，固然是日陷于宰割忧惧中，但别的地方鸡，就不是拿来让人宰割的？为甚别的地方的鸡就有兴致高唱愉快的调子呢？我于是乎觉得北京古怪。（《怯步者笔记》）

（22）商家“宰客”是市场经济的“必然趋势”、“正常现象”；于是乎，经营者可以为所欲为，消费者只有任人宰割。（1994年《报刊精选》）

例（21）中，“觉得北京奇怪”是说话人对于前文所论述现象的总结，拿北京的鸡和别地方的鸡进行对比，从而得出北京是古怪的这一认知。例（22）中，“于是乎”后面引导的句子也是对前文所述现象的一个总结概括。

三　“于是乎”的词汇化及形成机制

在探讨“于是乎”的词汇化过程及动因之前，先要弄清楚“于是”成词的时间。已有研究关于“于是”成词的时间尚未达成共识：范江兰（2009）认为“于是”从先秦时期就进入了语法化的过渡期，在白话文运动后完成了语法化，成为一个真正的连词；李萌、马贝加（2017）认为连词“于是”出现在春秋末期。我们认为连词“于是”在春秋时期就已出现，后来长期处于介宾短语和连词并存的过渡时期，直到元明时期才基本成词，不再是介宾短语。

（一）“于是乎”的词汇化历程

通过检索北京大学 CCL 古代汉语语料库，我们发现“于是乎”最早也是出现在春秋时期。

（23）民之有口，犹土之有山川也，财用于是乎出；犹其原隰之有衍沃也，衣食于是乎生。（春秋《国语》）

（24）于是乎有刑不祭，伐不祀，征不享，让不贡，告不王。（春秋《国语》）

结合已有的关于“于是”的研究可知，从上古开始，“于是”就进入介宾短语和连词共存的过渡时期，且以介宾短语为主；一直到元明时期，“于是”才基本成词。可见，在以上语料中，“于是乎”不是连词，而是由“于是”+“乎”构成的句法结构。其中，“于是”有两种可能：一种是“于”+“是”构成的介宾短语，如例（23）表示“从这里”之义；另一种是连词，如例（24）表示“接着就”之义。此时的“乎”在它们后面都表示语气的停顿。在汉语信息结构中，通常是已知信息在前，新信息在后，新信息为句子焦点。在例（23）中，“于是”后用“乎”表示停顿，从而强调财用和衣食的出处。在例（24）中，“乎”也表示停顿，引出由上文得出的种种推论。

汉语的三音节词很多是在双音节的基础上发展起来的，新词的构成经常利用已有的词汇成分作基础（李思旭 2017）。三音节连词“于是乎”就是由“于是”+“乎”共同构成的，“于是乎”的词汇化是在“于是”成词的基础上完成的。连词“于是”在元明时期成词后，三音节连词“于是乎”也逐渐产生。如：

（25）士启问马绊，驿吏乃言此马黄精也，遇之者辄为所啖。《齐谐志

怪》而略此，于是乎书。（元《遂昌杂录》）

（26）父子觉而俱惊，此四坟于是乎获全。（元《遂昌杂录》）

以上两个例句中，“于是乎”都是连词，表示后一事是由前一事引起的。例（25）中，因为《齐谐志怪》这本书没有记载马绊这一奇异的生物，冯士启遇到了马绊，所以把它记载了下来。在例（26）中，由于冯氏父子被掘坟者托梦，睡醒后感到惊恐害怕不敢再掘坟，所以剩下的四座坟没有被掘，保留了下来。

在明清时期，“于是乎”也主要是作连词，起到承上启下的作用。如：

（27）流罪者悉改充戍，故人有怀土之思，不能固守其新业，于是乎逃亡者十常八九，而清勾之令遂不胜其烦扰矣。（明《贤弈编》）

（28）世人心上都有了这一层迷信，被那善士看穿了，所以也拿这迷信的法子去坚他的信，于是乎就弄出这八个字来。（清《二十年目睹之怪现状》）

以上两例中，“于是乎”都是作连词放在小句的句首。既承接了前面的事件现象，又引出了后面出现的行为结果，起到承上启下的作用。例（27）中，因为人都会怀念自己的家乡，难以固守新业，所以逃亡者很多。例（28）中，因为善士看穿了世人心中都存有迷信，所以也采用迷信之法，因此弄出八个字来。

元明清时期的“于是乎”语料共有 152 条，其中有 143 条是位于句首或主语后，起着承上启下的连接作用，表示后一事往往是由前一事引起的。当然，这一时期还有“于是乎”出现在句尾，后面带疑问或感叹语气的情况。如：

（29）时城内兵力单弱，养甲登城，见旌旗蔽江，叹曰：“其死于是乎？”（清《南明野史》）

（30）盖上以缵高宗纯皇帝未竟之志，奠我大清万年丕丕基，俾天下臣民同享太平者胥于是乎！（清《枢垣记略》）

以上两例中的“于是乎”不是连词。例（29）中的“于是乎”是一个介宾短语+乎，表示“在这里吗？”例（30）的“于是乎”也是类似的用法，表示感叹语气。

到民国时期，“于是乎”再也没有出现位于句尾或后带语气符号的情况。可见，从民国开始，“于是乎”只作为连词使用。例如：

（31）广州都督唐昭听说此事后，忙让夫人前去看个究竟。于是乎，别驾以下夫人都尾随而去。（民国《古今情海》）

（32）于是乎，声名大振，王孙公子走马灯似地来往于她家，无不以入迷香洞，在照春屏题诗为荣。（民国《古今情海》）

（二）“于是乎”词汇化的机制

“于是乎”是如何从句法结构演变为连词的呢？我们认为“于是乎”词汇化的机制是句法位置的改变和类推作用。从句法位置来看，“于是乎”的句法位置发生了改变：由可以出现在句首、句中和句尾变为只能出现在句首或句中主语后，而句首或句中主语后又是连词出现的典型位置。当一个句法结构经常出现在某一固定位置时，它也会获得这个位置所包含的新的语法意义和语法功能。“于是乎”由于经常出现在句首，进而逐渐变成了一个连词。

类推可以使重新分析产生的新的语法格式扩展开来。重新分析首先发生在容易语法化的典型句法环境中，然后在类推作用下，慢慢渗透到其他非典型的句法环境中。“于是乎”虽然出现的时间较早，但早期的“乎”主要是“于是”后的一个语气词，表示停顿或感叹。后来随着“吗、啊、呢”等语气词的出现，“乎”作为语气词的用法不再常见。到了民国时期，“X乎”结构已经发展得较为成熟，“于是乎”可能是受到双音节词“X乎”的影响直接类推而成，即由连词“于是”直接加上“乎”结合而成，“乎”只是一个词内成分，没有什么实际意义。由于“于是乎”长期存在，人们对其并不陌生；再加上“X 乎”结构的普遍存在，那么对“于是乎”由句法结构演变成连词也就不足为奇了。

第四章　固化三音节其他词类研究

第一节　趋向动词“下不来”

“下不来”已经固化成词，《现代汉语词典》（第 7 版）已经收录，解释为：动词，指在人前受窘，《现代汉语八百词》把“下不来”看成是习用语，表示“在人前受窘”。截至目前，还未见任何关于“下不来”的专文研究，只有崔贵兵（2010）在研究“V 不 C”结构的词汇化时，顺带提到了“下不来”，但并未展开分析。本节基于北京大学 CCL 语料库，对三音节动词“下不来”的句法语义展开分析，尤其是利用认知语义学理论和共时语法化理论，对现代汉语“下不来”语义演变过程和演变机制进行尝试性分析，最后对近代汉语“下不来”的历时演变历程做简单勾勒。

一　“下不来”的语义分析

“下不来”是一种能性述补“V 不 C”结构（吴福祥 2002）。其中“下”表示“由高处到低处”，“来”是一个趋向动词作补语，动词性减弱，趋向性增强，是虚化了的动词，修饰动词“下”，表达“物体到下处、低处”的含义。“不”是否定副词，表示一种否定的可能性，是对“下来”的语义可能性的一种否定，表示“物体可能不能到下处、低处”。

（一）“下不来”的语义演变

“下不来”最初表示事物在空间上由高处到低处的位移变化。下面例（1）“下不来”作谓语，表示“猫无法实现从高处向低处的转移”。例（2）“下不来”作谓语，表示“乘客无法实现从车上转移到车下”。

（1）连猫在墙头上下不来，家里养的宝贝小鸟飞上枝头，人们都可以请消防队员帮忙。（1995 年《人民日报》）

（2）乘客在乘车时，不守秩序，蜂拥上下，使下的下不来，上的上不去。（1993 年《人民日报》）

“下不来”也可以表示身体内部空间由高到低的位移变化，即从内部空间到外部空间的位移义。以下两例中“下不来”陈述对象不再是动作主体，而是依附于动作主体的物体在主体的驱动下发生的位移，如例（3）中的“大便”、例（4）中的“胞衣”。

（3）吃到第4天，我的肚子就痛得受不了了，大便下不来。（2002年新华社通讯稿）

（4）小芹生下孩子后胞衣下不来，很危险。（《读者》）

此外，“下不来”还可以有趋向义的隐喻用法。在隐喻用法中，“下不来”意味着无法到达安全、令主语满意的境况。下面例（5）比喻主人公已经陷入了一个糟糕的选择、无法扭转局面的处境。例（6）表示叙述主体无法实现从手术台到地面的位移，包含着死亡的隐喻。

（5）现在后悔起来，已经从“贼船上”下不来了。（李文澄《努尔哈赤》）

（6）万一我上了手术台，下不来了，我的问题不就永远搞不清楚了！（《读者》）

以上“下不来”从具体空间域到抽象心理域的隐喻投射（projections），是一个词语不同义项之间相联系的手段之一。一个命题从一个认知域投射到另一个认知域的相应结构上，从而形成了隐喻认知模式。人的隐喻认知模式使人具有将物体空间映射到概念空间的能力，具体来说，就是有将具体事物概念映射至相应的抽象概念结构的能力。从而，人们具备了对抽象事物的理解和推理的隐喻思维能力。

除了以上横向位移及其隐喻用法，“下不来”还有纵向位移及其隐喻用法。凡是具有垂直空间状态差别的概念大多可以用“下不来”来表示。这是因为垂直空间状态的意象图式来自我们经验结构中运用上下方位的倾向。由于地球的引力，人是垂直行走的，人体于是有上下、物体有高低等差别，我们从多次对物质世界的相似感知和经验中抽取出了垂直结构，进而运用到其他非空间概念。

第一，“下不来”表示无法实现量的减少。“高”和“低”在日常生活使用中被赋予了特殊意义，“下不来”意味着不能实现这类量的减少，不能实现其在观念垂直空间里由高处到低处的位移。下面两例中“下不来”陈述的对象“成本”“价格”等，都有量的大小，常常以高低作为比较标准。

（7）但独立的小店成本下不来，又缺乏抗风险能力。（《黑板上的经济学》）

（8）歙县10多万担茶便要压向内销市场，价格却下不来，与外地无法竞争。（1994年《报刊精选》）

第二，“下不来”表示事物的质量等级无法降低。比如例（9）中的“下不来”都是表示档次不能下降。例（10）表示标准不能下降。

（9）想来还是宋说得对，好东西用惯了，档次就下不来了。（六六

《蜗居》）

（10）养老保险待遇具有很强的“刚性”，标准一旦上去了就下不来。（1994年《报刊精选》）

第三，“下不来”表示社会等级中从等级的高层到低层的位移。社会等级本身就又包含了一层隐喻意。例（11）有关部门的配套措施应该是由上级传达到下级，例（12）低层单位要获得来自高层单位的自主权。

（11）贸委牵头的建立现代企业制度试点工作，因有关部门的配套措施迟迟下不来，工作很难有效开展。（1995年《人民日报》）

（12）写在“红头文件”上的东西要变为现实，往往有一个很长的滞后期。自主权千呼万唤下不来。（1994年《市场报》）

此外，“下不来”还可以表示无法完成，不能实现、不能取得的成果，多数有客观的原因。一个方案设想目标在“上”意味着不切实际，空中楼阁，从上到下有去实施完成的动作意味，“来”有完结、终结的意思。

（13）要办一所真正的私立校，没有几千万投资下不来。（1994年《报刊精选》）

（14）她每到一地，没有三讲下不来，最多的一天讲了八个小时。（1996年《人民日报》）

这种情况下，多是在[+否定词]、[+数量词]的格式中使用，这与“下不来”本身是否定结构有关，从而形成双重否定表肯定的强调语气。

（二）“下不来”的语义演变机制

隐喻义是一个深度抽象化的意义，它区别于一般的字面义。一般来说，一个词的本义和其隐喻义在其深层蕴含着，是比较抽象的概念义。随着使用频率的增加，隐喻义还有可能成为词义的一部分。之所以隐喻义能成为词汇的部分含义，是因为通过无数反复的使用和联想，这些意义已经成为约定俗成义了。比如“在人前受窘”就是“下不来”的隐喻义，并且已成为词义的一部分。这从《现代汉语词典》（第7版）和《现代汉语八百词》对“下不来”的释义可以看出。

（15）营长，这五千元缴给你，要是我下不来，这就算我最后一次缴党费。（杜鹏程《保卫延安》）

（16）洗完了再多喝点水，我看这个会不开个通宵下不来。（柳建伟《突出重围》）

（17）那是因为男孩子的自尊心有点儿下不来，并没有觉得是自己心爱的人被别人夺去了。（安顿《绝对隐私》）

“下不来”的“不能从上下来”和“在人前受窘”这两个词义表面上是冲突的，一个属于行为动作域，一个属于情感认知域。例（15）表示战士可能不能从战场上下来，是行为动作域。例（16）中的“下不来”表示会议不开通宵不能够结束，根据表主观推测的“我看”，属于认知域。例（17）中的“下不来”表示“在人前受窘”。

“不能从上下来”和“在人前受窘”这两个概念在人的心理上又具有相似性。前一词义要表达的是在动作领域陷入一种困境，而后一词义表达的则是在情感上陷入一种困窘。由此可见，这两个词义在表达上都具有陷入困境这一相似点，因而两个领域的概念便有了可以转换的语义基础。

“下不来”从表示空间位移到表示表数量上不能满足，再到表抽象的“在人前受窘”，其语义演变的机制是隐喻在起作用，具体来说是概念隐喻中的“方位隐喻”（orientational metaphor）在起作用。所谓“方位隐喻”是指参照空间方位而组建的一系列隐喻概念。方位概念是人们较早产生的、可以直接理解的概念。在此基础上，人们将其他抽象概念，如情绪、数量、社会地位等投射于这些具体的方位概念上，从而形成了用表示方位的词语来表达抽象概念的语句（赵艳芳 2001：107）。在上面一节纵向位移及其隐喻用法中，“下不来”之所以能表示“成本、价格”在数量上无法减少，“档次、标准”在质量上无法降低，社会等级中不能从高层到低层的位移，无法完成、不能实现或不能取得的成果，都是通过概念隐喻中的方位隐喻这来实现的。这在英语中也有所体现，来自上下空间概念的词语可以用于其他抽象概念，比如 I am feeling down（我情绪很低），be held down by lack of education（因缺乏教育而受到压制），he is really low these days（他最近情绪很低落），get into trouble（惹上麻烦）等。

二　“下不来”的句法特征

（一）充当句法成分的功能

首先是作谓语。“下不来”的主要句法功能是作谓语，占总例句数的 80%。“下不来”在充当谓语时，主要表示“数量上不能满足需要”。

（18）30 万辆规模，三年内夏利厂肯定达不到，达不到成本就下不来，售价自然也不会大幅度下调。（1994 年《报刊精选》）

（19）价格高限制了消费市场，消费市场的狭窄又限制了产量，规模上不去，价格更下不来。（1994 年《报刊精选》）

其次是作定语。“下不来”经常跟其他词语组合在一起来充当定语，一般不可单独使用。

（20）速度，一群聪明人送出的礼物，一头风做的怪物，一条上去了就下不来的贼船。（麦家《风声》）

（21）法兰克福队的另 4 个对手是下轮遭遇的弗赖堡队（客）、有可能届时已经提前降级的波鸿队（主）、上不去下不来的沃尔夫斯堡队（客）和保级的主要竞争对手——斯图加特队（主）。（新华社2001年3月份新闻报道）

由以上例句可以看出，“下不来”在作定语时，经常与“上去”“上不去”等结合。但是，并不是说“下不来”不能单独充当定语成分，只不过“下不来”作为一种具有趋向意义的动词，它所表示的只是事物发展的一个方向，一般都会和与之相反的另一个词或短语结合，由此来说明事物的发展。如“上不去”表示事物不能够上到什么东西上，正好与“下不来”相反，这两个词组组合会增强整个句子的语气，使读者能够明白作者想要表达的意思。

最后是作补语。“下不来”作为“下来”这个趋向动词的否定形式，自然也继承了趋向动词可以作补语这一语法特征：

（22）遇到这种人，挨顿说是轻的；他还可能当众把送礼的撅个下不来台。（《读者》）

（23）是！对！我们应当有理想，可是不能叫理想闹得下不来台！（老舍《女店员》）

例（22）中，“下不来”前面的动词带有口语色彩，看似没有作补语，但实际上，“撅个”是口语中的用法，翻译成白话文就是“骂得”，所以，“下不来”实际上就是作“撅”的补语，修饰被骂人的一种状态。同样，例（23）也是一个标准的补语，因为它带有“得”的补语标志，在这里，“下不来”不是单独作补语，它是由“下不来”和“台”组成动词性短语作“闹”的补语，表明“闹”的一种结果。

（二）“下不来”的共现成分

首先，“下不来”可以受一些副词的修饰。“下不来”作谓语时，经常受副词的修饰，主要是程度副词“更、有点儿、有些、很”。

（24）现在让他改称，他会比李燮和的怨气更大，面子上更下不来，很难让他接受。（陈廷一《宋氏家族全传》）

（25）他掏出眼镜戴上又反复看了几遍，见驾照没有问题，有点儿下不来台，想了一下没好气地说：“你刚才超速了。”（1996年《人民日报》）

“下不来”还可以受语气副词，比如“也、还是、就”等的修饰。

（26）如果不是我爹妈死得早，我也不会不学好，一上了这个贼船，想下也下不来哪！（彭荆风《绿月亮》）

（27）以前都是吃药，可是吃药靠不住，吃了半天，孩子还是下不来。（琼瑶《水云间》）

其次，“上去”“上得去”与“下不来”的连用。以下例（28）“上去下不来”直接连用作为形容“困境”的定语。例（29）“下不来”作可能性趋向短语与“上得去”连用，强调句中提到的“白刀山”“金刚台”环境险恶的程度之深。

（28）美国陷入了上去下不来的困境，悬崖撒手，心有不甘。（1996年《人民日报》）

（29）我们团有句话，“白刀山、金刚台，上得去、下不来”。（2000年《人民日报》）

再次，“上不去”与“下不来”的对称使用。

（30）待到下来一半，妻子已经精疲力竭，孩子卡在半腰，上不去，下不来，情况十分危险。（陆步轩《徒步看世界》）

（31）见他的老父亲实在气得上不去下不来，慢悠悠地拍着两个巴掌说……（梁斌《红旗谱》）

（32）当初，如果不是小西爸极力反对她的反对，女儿和何建国就不会弄到今天这种上不去下不来的地步。（王海鸰《新结婚时代》）

从例（30）到例（32）逐步体现了“上不去，下不来”的语法化，由实际空间指向心理，再到处境尴尬的演变过程。

（33）经济发展的国家最后都尝尽苦头，陷入滞涨局面，经济上不去，通胀下不来。（1995年《人民日报》）

（34）纺织市场上，面料这一块一直是“上不去，下不来”，在疲软中徘徊。（1994年《报刊精选》）

例（33）所描述对象为并列关系，说明滞涨的两种表现。例（34）“上不去，下不来”作为一个整体连用，此时“上不去，下不来”很容易看出两个词语在一起表示一种情况，即徘徊不进的状态。

（三）固定搭配“下不来台”

我们认为“下不来台”是短语固定搭配，带有习语性质，其语义表达处在一种尴尬窘迫的局面。其由表示从高处到低处的位移，是通过语义的引申和隐喻来完成的。地位高的或者某件事的焦点人物往往会站在一个台（例如舞台、讲台、发言台）上讲话，发言完毕一般会在掌声中走下舞台。如果打乱这一顺序，焦点人物不能顺利从台上走下来，便造成在台上处于一种进退两难的尴尬境地。如“下台”这一词语意味着被迫离职，“上台”意味着开始掌权进入职位。我们认为这是“下不来台”固定搭配的文化背景和形成原因。如：

（35）但烧饼的板子本来就不太熟练，这段的词更是稀松，说到武松装死就忘词了，只能光打板子下不来了。（郭德纲《相声集》）

（36）一帮小孩上台没多长时间就要求加新活儿，有点不厚道，就像《大保镖》的底，你把驴头砍了，演员下不来。（郭德纲《相声集》）

例（35）“下不来”处于一个在舞台上表演正在进行时的语境中：一方面，演员真的不能顺利从舞台上下来；另一方面，演员此时处于窘迫的状态。例（36）指《大保镖》这个故事结尾砍了牛头的引申，说成驴头一语双关，指抖包袱时将包袱的前半段直接说过去而不给观众留接包袱的余地，演员从下不来台到下不来，窘迫的意味增强，实指下舞台的意味减弱。

（37）就算你不同意，凭我们两家世代交好的面子，总也不该让我下不来台吧。（陈廷一《蒋氏家族全传》）

（38）马克涅教授感到自己的好心被当成了驴肝肺，有些下不来台。（陈廷一《宋氏家族全传》）

例（37）“下不来台”在兼语后作谓词性短语，表示叙述对象被迫处于难堪的情景中。例（38）在副词后作形容词性短语，表示叙述对象的心理活动。

三 “下不来”的历时演变

“下不来”这个词产生得很晚，直到明代才有迹可循，且只有一例。例句中“下不来”在这里表“数量上不能满足需要”的语义，在句中充当谓语成分，表示狄希陈在书院里被先生罚站，向父亲嘀咕，父亲说如果被他娘听见打二十下都不止。

（39）狄员外说：“快悄悄儿的！叫你娘听见，扭二十把下不来哩！”（明《醒世姻缘传》）

以上“下不来”的这种用法很少，近代汉语中大部分的例句还是表示空间位移。比如例（40）表示从驴身上移动到地面。例（41）“下不来”后接宾语“炕”构成动宾结构，表示从炕上移动到地面。

（40）姑娘不愿意，在驴上又下不来。（清《济公全传》）

（41）只听他作难道：“这怎么样个下炕法呢？”姑娘道：“怎么又会下不来炕了呢？”（清《儿女英雄传》）

“下”的语义指向逐渐虚化，词语内部凝固性增强，不能拆分，拆分会改变词义。“下不来”的词汇化发展是通过隐喻实现的，这跟“下不来台”的文化隐喻环境相似。

（42）幸亏张龙惟恐蒋平脸上下不来，反在其中周旋打和儿。（清《七侠五义》）

（43）章秋谷被陆畹香缠住了不得开交，又不肯当面回绝叫畹香的面子下不来，左思右想甚是为难。（清《九尾龟》）

以上例（42）“脸”后面还有方位词“上”，例（43）“面子”后直接省略方位词，“下不来”在句中失去状语修饰直接作面子的谓语。

此外，“下不来”前可以受表程度的“有些、十分”以及表示否定的“未免”等修饰。

（44）四爷脸上有些下不来，搭搭讪讪的回到自己屋内，没好谤气的。（清《七侠五义》）

（45）这张金凤姑娘，被十三妹缠磨了半日，脸上虽然的十分下不来，心上却是二十分的过不去。（清《儿女英雄传》）

（46）恐怕他一时犹豫误事，待要和他说话，只是个没过门的媳妇，脸上未免下不来。（清《儿女英雄传》）

以上例（45）中，“下不来”受“十分”的修饰，句中“十分”一词已经为表程度的常用副词，可以直接修饰动词，而修饰“过不去”的“二十分”在特定语境下表示和前文的程度相比程度更深。

（47）当着众人的面，给他一个大大的下不来，也叫他以后自家晓得些儿难处。（清《九尾龟》）

例（47）“下不来”在句中有词类活用的现象，动词作名词使用。由于“下不来”作心理动词词义稳定，这里借其情景意义作名词，表示迫使主人公处于非常难堪窘迫的情境，一种会让他“下不来”的情境。定语“大大的”表示“下不来、难堪”的程度很深。

以上清代“下不来”作谓语前的状语多是方位短语“脸上”，到了民国“下不来”前的状语由方位短语“面子上”充当的情况增多，主语由面子充当的情况增多。同时“下不来”与“台”固定搭配使用频率增多。

（48）此时秦东阳坐在警察署，又忿恨，又懊悔，惟恐妹子真个来承认是的阿根的妻子，自己面子下不来。（民国《留东外史续集》）

（49）二妹不要误会了，反使一般有好心想维持二妹的人，面子上下不来。（民国《留东外史续集》）

（50）但臣的意思，也并不要使他十分下不来台，只令他犯点儿风流罪过，把他的嘴堵塞住了，也就罢了。（民国《宋代宫闱史》）

此外，到了民国时期，“下不来”在句中充当谓语或补语，语义固化程度较高，全部都是“下不来”的隐喻义“在人前受窘，失了体面，难堪”，没有表趋向位移的短语义。

（51）陆锦这一来，觉得比先时遭她拒绝不见的事情，更觉下不来台。（民国《民国演义》）

（52）又忿恨，又懊悔，惟恐妹子真个来承认是阿根的妻子，自己面子下不来。（民国《留东外史续集》）

第二节 指示代词“这么些”“那么些”

近年来，指示代词中单音节“这/那”、双音节“这么/那么”的句法、语义、篇章等方面的不对称，一直是学界研究的热点之一，目前已取得了较为丰硕的成果：单音节的研究，如徐丹（1988）、崔应贤（1997）、曹秀玲（2000）等；双音节的研究，如文贞惠（1995）、杨玉玲（2007）等。但是三音节“这么些/那么些”，至今还未见任何专文研究。吕叔湘（1985）的《近代汉语指代词》也只研究了单音节的“这/那”和双音节的“这么/那么”，没有涉及三音节的“这么些/那么些”。

“这么些”“那么些”具有词的资格，已被一些词典收入。《现代汉语八百词》认为这两个词都具有指示和称代两种用法，指示或替代比较近/远的一些人或事物，强调多或强调少。《现代汉语词典》（第7版）对“这么些”与“那么些”的解释相同：指示代词，指示一定的数量（强调多或少）。结合这两部重要词典的释义，利用北京大学CCL现代汉语语料库，本节尝试对“这么些”“那么些”句法特征上的不对称和指示功能差异进行详细描写，并对相关不对称现象作出认知解释。

一 “这么些”“那么些”的指示功能

“这么些”“那么些”都是指示代词，都能指示一定的数量（强调多或少）。与名词性成分组合时，“这么些”指示较近的一定数量的人或事物，“那么些”指示较远的一定数量的人或事物。

（1）里面有马勺菜、老鸹锦、乍乍菜和苣苣菜。“大娘！”春儿说，“又到哪里弄了这么些新鲜菜儿来？”（孙犁《风云初记》）

（2）难道真有那么些住在山里的原始人吗？（《残雪自选集》）

通过对语料的分析，我们认为在指示数量上，“这么些”“那么些”既可以表示客观量，也可以表示主观量，即强调数量较多或是较少。

“这么些”“那么些”都能表示一种客观的数量，没有强调数量很多或很少的意思，相当于“这么一些”“那么一些”。

（3）我也觉得咱们这些乡亲们不该是这么些人，就是比美国人，咱也没少长了哪件东西，怎么弄的文化水平这么低。（苗长水《终极美貌》）

（4）有那么些人，搞工作无精打采，搞内耗精力充沛，匿名告状信满天飞。（1994年《报刊精选》）

当说话人用“这么些”“那么些”时，往往还有认为数量比较多（主观大量）或比较少（主观小量）的意思。表示主观大量的“这么些”“那么些”，相当于“这么多”“那么多”。

（5）但是，宗璞能在这么一个小小的范围内谱写出这么些互不重复的歌，却又是不能不令人感到惊叹的。（《读书》）

（6）中年妇女们也不知哪来的那么些欢笑和话语，一路上说笑不绝，东扯西拉，取乐逗笑。（曲波《林海雪原》）

表示主观小量的“这么些”“那么些”，往往要跟限定副词“就”“只”等搭配使用，相当于“这么点”“那么点”，如：

（7）批发市场越开越多，而到市场来批发的就这么些单位和个体商贩，供大于求使批发企业面临窘境。（1994 年《报刊精选》）

（8）但是为条件所限，只有那么些钱、那么些物，决定了我们在一个时期只能集中力量解决一部分问题。（2000 年《人民日报》）

通过以上的比较可以看出，“这么些”“那么些”都能指示一定数量，包括客观量和主观量。不同之处在于“这么些”一般指代较近的一定数量的事物，而“那么些”则指代较远的一定数量的事物。

此外，“这么些”“那么些”还可以与量词“个”组合，表达的意义与“这么些”“那么些”相似，但从语体上来说，是一种更口语化的表达。“这么些”“那么些”跟“个”组合形成的“这么些个”“那么些个”，既具有指示功能，如例（9）（10），也具有代替功能，如例（11）（12）。

（9）云山雾罩说了这么些个不着边儿的话，活生生地让我觉得自个有多大罪过似的。（王朔《你不是一个俗人》）

（10）那么些个邻居，常年住这儿的，谁都不出面，想必这种情况由来已久。（刘心武《小墩子》）

（11）我要是不住戏班，我怎么知道这么些个？（《中国传统相声大全》）

（12）皇榜上写着老道会打三十六手哑谜，您会那么些个吗？（《中国传统相声大全》）

二　“这么些”“那么些”指称的不对称

（一）指称距离的远近

“这么些”倾向于指代较近的人或事物，“那么些”倾向于指代较远的人或事物，这一点是它们在指称距离上的主要差别。指称距离又可分为空间距离、时间距离和心理距离三个方面。

第一，空间距离的远近。一般来说，“这么些”倾向于表示人或事物在空间上距离说话者比较近，“那么些”则倾向于表达距离说话者比较远。如：

（13）还有陪逛的丈夫有时免不了在服装柜前数叨妻子：“这么些衣服

就没有一件你看得上眼？”（1994 年《人民日报》）

（14）有一次妻子收拾出一堆旧东西，说：“咋攒了这么些旧东西。要不，给东北农村的亲戚邮去？”（1998 年《人民日报》）

（15）许三多：我老家没那么些山羊，我数坦克车。一辆坦克车，两辆坦克车……（兰晓龙《士兵突击》）

第二，时间距离上的远近。“这么些”“那么些”的近指与远指也表现在时间距离的远近上。首先，时间指现在，说的是现在的事情，通常会用“这么些”。

（16）我们现在讲的这么些病，内因在慢性病中所占的作用不是主要的，只占据 20%。（洪昭光《怎样活到 100 岁》）

（17）现在知道有这么些人对我好，老马知足。（兰晓龙《士兵突击》）

其次，所说的事情距离目前的时间比较远，发生在过去或者将来，通常会用“那么些”。

（18）现在想想，我简直禁不住佩服自己，当时怎么能够胡诌出那么些文字来填满篇幅的。（《读书》）

（19）到时真有那么些观众一起喊，还真有点够呛。（1994 年《报刊精选》）

“这么些”“那么些”都可以后接时间词语表示一段时间，而这段时间既可以是从过去一直到现在，也可以仅仅是过去，不包括现在。二者的差别在于：“这么些+时间词语”表示某种事情或状态持续的时间距离现在相对来说要近一些；“那么些+时间词语”表示的时间相对来说要远一些，且往往强调某种事情或状态持续的时间非常久。

（20）搞了这么些年的商品经济，我们的企业学会了一句话：“顾客是上帝。”（1993 年《人民日报》）

（21）我们这对父子相依为命那么些年，早就把对方的个性摸得清楚。（乔斯坦《纸牌的秘密》）

（22）老人径直走向家定，激动地抓起他的手关切地说：“你是我的孩子，这么些年，你是怎么找我的？”（谢乔莎《陆定一与失散子女的悲欢》）

（23）当年你把阿伟带来，我不该心软了一下，把我拖累了那么些年，我为他受的罪，三天六夜也说不完。（白先勇《孽子》）

例句（20）（21）中，“这么些”与“那么些”指示的时间都是从过去一直到现在，例（22）（23）是指事情发生在过去，不包括现在。对比这几个句子可以发现，例（20）（22）中“这么些年”表示的时间距离当下更近，例（21）（23）中的“那么些年”重在强调这种状态延续了非常长久的时间。

通过对语料库的检索，我们发现有一个值得注意的不对称现象，那就是“这么些+时间词语”比“那么些+时间词语”使用频率要高得多，用例比是 137:16。人们描述一件事情发生了较长时间，不论它有没有持续到现在，往往想强调这种事情跟现在的状态仍然关系紧密，对现在仍然有较大影响，“这么些”相比于“那么些”更加适合。因此，如果不是说话人有意要强调发生的事情持续的时间非常长，距现在非常久远，一般会倾向使用“这么些”。

有时时间因素和空间因素会共同出现在语句中，说话人与谈论对象是否处于同一时间、同一空间下，就有了当前指称与非当前指称的区别。吕叔湘（1985：203）提到了用作当前指称时，“这”要多于“那”。我们发现“这么些”和“那么些”的使用也会体现出所指对象是否出现在当前环境的差别。一般来说，指称当前场景中的人或事物，多用“这么些”。

（24）其实，您别看坐着这么些人，那都是聋子的耳朵——配搭，主要是听江青一个人的。（1994 年《报刊精选》）

（25）“哟，我可不会说话，当着那么些人我说什么呀？”牛大姐连连摆手。（王朔《懵然无知》）

对比以上两句会发现，例（24）中“这么些人”是在说话人、听话人所处的当前场景中实际存在的，双方通过视觉、听觉能够知晓；例（25）中的“那么些人”并未出现在当前场景中，说话人还未到场，也没看见到底有多少人、是什么样的人，只是通过预测、想象的方式来指示谈论的对象。

第三，心理距离的远近。“这么些”“那么些”使用时，很容易受说话人的主观心理的影响，心理上觉得离自己比较近的用“这么些”，比较疏远的用“那么些”。

（26）这么多年我已经拍了很多戏，也得了那么多奖，但是媒体老炒我这么些不好的事情干什么？（《鲁豫有约》）

（27）他可能觉得有点烦吧，这也正常，突然之间那么些个事儿压上去，搁谁身上都会烦的。（李可《杜拉拉升职记》）

心理距离是主观层面上的，不像客观距离那么明晰，有时“这么些”“那么些”的使用也就很难区分。比如将例（26）中，替换为“媒体老炒我那么些不好的事情”也可以说，因为“不好的事情”在主观心理上与自己可近可远，说话者可以因为这是自己的事情将它拉近，当然，因为其“不好”也可以将它推远。

“这么些”在心理上距离说话者比较近，“那么些”比较远。但是在具体的使用中，“这么些”“那么些”又相对灵活，在一些情况下可以相互替换。以上例（26）（27）中的“这么些”与“那么些”可以相互替换，原因在于：

首先，句中的时间、空间距离远近不是特别明显。如果是有较明显的时空距离，往往也不能随意使用或替换。比如下例中明显说的是在过去很长一段时间里发生的事情，如果换用“这么些”则显得有些不妥。

（28）那么多的日子里把时光和精力虚掷于那么些无聊或不值得的琐碎之中，使我痛心疾首。（应红《淡忘》）

其次，不同的人称对于“这么些”“那么些”的选择没有太大影响。虽然理论上自己的事情更近，他人的事情更远，但当句中有比较明显的主观态度，或是受时间、空间因素的影响，第一人称也可以使用“那么些”，第三人称也可使用“这么些”，例如：

（29）他来得晚了，说了这么些话，就到了应该请客人晚餐住宿的时候了。（高晓声《骗术》）

此外，由于主观上的远近不像客观上的远近那么清晰分明，说话者可以根据主观理解的不同而进行不同判断。当说话人对某人某事有着不满、愤怒、厌恶等感情或态度时，往往会使用“那么些”，如：

（30）“我抽你你信么？你太不像话了你，你不会你废那么些话干什么你！啊！”（《郭德纲相声集》）

（31）陈文娣负气地说：“不许问么？不许问我就不问。原来你对我还是保守了那么些秘密！”（欧阳山《三家巷》）

这种不满的态度也体现在很多具有否定意义的句子中，此时会更倾向用“那么些”。

（32）一到晚上，灯火通明，管事儿的满院儿跑，这姐姐们出来进去穿着旗袍儿。于谦：“你看我哪儿有那么些姐姐啊？”（《郭德纲相声集》）

（33）谁有工夫想那么些个弯子！我告诉你，我的头一放在枕头上，就睡得像个球。（老舍《铁牛和病鸭》）

总之，“这么些”与“那么些”在指称距离上有较大差别，距离较近的通常使用“这么些”，距离较远的通常使用“那么些”。时间、空间距离的远近往往是比较客观、清晰的，心理距离则较为主观。但这也并不代表涉及主观心理层面上时，“这么些”与“那么些”就毫无区别，可随意替换。在实际表达交流中，影响人们使用“这么些”“那么些”的因素可能很多。一般来说，如果句意体现了比较明显的时空距离的远近，选择“这么些”还是“那么些”一定程度上还是会先考虑时空因素。

（二）指称的明晰与模糊

在表达交流中，谈论对象是否出现在实际场景及语境中，会影响说话人对其熟悉及确定程度，而这种熟悉、确定程度高低往往容易影响“这么些”“那么些”的使用。“这么些”有更清楚确定的意思，而“那么些”则相对较模糊。

（34）一百位？干吗要这么些人？只要能证明我真的错了，哪怕是一个人出面也足够啦。（《读者》）

（35）我的老天，三年的工夫也拆不完呀，哪里找那么些人呢？（孙犁《风云初记》）

说话时对于谈论对象的数量或程度究竟是多少，并不是特别明晰，而是比较抽象模糊时，往往会倾向使用“那么些”。以下两例中，用“那么些”对于具体“有多少、有没有、在哪里”这样的问题似乎更多了一丝难以说清楚、说明白的意味。

（36）是有那么些小聪明，怪不得有时就张牙舞爪。（1994 年《报刊精选》）

（37）朋友，不要指望会有那么些人能理解你，珍惜自己的羽毛，孤傲地飞吧！（《读者》）

（三）夸张、强调程度的高低

“这么些”“那么些”在表示数量很多的意思时，“那么些”的夸张或强调的程度更高一些，如：

（38）因为我和妻子珍妮特都没用过这么些钱，而且为了买下这幢房子，我们正在准备第一次付款，一直在节省。（《读者》）

（39）王海居然在京城那么些商场能“频频得手”，可见假冒伪劣商品很有“市场”。（1996 年《人民日报》）

这里说的夸张强调程度高，不仅是在指示数量上突出强调了数量之多，另一方面也加强了说话的语气，将表达的情感渲染得更加强烈。例句（39）中“那么些”与语气副词“居然”相呼应，强调该事件尤其过分、不可思议，当然如果将“那么些”换成“这么些”也可以，但是语气和情感的强度就会变得弱一些。

三　“这么些”“那么些”不对称的动因

在北京大学 CCL 现代汉语语料库中，“这么些”有 378 例，“那么些”有 155 例，两者使用频率上出现不对称。形成这种不对称的原因，主要有以下三个方面。

（一）语源的先后

在 CCL 近代汉语语料库中，“这么些”有 57 例，最早出现在明代；“那么些”共 12 例，最早出现在清代。“这么些”的使用要早于“那么些”，并且在现代汉语中“这么些”的使用也比“那么些”要多。

（40）素姐还问道：“你大哥真个替我买了这么些东西么？”（明《醒世姻缘传》）

（41）“用民船运呢，怕没那么些民船；要用轮船运罢，这个稀脏的东西，怕轮船不肯装。”（清《二十年目睹之怪现状》）

（二）自我为中心的视角

人总是先认识自己的身体，并以此为基本参照点，再从自己来认识周围的事物。沈家煊（1999）指出，人最初从认识自己的身体开始认识外部世界，这一点是语言中不对称现象的原因之一。上文中所说的“这么些+时间词语”与“那么些+时间词语”使用的不对称现象，除了前面说过的时间上的原因之外，人们以自我为中心的视角也是一个原因。我们常会听到人们用“这么些年”而非“那么些年”来感慨从过去到现在的一段时光，很重要的一个原因在于我们往往是立足于自己的人生或是自己周围的发展变化而谈的，因此会更多地选择近指“这么些”来表达。有时候即使是第三人称，这种影响也并不是很大，如例（43）。

（42）经商这么些年，我真心希望能为国家和香港做点事。（2002 年新华社新闻报道）

（43）这么些年来，表妹先是潜心读书，深造，毕业以后又是南来北往的拍片，我们很少见面了。（1994 年《市场报》）

这一点也体现在一些文学作品中，作者为了用词更贴近笔下的人物，从而更好地把握他们的内心和情感，有时在第三人称叙述中也会使用“这么些”，如：

（44）这么些年，晓东忙，难得给妻子过个生日。（田岚《西部警魂》）

（45）毕竟在官场混了这么些年，姜贻新抽着烟，显得心平气和的样子。（谌容《梦中的河》）

（三）当前指称的需要

相对于“那么些”，“这么些”更容易直接指示对象。在日常交际中，对于“这么些”的需要和应用更多一些。如：

（46）你问了我这么些事，是不是你心里已经有了点底，知道了我姐姐在哪儿了吗？（老舍《全家福》）

（47）你赔，你赔，你拿钱来讹着我！你一个帮人家的，哪儿来的这么些钱？（张爱玲《连环套》）

在双方交谈中，有时两人讨论的事情的时间距自己说话时并不远，也许就在自己说话前，并且所说的事情也就是发生在双方身上，所以往往直接用“这么些”来指示，如例（46）中的“这么些事”。其次，说话者用“这么些”可以将听话人的注意更好地聚焦在想要强调的对象上，这时候往往也会伴随着说话者的手势等，从而让听话人更容易感知和了解，比如例（47）中的“这么些钱”。

“这么些”“那么些”作补语时不对称的情况也是出于这个原因（虽然作补语的情况较为少见，但还是找到了以下两例）。在说话者形容两件事物的差异时，往往说“这么些”的时候会伴随着说话人的比划等手势，这样给听话人的感受则更具体。

（48）这并不是李四爷的身子比祁老人的短这么些，而是他的背更弯了一点。（老舍《四世同堂》）

（49）一直觉得蓁燮是个很有范儿的孩子，舞蹈也不错，就是性格羞涩了那么些。（微博）

由于“这么些”有了这样的功能，在交谈中当说话者心里有自己认为是比较重要或者是好奇的事情，在询问时会更多地借助“这么些”指称事物来切入话题并强调，从而得到自己想知道的事情的答案。所以在具体的交流会话中，“这么些”比“那么些”使用得更加频繁。

第三节　次生叹词“好家伙”

叹词是汉语中比较特殊的一个词类，它不能做句法成分，不能与其他词类组合，常常独立使用或独立成句。根据叹词来源的不同，Norrick（2009）将叹词分为原生叹词和次生叹词两类：原生叹词（primary interjections）是与生俱来的叹词，如英语的 Oh, uh；次生叹词（secondary interjections）是由其他词类派生出来的叹词，如英语的 my god, well。由于次生叹词是来自各种词类的词或短语，因此 Norrick（2009）认为叹词是个开放的不能穷尽的类。

近年来，汉语词类系统中的叹词研究持续升温，纵观已有研究成果，大致可以分为两大方面：一是有关叹词的宏观研究，如刘丹青（2011）、马清华（2011）、周国光（2016）、冯硕（2016）等；二是关于叹词化的研究，如刘丹青（2012）、李先银（2013）、刘双艳（2013）、张斯文（2017）等。但不论是对叹词的宏观研究，还是对一些具体个案的叹词化研究，讨论的主要还是原生叹词（比如“啊、哦、嗯”等单字叹词），而对一些后起、多字的次生叹词，相对来说研究得还很少，比如三音节叹词“好家伙”就是其中之一。

《现代汉语词典》（第 7 版）把“好家伙”标注为叹词，表示惊讶或赞叹。学界对“好家伙”的研究可以分三个方面：1）对“好家伙”叹词化和话语标记化的研究，如张斯文（2017）；2）自然口语中“好家伙”的话语功能研究，如王娟娟（2020）；3）对情态标记语“好家伙”的性质、意义及形成动因的分析，如吴德新（2020）。叹词“好家伙”的句法语义特征及其历时演化过程与形成机制，还有待进一步研究。本节就以叹词“好家伙”为例，分析其句法位置分布和语义功能，探究其历时演化过程，对叹词和话语标记之间的转化关系进行探索。

一 “好家伙”的句法语义特征

（一）叹词“好家伙”的语义功能

叹词的语义功能很复杂，吕叔湘（1982）把叹词的功能分为：1）表惊讶和赞叹；2）表叹息、哀伤、悔恨、愤怒；3）表诧异（不信）；4）表醒悟；5）表不以为然、鄙视、斥责。《现代汉语词典》（第 7 版）把“好家伙”定义为表示惊讶或赞叹。在对 CCL 现代汉语语料库中作叹词的“好家伙”进行统计分析后，我们认为“好家伙”的语义可归为感慨、赞美和不满三类。

“好家伙”可以表示感慨。例（1）中，说话人对行为发出评价，属于说话人的感慨；例（2）及例（3）中把“好家伙”放在句首表现对现实的一种假设，说话人设想假设成真时的感慨。

（1）是啊！我怎么想，怎么不是味儿！好家伙，帮助他欺骗政府，哪儿行呢？（老舍《春华秋实》）

（2）那不是因为你们真负责任吗？好家伙，别说真丢了，丢一会儿还差点把我急死呢！（老舍《全家福》）

（3）幸而他处置的得当，没教小崔在半途中跑了；好家伙，要是坐着破车来，军警准得挡住他的去路。（老舍《四世同堂》）

宽泛地来说，“惊讶”也归为感慨的一种。例（4）中说话人表示两个月要赚那么多钱是很令人吃惊的，例（5）表示吃了 20 个冰激凌的做法超出常人，例（6）中说话人突然发现周围的环境不同于想象。以上三例都表达惊讶的语义。

（4）好家伙，两个月要赚 136 万元？这不禁令大家为他担忧。（1994 年《报刊精选》）

（5）乔波让老大娘帮她数着，好家伙，她真的一口气吃了 20 个冰激凌！（1994 年《报刊精选》）

（6）当我从田亮手里接过火炬，转身举过头顶，再一看，好家伙，四周全是几百年的古树，还是小心点，千万别点着了。（姚明《我的世界我的梦》）

有时，感慨里还明显包含了庆幸的意味。以下几例中有“好在”“差一点”“差点儿”等词，有如释重负之感，表达了明显的庆幸含义。

（7）我吓了一跳，吐着舌头暗暗庆幸，好家伙！好在未得罪这尊黑面菩萨。（刘水耕《陈毅与赖明月的战地姻缘》）

（8）只有那位宣传处长摇着大脑袋，出了口长气：“好家伙，这个新年，差一点儿没被送到宪兵队去过。”（李英儒《野火春风斗古城》）

（9）“来喽！赵大爷，我来喽！”（跑上，手中提着小包，身上披着破雨衣；放下小包；一边脱雨衣，一边说）好家伙，差点儿摔了两个好的。地上真他妈的滑！（老舍《龙须沟》）

“好家伙”可以表示赞美。表示“赞美、赞叹”是《现代汉语词典》（第7版）对“好家伙”给出的语义之一，在语料中也较为常见。这种用法与“感慨”的区别在于其有明显的褒义色彩。结合上下文语境，例（10）中的“喜出望外”，表明了老农对机器的赞美。例（11）、（12）中的“满意”“出个人物”，“电影明星”等词语表现了说话人对听话人的喜爱、赞赏。

（10）站在田埂上观看的几位老农民喜出望外：“好家伙，有了这机器，以后谁还愿意焚烧麦秆。”（2000年《人民日报》）

（11）王师傅边说边满意地拍拍他的肩膀，“好家伙，我们山沟里可出了个人物了。”（白帆《迷途的羔羊》）

（12）喝，你们都长这么大啦？好家伙，要在街上遇见，我要不说你们是一对电影明星才怪！（老舍《方珍珠》）

“好家伙”可以表示不满。不满和愤怒两种语义较难区分开，都有讽刺的意味。例（13）中，在“恶人先告状”的语境下，“好家伙”自然是表示说话人的愤怒。例（14）表示特务分子不应该有这么好的住宿条件，说话者感到不满。例（15）中，说话人认为妻子无权教训丈夫，因而表示不满。

（13）李金魁看见解文华把脑袋往他的怀里扎，他想：好家伙，恶人先告状，这小子倒唬起我来了，可怎么办呢？（刘流《烈火金刚》）

（14）好家伙，一个特务分子竟然住了一层楼面，为什么没有人占领他的阵地。（陆文夫《人之窝》）

（15）好家伙，妇道人家敢教训我这大丈夫？不甘示弱的丈夫马上送上下联予以还击。（《读者》）

我们认为，叹词“好家伙”之所以能具有感慨、赞美和不满三种语义功能，这跟语言的主观性有关。主观性是指语言的这样一种特性，即在语言中多多少少总是含有说话人“自我”的表现成分。也就是说，说话人在说一段话的同时表明自己对这段话的立场、态度和感情，从而在话语中留下自我的印记。如果这种主观性在语言中用明确的结构形式加以编码，或者一个语言形式经过演变而获得主观性的表达功能，则谓之“主观化”（subjectivisation）（沈家煊 2001）。可见，叹词“好家伙”是感慨、赞美和不满三种语言主观性的外在表达方式，即主观化的编码方式。

（二）叹词“好家伙”的位置分布

叹词常常可以作感叹语，感叹语后面如果用了句子标点（句号、问号、感叹号），就不是复句中的分句，而是独立语中的感叹句。对于单字叹词如“啊、哦、嗯”等来说，独立成句时，因其音长、语调多变而承担不同的含义：升调表示疑问，降调表示应诺、感叹，曲折调表示不满。表示醒悟的音一般都较长，表示惊讶的音则较短。对于“好家伙”之类的多字次生叹词，因其音调、长短的变化，不如单字叹词灵活，独立成句承担语义更显困难，所以“好家伙”作独立句的用例很少。

北京大学现代汉语语料库中包含“好家伙”的语料共 362 条，排除 42 条短语用法，我们选取 320 条叹词的例句进行统计，具体情况见下表。

表 4–1　叹词“好家伙”的位置分布

句中位置	独立成句	句首	句中	句末	总计
数量	20	156	80	64	320
比例	6.25%	48.75%	25%	20%	100%

叹词“好家伙”独立成句的，如：

（16）士兵们一听，哦喝！好家伙！闹了半天就是他们的队伍来打我们！（刘流《烈火金刚》）

（17）二两五？好家伙！哪有那么大个儿的蛐蛐呀！（《中国传统相声大全》）

“好家伙”不独立成句的又分为“句首”“句中”“句末”三种位置分布。作独立语的“好家伙”置于句首，一般都是为了要突出说话人希望传递的感情，后面的句子所表达的内容就是感叹的对象。以下例（18）中“好家伙”表达说话人对“废物”变成保护对象的惊讶；例（19）中“好家伙”表示对五个人那么能吃能喝表示感慨。如果把它们放在句中或是句末，就不会像在句首那样能更好地突出当时感情的强烈程度，并且引起听话者注意的作用也会变弱。

（18）好家伙，这批“废物”倒成了重点保护对象，不仅对其特级警戒，而且还 24 小时监护。（1994 年《报刊精选》）

（19）好家伙，一斤鲜肉、三斤鲜菌、外加一瓶“浏阳河”被我们五人一扫而光。（2000 年《人民日报》）

位于句中的“好家伙”是叹词中一类特殊的现象。位于句中的“好家伙”在语义上同前后文都有关联。“好家伙”位于句中，一般表示前后句之间的逻辑关系，或是为了唤起别人对叹词下文的注意。

（20）我一看，好家伙，村里花这么多钱买的车，成了他做好事的专车了。（《读者》）

（21）酒一出锅，好家伙，一股少有的浓香扑鼻而来，令在场的人顿时惊诧不已。（1994 年《报刊精选》）

（22）今天咱可不敢招惹你，好家伙，特使都召见你呀！好的很！好的很！（老舍《四世同堂》）

“好家伙”在例（20）中是表示对“看”内容的说明，在例（21）中表示对酒的进一步说明，我们把这种关系归属于顺承关系，这一类也最多，在例（22）中是为了说明“不敢招惹你”的原因，属于因果关系。

置于句末的“好家伙”在叹词用法中相对较少，主要是针对上文内容，表明自己的情感态度。以下三例都是先给出某事或某物，并且事物往往是令说话人始料不及的或惊异的，而后在句末使用“好家伙”表达对这样一种描述性、确定性的惊讶，针对前句中的既成事实抒发感情，标点符号上的体现就是多使用感叹号结尾。

（23）一队的小麦总产将达到九万多斤，超过定产三万多斤，好家伙！（张一弓《赵镢头的遗嘱》）

（24）有好几个村都大闹起来，吃伙饭挖地道。还给群众开了会，挖一丈给一斤小米，好家伙！（雪克《战斗的青春》）

（25）那个锚，在船头上那铁锚，黑漆漆的，怕不有五六千斤吧，好家伙！（沈从文《到北海去》）

总之，无论处在何种句法位置，“好家伙”都有表示“感叹”的情感，这种感叹又随着其位置的变化稍有不同，其语义、语用功能或增加，或细化，如惊讶的感叹、赞美的感叹、不满的感叹，等等。以上无论句法位置是句首、句中还是句末，“好家伙”都使用逗号与前后文分隔开，即都有语音停顿，但也有例外。如：

（26）那夜我们徒步走哇，从清华好家伙一直走到天安门。（冯骥才《一百个人的十年》）

（27）那时候刚工作，那涮羊肉一斤四五块，哪是能随便吃得起的，好

家伙到东来顺、西来顺，好多店都比较了一番价格。（百家讲坛《金正昆谈礼仪》）

从上面可以看出，取消了语音停顿而直接附在句中的独立语“好家伙”，一般出现在口语或口语色彩较浓的文学作品中。我们推测这可能是口语表达上的需要，说话人因为要向听话人传达情感，要采用连贯的话语，主观上省略掉句子中间的语音停顿，从而可以达到增强语势的作用。从本质上说，是否带有分隔性语音停顿的标点符号，对“好家伙”的用法不造成影响。

学界普遍认为，叹词在句中常常作为独立语或独立成句，但是次生多字叹词“好家伙”比较特殊，可以接其他词语而整体语义不变。

（28）公安局里不是不准打人？可我亲眼看到他们打人。好家伙儿了，用手拷拷还不解气，楞用粗铁丝绑上，再用虎钳子拧啊。（冯骥才《一百个人的十年》）

（29）我在监狱那前儿，就想过要报复。好家伙儿的，用反革命名义把我关进去，想让我老婆和我离婚。（冯骥才《一百个人的十年》）

（30）有人还似猛然将童心追回，娃娃一般地跳跃，娃娃一般地呼喊“好家伙哩！好家伙哩！”（1994 年《人民日报》）

以上前两例都出自天津作家冯骥才的作品，这种现象很可能是北方方言中儿化音在书面语上的反映，是使用者在表达感情时不自觉的改动，可以看作是叹词本土化的体现。换言之，两例中的“好家伙儿了”“好家伙儿的”，可以看成是叹词“好家伙”的方言变体形式。其实，不仅汉语的叹词有变体形式，英语中的叹词也有变体形式，比如叹词 good god 可以有 good lord, good golly, good heavens 等变体形式（Norrick 2009）。

二 “好家伙”的历时来源

叹词“好家伙”的来源，刘双艳（2013）、张斯文（2016）都有所涉及，不过二者都是从现代汉语共时层面进行的。刘双艳（2013）认为叹词“好家伙”是从偏正短语“好家伙”词汇化而来。张斯文（2016）认为“好家伙”从偏正短语词汇化为叹词，再从叹词语法化为话语标记。虽然韩金秒（2019）尝试从历时角度分析叹词“好家伙”的语法化过程，但也只是简单梳理了一下“家伙”“好”以及“好家伙”在近代汉语中的使用情况，并未讨论叹词“好家伙”的词汇化过程。下面我们将结合近代汉语语料来探讨“好家伙”的历时来源及其形成机制。

偏正短语“好家伙”可以表达好几种意思，这主要是由中心语“家伙”的意义不同引起的。因而探究“家伙”的演变，有利于我们了解“好家伙”

的形成。《现代汉语词典》（第7版）认为“家伙”有三个义项：指工具或武器、指人（含戏谑或轻视意）、指牲畜。最早的“家伙”一词在元代出现，指日常生活中的器具。

（31）另收拾一所洁净房室，其床帐家伙无物不备。（元《唐解元出奇玩世》）

（32）到吃完了饭，碗盏家伙收拾了。（元《老乞大新释》）

由明至清，文学作品中的“家伙”由指生活工具变为指武器，“家伙”指人的含义也最早出现在清朝，如：

（33）狄洪道大笑道：“这样没用的家伙，也来送死。”一铁拐把他打成肉饼。（清《七剑十三侠》）

（34）如看彩云走后，向唐卿伸伸舌头道：“好厉害的家伙！这种人放在家里，如何得了！我也劝嫂嫂越早打发越好！”（清《孽海花》）

（35）弥轩见忽然各庄都支钱不动，一打听，是承辉回来了。想道：“这家伙来了，事情就不好办了。”（清《二十年目睹之怪现状》）

我们认为，“家伙”由器物、武器到指人，这种发展脉络之间是存在着联系的。从指物渐渐到指人，是词义的扩大。拿物品代指人，尤其是生活用品、武器，给指人的语义带上了戏谑、轻视的色彩，如例（34）中“好厉害的家伙”，暗指人像武器一样厉害，不好相处，带有贬义的色彩。

“好家伙”最早出现在清朝小说中。以下两例中的“家伙”是清朝小说中最常用的“武器”义，说话人看见对方武器，夸奖对方武器精良之意。此处的“好家伙”还作为偏正短语使用，但已隐含感叹之意。

（36）北侠将刀只一磕，棍已削去半截。方貂道：“好家伙！”撇了那半截木棍，回手即抽出朴刀斜刺里砍来。（清《七侠五义》）

（37）傻小子这一崩，只听当啷啷一声响亮，只见火星四处乱飞。贾明往后一闪，说了声：“啊？好家伙，原来是铁的呀！”（清《三侠剑》）

近代汉语语料中首次出现的叹词“好家伙”与作为短语使用的“好家伙”，都在清代的同一文学作品中出现。以下例（38）中的“好家伙”是短语，指“水寇”功夫不一般。例（39）是过渡性的词和短语两解例句，既可以看成是短语，夸“花旦”不一般，也可以看成是叹词，是山东马看到“花旦”时发出的感慨。例（40）是叹词，表不满，成龙对差人不是拿降暑的酸梅汤而是拿药水，非常不满。

（38）王天宠与那水寇行上就下，也有露出脑袋的时会，二人在水上动手，也有在水底下的时会。马成龙一瞧，说：“好家伙，了不得了！我得帮个忙儿。”（清《康熙侠义传》）

（39）说罢，只听家伙一响，开场演戏。那花旦方一出来，山东马说：“好家伙！”声音洪亮。（清《康熙侠义传》）

（40）听差之人将暑汤送过一茶盅来，成龙一喝，说：“好家伙，你拿药水子灌我！你把酸梅汤拿来，给我喝点。”（清《康熙侠义传》）

从上面的分析可以看出，叹词“好家伙”是从偏正短语“好家伙”词汇化而来的。刘丹青（2012）把非叹词转化为叹词的过程叫叹词化，认为共时平面的叹词化是一种句法操作，就是拿其他词类的成员作叹词。叹词化是动词、副词、形容词、名词等实词或相关短语失去组合能力用作次生叹词的机制。国外很多学者都认为叹词实际上就是一种语用标记，因而我们认为叹词化并不是句法操作，而主要是一种语用操作——语用化。比如以本文讨论的“好家伙”为例，从偏正短语到叹词，最主要的变化是“好家伙”的概念义减弱、情态义增强。而情态义主要是语用化带来的。此外，“好家伙”叹词化后语音也发生了变化，短语“好家伙”三个字都读原调，而叹词“好家伙”中的“伙”已读轻声。

反观作为叹词的“好家伙”与其作为短语用法之间的历时联系，我们认为“好家伙”作为叹词的三种基本语义（感慨、赞美、不满）都与其作为短语的本义有关。比如近代汉语的例（37）中，夸赞对方的武器是件“好家伙”，其中已带有赞美、感慨的含义。演变至后来，如前文现代汉语的例（12）中，夸奖别人长相像电影明星，这种语义是与例（37）中一脉相承的，只是“家伙”的意义虚化了，整个短语也固化为词。至于表示不满的语义，则是对“好”这个修饰语进行的讽刺式利用。这种反用在汉语中并不是偶然为之，比如下面两例中的“好你个”也是对“好”本义进行的反用，意在表明说话人一种怒极反夸、讽刺的意味。

（41）老道把眼睛一瞪说：“好你个无名小辈，胆敢在太岁爷头上动土！今天你三人休想出我这吕祖祠！”（清《彭公案》）

（42）袁德亮一听，三尸神暴跳，五陵豪气腾空。哇呀呀，怪叫如雷：“好你个乡下人，有何德能之处，敢在我钟山狮子寨如此撒野。”（民国《雍正剑侠图》）

三　叹词化与话语标记化

国外很多学者都认为叹词实际上就是一种话语标记，从而把叹词作为一种话语标记来研究，进而认为出现在一个话轮的起始位置上的叹词是一种话语标记，具有特殊的言谈意义。Norrick（2009）指出，次生叹词具有充当平行语用标记（parallel pragmatic markers）的功能，其次就是充当对比性（constrast）标记语、阐释性（elaboration）标记语和过渡性（transition）

标记语等典型话语标记的功能（typical discourse marker functions）。

我们认为，叹词和话语标记之间之所以会产生纠结，主要有两个方面的原因。一方面是两者有相似的语法体现，比如语音上大都可以停顿，句法上都独立于句子结构之外，句法位置分布都较为灵活，可以位于句首、句中、句尾，在具体使用中两者都会有一些变体形式。

另一方面，更为重要的原因是两者功能上的相似性：一部分叹词当情感意义弱化、篇章连接功能增强时，就具有了话语标记的功能；一部分话语标记，当它们的情感功能特别突出时，也就具有了叹词的功能。那么，如果某一个成分既是叹词又兼有话语标记功能，可以这样进行区分：当凸显连贯功能时是话语标记；当凸显主观性（主观情感）时是叹词化，因为情感功能与叹词的功能相似。

李敏（2016）认为，当"好家伙"侧重于表达言者观点和态度等情感意义时已成为话语标记。但是从其文中所举的例句以及分析来看，讨论的其实还是叹词的语义功能（比如惊讶、感叹、话题处理功能、信息功能等），并不是真正的话语标记。张斯文（2017）指出，虽然叹词"好家伙"已经发生了语法化，但是在话语功能上并未起到一定的话语连接功能，不能在语境中增强话语的互动性和连贯性，所以"好家伙"并未完成向话语标记的转变。我们认为，叹词"好家伙"永远不可能完成向话语标记"好家伙"的转变，至多是两种用法在现代汉语共时平面共存。

其实，话语标记"好家伙"的用例非常少，"好家伙"表达感慨、赞美、不满等情感意义时，都不是话语标记，而是叹词的语义功能，或者可以说是语用标记。只有当"好家伙"在句首表示招呼对方、引起对方注意，或者表示语音停顿功能时，才是真正的话语标记用法。以上例（43）和例（44）中的话语标记"好家伙"主要起"招呼对方、引起对方注意"的功能，例（45）中的话语标记"好家伙"主要起"语音停顿"的作用。

（43）一个叫万克苦的队员，指着德强露出的脚指头，笑着说："看哪！好家伙，十个'将军'出来了六个，十个都出阵了，可要发生大血战啦！"（冯德英《苦菜花》）

（44）献忠也哈哈大笑，又用拳头捶捶宗第的脊背，说："走，进里边谈话去。好家伙，日子真快，咱们从凤阳一别就是四年多啦！"（姚雪垠《李自成》）

（45）他们那旗人啊，那阵儿这儿有皇上的时候，他们都有势力，他们那个好家伙，那一个旗人里头都有那么一个圈儿。（1982 年《北京话调查资料》）

此外，还需要强调的是叹词与话语标记之间的转化关系：到底是叹词语法化为话语标记，还是话语标记发生叹词化而变为叹词。也就是说，到底是叹词话语标记化，还是话语标记叹词化。刘双艳（2013）、冯硕（2016）都认为，部分话语标记可以发生叹词化而成为次生叹词，即话语标记可以发生叹词化，从而由话语标记变为叹词。张斯文（2017）认为叹词可以语法化为话语标记，比如话语标记“好家伙”就是从叹词“好家伙”语法化而来的。我们认为，要判定是叹词话语标记化还是话语标记叹词化，主要看其功能的变化，即是否从核心功能扩展到非核心功能。换言之，一个词到底是叹词语法化为话语标记，还是话语标记发生叹词化而变为叹词，主要是看这个词的核心功能是什么。Fraser（1990）认为话语标记有一个核心意义，即从它的同音形式的内容意义（content meaning）中分离出来的语用意义（pragmatic meaning）。Fraser（2005）采取一词多义方法（polysemous approach），分析了话语标记的核心意义，具体来说，每个话语标记都有一个具有一般性的核心意义和一些存在细微差别的不同意义。

我们认为，话语标记的核心功能与非核心功能之间应该具有某种联系，最可能的联系应该是，非核心功能是核心功能的进一步语用化、语法化、主观化的结果；非核心功能是核心功能引申的结果。就本节讨论的“好家伙”来说，它的核心功能是表示感叹，而表示招呼对方、引起对方注意功能和语音停顿功能等话语标记功能，是非核心的边缘功能。由此可以判定，只能是话语标记“好家伙”从叹词“好家伙”语法化而来的，叹词“好家伙”不可能从话语标记“好家伙”叹词化而来。

第四节　列举助词“什么的”

近年来，三音节列举助词“什么的”不断引起学界的关注，但已有研究大都是对“什么的”现代汉语共时层面的句法语义分析，比如董晓敏（1998）、龙泉（2007）、李劲荣（2015）等。从历时角度探讨“什么的” 的来源及形成机制的成果还非常少，只有卢惠惠（2012），但该文讨论的并不是形成机制而是形成动因：“X 什么的”是列举义构式“什么 X”出于消解歧义、完句煞尾等表达需要而产生的衍生形式。“什么 X”具体怎么衍生出“X 什么的”的，即“X 什么的”的具体形成过程及形成机制，卢文并未涉及。本节从共时、历时两个方面探讨“什么的”的句法特征及历时来源：共时层面主要讨论已有研究涉及很少的列举项 X，X 的数量与性质、X 内部的连接方式与特殊形式；历时层面主要利用概念叠加和构式整合理论，探讨“什么的”的形成机制。

一　“什么的”的搭配对象

本节把“什么的”前面的成分称为搭配对象，用“X”表示。下面主要讨论X的数量与性质、X内部的连接与特殊形式。

（一）X的数量与性质

根据我们对语料的统计，并列成分的数量可以为1至5项不等，其中以1、2项为最多。以下5个例子中的构造单位数量依次是1项、2项、3项、4项以及5项。

（1）承认别人的某一篇作品比自己的作品好，还写封“推荐信”什么的。（梁晓声《京华闻见录》）

（2）她看见学海左手拿着一瓶烧酒，右手拎着一捆青菜和韭菜什么的。（周而复《上海的早晨》）

（3）每天，书包里带块干粮，或者几个土豆，一棒玉米，一个萝卜什么的。（梁晓声《表弟》）

（4）小则打火机、丝袜、化妆品、假首饰什么的，大则录音机、照相机、彩电、录像机等等。（梁晓声《京华闻见录》）

（5）找对象，品格应放在首位，至于长相、家境、文凭、地位、金钱什么的，并不重要。（1994年《报刊精选》）

搭配对象“X”的性质共有四种类型：语素、词、短语以及句子。其中又以词居多，短语数量居中，语素与句子出现的情况较少。如果并列项是词的话，词性为名词、动词与形容词这三类中的一种，没有发现其他词性的用例。

（6）读大江的小说，人物的名字净是些“蜜”、“鸟”、“鹰”什么的，稀奇古怪。（《当代报刊》）

（7）手里提一只鱼网拴成的大兜，兜里装着咸盐、火柴、酒瓶什么的，还有一台小收音机呢。（王润滋《三个渔人》）

（8）一边看武侠小说，一边喝点小酒、啃点零嘴什么的。（王丰《蒋家末代总管——孔二小姐》）

（9）而今哪个女人家没有化妆品，最简单的也要有“养颜护肤霜”、“大宝天天见”什么的。（1997年《作家文摘》）

以上例句中，例（6）的构造单位为语素，例（7）的构造单位为名词，例（8）的构造单位为动宾短语，例（9）的构造单位为句子。

（二）X内部的连接与特殊形式

在“X什么的”中，并列项之间通常有语气停顿，一般用逗号、顿号来表示，如：

（10）人的美主要是自然的美，开个双眼皮，垫个鼻梁什么的，局部可能美化了，但破坏了总体的协调，看上去就显得别扭。（樊淑棣《刘晓庆整容了吗？》）

（11）记得我第一次进入这个库房时，看着那些破布、毛线、旧毛巾什么的，问老同志，这是干什么用的？（董保存《毛泽东“管家”》）

并列项之间有时使用一些连词，如“和、以及、或”等，如：

（12）开始，他只搞文字报道，间或写些短篇小说、诗歌和报告文学什么的，每年见诸报刊的稿件平均五十篇左右。（1995 年《人民日报》）

（13）她一张口，郁积在心底的苦闷、烦躁以及愤慨、压抑什么的，都夹带在歌声里一齐释放了出去。（方方《桃花灿烂》）

（14）我就在她面前比划大提琴或黑管什么的，有时她就说：“错了，你忘了，速度不对。”（1994 年《人民日报》）

并列项之间有时使用语气助词“啊”“啦”等来间隔，如：

（15）他们和我开玩笑，说养点花啊猫啊狗啊什么的，我说我连养活自己都很困难。（1994《报刊精选》）

（16）这两三年多次举办汇演啦歌奖啦舞赛啦美展啦诗会啦什么的，累得够呛。（《读者》）

甚至有些语料还同时出现了多种连接方式，如同时使用符号与语气助词等，如：

（17）他们父女俩教给我不少知识，什么版本了，印数了，出版社了，名著哇，作家呀什么的。（1994 年《报刊精选》）

此外，还有些并列项之间并没有任何语音停顿，如：

（18）居民们过日子缺了米面油盐什么的，不用出门。（1994 年《人民日报》）

（19）也永远没有小楼房小汽车大把钞票什么的，可活得充实，活得有滋有味。（1994 年《人民日报》）

我们认为，这些并列项之间无停顿的原因有两个：一是它们在日常口语中经常共现，在很大程度上已经被当作完整的词语来使用，如例（18）；二是人们说话时情感所需，无停顿可使语速加快，语气增强，表达的情感也会更加强烈，如例（19）。

并列项中的连接方式，除了上面的标点符号、连词、语气词，还有一些特殊形式。首先，动宾短语间常出现量词，如“个”“串”等。

（20）工业生产早已不是小零件加工，打个铁，做个家具什么的。（1994 年《报刊精选》）

（21）每回你爷爷总要花个块儿八毛的，买串糖葫芦、买个空竹什么的，这可是我们盼了一年的享受。（1994 年《报刊精选》）

其次，动词用重叠形式，如：

（22）往后只搞搞电影戏剧、吹吹单簧管什么的，以示“一个作家的小小的抗议”。（1994 年《报刊精选》）

（23）我抽屉里总放着针线包，钉钉扣子、缀缀领章、补补尼龙袜什么的。（《读者》）

从上面的论述可以看出，口语色彩浓重是“什么的”区别于其他列举助词的主要特征，也是它最主要的语用特点。浓郁的口语色彩，增加了随和性，也使得搭配对象“X”具有了很多口语化的表现，如前文提到的穿插语气词、叠词、量词，等等。

通过大量的语料分析，我们发现构式“X 什么的”偶尔会与其他表示列举的格式共现，以加强列举义，常见的共现格式有四种：

第一，在列举项之前加上有“列举义”的词语“比如”“像”等，如：

（24）千万别自作聪明，比如烧个鸡汤什么的，以为那就是最好的良药。（《读者》）

（25）中国现在有不少摇滚乐队，像“唐朝”“黑豹”什么的。（1994 年《报刊精选》）

第二，列举末项带有省略号，如：

（26）你说我假道学、假义气、假儿子、假哥哥……什么的，倒真是伤了我。（琼瑶《青青河边草》）

（27）说是牡丹、昆仑、金星、孔雀……什么的。（刘心武《公关汽车咏叹调》）

第三，框式列举构式“什么……什么的”，如例（28），以及列举助词句末连用的“……等/等等/之类/一类+什么的”等格式，如：

（28）还当着什么这个委员那代表什么的？事情弄大了怕是要有点麻烦。（谈歌《城市警察》）

（29）只要按他们提出的要求汇上报名费和评委费，交上一则 200 来字的自我介绍，就能成为文学家、诗人和歌星、影星等什么的。（《科技文献》）

（30）忽而读到《第二次握手》，倏然又读《辞海》、《诗经》、《楚辞选》等等什么的。（2000 年《人民日报》）

（31）不强迫对方履行什么朋友的义务之类——譬如告之身高、体重、八字、祖宗八代之类什么的 。（林如是《一个陌生男子的来信》）

（32）刚开始自己还以为是他弟弟一类什么的，但后来才知道，颜雨峰

和他是一点关系都没有。（大秦炳炳《校园篮球风云》）

第四，在列举项的前后，偶尔还会出现一些总括性的先行词或后指词，以界定列举项的范畴，其列举项都在这些总括性词语的所指范围内。例（33）中的“洋货”是总括性词语，后面的“阿迪达斯、耐克、皮尔卡丹，以及意大利鳄鱼皮鞋、日本棒球帽”是具体的列举项，例（34）中的“农家用品”总括性词语，前面的“柴火、芭、簸箕”是具体的列举项。

（33）过去风流天下的男士名牌名货，先是洋货阿迪达斯、耐克、皮尔卡丹，以及意大利鳄鱼皮鞋、日本棒球帽什么的。（1994年《报刊精选》）

（34）霍邱县沿淮的杞柳，原先并不起眼，只是当作柴火，偶尔编个芭、簸箕什么的农家用品。（1994年《报刊精选》）

即使有些单位基本义相差甚远，“什么的”往往会通过它们之间某个共同的语义特征把各项归纳进一个共同的语义范畴。这时候，构式前后往往还会带有总括性的词语。如例句（35），其中的列举项基本义相差甚远，但它们进入构式“X什么的”以后就都具有一个共同的语义特征[+专业名称]，例句中的总括性词语便是句首的“专业”一词。

（35）开什么专业，要高起点，用得着的，如微机、机械制造、制药、中医、涉外文秘什么的。（1994年《报刊精选》）

二 “什么的”的历时来源

（一）“什么”列举用法的产生

“什么”最开始的词性是疑问代词，表疑问。在唐五代以后，代词“什么”出现了虚指用法，宋代出现了任指用法，从元明时期开始，可以表否定。“什么”最早在清代出现了列举助词的用法，列举项至少是两项，如：

（36）什么老板、伙计，连着大人的跟班、差官，一齐都赶到那边船上去瞧热闹，这边却未剩得一人。（清《官场现形记》）

（37）再朝南走去，一带便是书坊，什么江左书林、鸿宝斋、文萃楼、点石斋各家招牌，一时记不清楚。（清《文明小史》）

列举项既可以是词也可以是短语，如：

（38）又有叫什么绿荑的，还有什么丹椒、蘼芜、风连。（清《红楼梦》）词

（39）后来听说诬镖行之人为匪，什么抢绸缎店，抢白龙驹，俱是一片捏词。（清《三侠剑》） 动宾短语

（40）有的并把箱子里的衣服，什么纱的、罗的、绫的、绸的，还有大毛、中毛、小毛，一齐扯个粉碎，丢在街上。（清《文明小史》）

“的”字短语

并列项之间通常有语气停顿，一般用顿号来表示，如：

（41）你只看全国行省里头那些最重要的差使，什么银元局、铜元局、铁路、矿务、军政、警军。（清《九尾龟》）

（42）这里新马路左近几个有名的大公馆，什么姨太太、少奶奶、小姐头上戴的花，都是我一个人送去的。（清《九尾龟》）

有时，并列项之间会使用语气词“啦”等来间隔，如：

（43）他们这伙子并不是好人，什么折腿啦，婆母急症啦，老头是小媳妇的叔叔，全都没有一档子事。（清《三侠剑》）

此外，还有些并列项之间并没有任何停顿，如：

（44）晴雯道：“宝二爷今儿千叮咛万嘱咐的，什么‘花姑娘’‘草姑娘’，我们自然有道理。”（清《红楼梦》）

在清代表示列举的，除了“什么”，还有“甚么”，主要用在《官场现形记》《二十年目睹之怪现状》中，如：

（45）我们便衣就可上街，甚么烟馆里，窑子里，赌场上，各处都可去得。（清《官场现形记》）

（46）从前在城里充医生，甚么妇科、儿科、眼科、痘科，嘴里说得天花乱坠。（清《二十年目睹之怪现状》）

（二）框式列举构式“什么X的”的产生

几乎在以上“什么”列举用法产生的同时，清代还出现了前项“什么”与后项“等、等类、之类”套叠而形成的框式结构“什么X等/等类/之类”，也可以表示列举，如：

（47）只得翻出来带的书来，什么《宋明四书义》、《东莱博议》、《古文观止》等，看了多时，拣两个牛头不对马嘴的题目。（清《九尾龟》）

（48）只有少爷的行李顶多，什么铺盖、衣箱、书箱、吃食篮等类，足足堆了半间屋子。（清《文明小史》）

（49）宝玉听说，便回道：“此处并没有什么‘兰麝’，‘明月’，‘洲渚’之类，若要这样着迹说起来，就题二百联也不能完。”（清《红楼梦》）

“的”作列举的用法最早在清代的《红楼梦》中开始产生，如：

（50）明日有人带花儿匠来种树，叫你们严禁些，衣服裙子别混晒混晾的。（清《红楼梦》）

（51）你若忘了时，日后半夜三更打酒买油的，我不给你老人家开门，也不答应你，随你干叫去。（清《红楼梦》）

（52）这么点子孩子就闹鬼闹神的，也不害臊，赶大了还不知是个什么东西呢。（清《红楼梦》）

“的”作列举的用法在现代汉语中仍然使用，虽然用例不多，如：

（53）不能挑沉重的，我弄点糖儿豆儿的；一天赚三毛也好，五毛也好。（老舍《四世同堂》）

（54）吃倭瓜与西瓜的时候，她必把瓜子儿晒在窗台上，等到雨天买不到糖儿豆儿的，好给孩子们炒一些，占住他们的嘴。（老舍《四世同堂》）

可能是受到以上框式列举构式“什么X等/等类/之类”的影响，在类推机制的作用下，已产生列举用法的“的”跟列举用法的“什么”套叠形成新的框式列举构式“什么X的”。

（55）宝玉道：“明儿就叫‘四儿’，不必什么‘蕙香’‘兰气’的。”（清《红楼梦》）

（56）我那里记得什么抱着背着的，提起这些事来，不由我不生气！（清《红楼梦》）

（57）他就编派了我这些混话，什么“面壁了”“参禅了”的，等一会我不撕他那嘴。（清《红楼梦》）

（58）也别论远近亲戚，什么穷啊富的，只要深知那姑娘的脾性儿好模样儿周正的就好。（清《红楼梦》）

以上对列举构式“什么X的”的形成机制做了语料验证，这种假设的合理性还可以从时间上获得支持。列举用法的“X的”和“什么X的”都在《红楼梦》中开始使用，列举用法的“什么”在《红楼梦》之前就产生，《红楼梦》中仍在使用。那么“什么X”与“X的”在《红楼梦》中套叠形成列举构式“什么X的”是完全有可能的。

（三）列举助词“什么的”的产生

一直到民国才出现了表列举的“X什么的”，并且8个例句都出自民国小说《雍正剑侠图》，其中列举项是两项有两例，如例（59）和例（60），其余6例的列举项都只有一项，如：

（59）南北城有缺与不足，红白事儿什么的，磨脐子压了手揭不开锅，只要借到咱们这儿，无论多少不能驳回。

（60）我也知道您二位会个三角毛儿四门斗儿，打个旋风脚，折个纺车儿跟头什么的。

（61）孔秀忙说：“哎，师大爷，我和我的师哥商量好了，一来嘛要见识见识，趁这个机会，想看看达摩堂。再者说嘛，也是帮着师伯们出一出主意什么的。”

（62）再往前走，就是山货铺，卖日用杂品什么的。

（63）单有这么一个小碗架，也有碗也有筷子笼，还有咸菜丝，还有水缸什么的。

三　“什么的”的形成机制

吕叔湘（1985：165）认为，“X 什么的”是在“什么”之后加一个表连类而及的“的”字，是一种晚近兴起的用法。太田辰夫（1987：317）也认为，“什么的”可以看成是由“什么”和表等类的助词“的”复合而成的。卢惠惠（2012）对“X 什么的”的产生动因进行了分析，认为“X 什么的”是列举义构式“什么 X”出于消解歧义、完句煞尾等表达需要而产生的衍生形式。“X 什么的”传承了“什么 X”的核心意义——列举，因此“X 什么的”与“什么 X”相互间有传承连接关系，“X 什么的”是在“什么 X”基础上产生的变异形式。但是怎么从“什么 X”衍生出“X 什么的”的，即“X 什么的”的具体形成过程及形成机制，卢文并未涉及。

我们认为后附列举助词“什么的”的产生，是在框式列举构式“什么 X 的”基础上，由于夹在中间的成分 X 前移，从而形成“X 什么的”，进而后置的“什么的”发生词汇化形成三音节列举助词。也就是说，列举助词“什么的”的历时形成经过了以下两个步骤。

第一步，表列举的构式“什么 X”与构式“X 的”发生概念叠加，进而构式整合为构式“什么 X 的”。所谓概念叠加和构式整合，是在两个意义基本相同的概念之间发生的，意义相同的两个概念叠加后，通过删减其中的某些成分（主要是相同成分）的方法，整合为一个新的结构式（江蓝生 2008）。我们认为“什么 X”和“X 的”就是意义基本相同的两个概念（都表示列举），在概念叠加以后，通过删减其中的相同成分“X”，最后整合为一个新的框式列举构式“什么 X 的”。也就是说，“什么 X 的”源自“什么 X”和“X 的”的概念叠加和构式整合。具体过程如下：

什么 X　+　X 的　→　什么 X 的

叠加　　整合

第二步，夹在中间的成分 X 前移，从而形成“X 什么的”，后置的“什么的”发生词汇化形成三音节列举助词。具体来说，由于列举项 X 发生前移，留在句末的“的”既不是语义重心，又是单音节的，很难占据一个音步的位置，这就促使它前附于“什么”，跟“什么”构成一个跨层的三音节超音步。三音节超音步的形成，使“什么的”在句末发生固化，成为三音节词。

什么 X 的　→　X 什么的

“X”移位

列举助词“什么的”产生并大量使用以后，可能是受到之前产生的框式列举构式“什么 X 等/等类/之类/的”的影响，在现代汉语中又类推产生了新生框式列举构式“什么 X 什么的”，如：

（64）吴经理想了想又说：这样吧，我再支持你们一些装修材料。什么瓷砖啊装饰板什么的，你们盖饭馆用得上的。（谈歌《城市警察》）

（65）我不得不说，她又是向我宣战了。什么“要现实些”啦，“要有个自我中心”啦，“自我设计”什么的。（徐星《无主题变奏》）

（66）我还以为你要我说什么艺术呀、情节呀什么的，所以吓得我在你这个艺术大师面前不敢胡说。（肖华《我和张艺谋的友谊与爱情》）

此外，还有中间没有“X”的两个列举助词“什么”与“什么的”连用的“什么什么的”结构形式，前面常常有动词“说”与之呼应，共同表达列举功能。如：

（67）那天讲话时还点了叶帅的名，说刘诗昆后边还有黑手什么什么的，那是 1967 年 4 月 2 日，叫“四二讲话”。（《鲁豫有约・沉浮》）

（68）现在我们在媒体上常常看到说“一个留级生写出一部长篇小说”、“一个 17 岁的少年写出长篇小说”什么什么的。（《韩仁均杂文》）

（69）过去曾听说中国政府对西藏进行压迫什么什么的，实际上是不真实的。（1994 年《人民日报》）

（70）穿布衣的共产党的领导干部少了。因为有了的确凉、的卡、混纺、其他什么什么的。（梁晓声《京华闻见录》）

现代汉语中，“什么的”除了跟“什么 X”共现形成框式列举构式“什么 X 什么的”之外，还可以跟一些列举助词连用，形成“X 等/等等/之类/一类+什么的”，共同表示列举。

（71）那就奇怪了，自毕业以来，每次聚会你都会忘记，或事出突然地带动物来我家参观，混一顿吃的，或叫我替野猫野狗治病疗伤等什么的。（李馨《冥王的恋人》）

（72）也许可能会在任何人都不知情的情况下，有意制造一起人为的事故，从而彻底地把你从古城监狱开除出去。比如像丢了枪枝，武器出现严重锈蚀等等什么的。（张平《十面埋伏》）

（73）啧！啧！啧！你这老护士实在恶毒，我可还没提醒你一般护士该尽的职责，像擦澡、换衣服之类什么的 。（妹子《老婆有难》）

（74）“这个……打开天窗说亮话吧，他……对你……有没有过下流的……比如说，那种见不得人的表现一类什么的，……”我领悟了他的所指。（童戈《战地》）

在清代《官场现形记》《二十年目睹之怪现状》中“什么”还有另一种

写法“甚么”，可以表示列举。那么跟“什么的”相对应的“甚么的”，也可以表示列举吗？我们在近代汉语语料库中没有发现“甚么的”列举用法的例句，但是根据卢惠惠（2012）的调查，日本明治时期汉语会话教科书中，可以见到一些“甚么的”表列举的例句，如：

（75）快放桌子，想必爷们都饿了，饭哪甚么的都简决些儿。（《亚细亚言语集》）

（76）今儿是二十八，离月底还有两天，索性叫他赶下月初一那天再来倒好。是！还有他的铺盖甚么的，也都叫他一块儿拿来罢。（《官话指南》）

跟以上两种日本汉语会话教科书几乎同时代的《老残游记》《九尾龟》《二十年目睹之怪现状》《儿女英雄传》等一批文人白话小说作品中却没能搜寻到其踪迹。卢惠惠（2012）据此推测，“X 什么的”可能是在口语中先普遍流行，然后才被吸收进书面语系统中的。我们也基本赞同这一观点。

需要强调的是，现代汉语中“甚么的”也有列举用法，但是用例非常少，只是在个别作家的作品中使用。比如香港作家金庸先生的《倚天屠龙记》和《天龙八部》中有少数用例。

（77）他心念一转之间，小昭所说的四句口诀已全然明白，只是“天方地圆”甚么的还无法参悟。（金庸《倚天屠龙记》）

（78）王夫人说到无量山石洞、玉像、石壁剑影甚么的，虽然听在耳里，全没余暇去细想。（金庸《天龙八部》）

此外，大陆作家张正隆的文学作品中也有个别用例，如：

（79）开头还弄口棺材，接着是大柜、炕席甚么的，后来就那么往外拖。（张正隆《雪白血红》）

（80）挖个大坑，把钢轨甚么的架上，尸体放在上面烧。（张正隆《雪白血红》）

我们认为，“甚么的”很有可能只是“什么的”另一种写法而已，因为近代汉语中“什么”就可以写作“甚么”。

第五章　固化三音词的构词图式研究（上）

第一节　“X 不是”的表义倾向及词汇化

在 HSK 考试中有下面这样一道题目，要求对画线词语的意义进行分析，并比较两个句子所表达意义之间的细微差别。我们认为句中“别不是”“可不是”，随着语言的发展已经逐渐变为一种固化形式，在汉语的日常用语中广泛使用，它们的词义变化就非常有意思，值得进一步研究。

（1）男：我自行车不见了。

女：<u>别不是</u>他把自行车骑走了吧。

（2）男：今天天气不错。

女：<u>可不是</u>咋的！

最近几年，汉语学界对由“是”参与构词的双音节“X 是”研究较多：古川裕（1989），张谊生（2002，2003），董秀芳（2004），张和友、邓思颖（2012）等，“X 是”主要有“就是、只是、可是、别是、说是”等，但是对由“是”参与构词的三音节“XX 是”研究较少。董秀芳（2004）较为敏锐地指出，现代汉语中的一些双音连词和双音副词后面经常出现一个“是”字，这个“是”很多时候没有多少实际意义，正逐步变为一个词内成分。双音节连词与“是”组合的有“无论是、虽然是、虽说是、如果是、只要是”等。双音节副词与“是”组合的有“好像是、甚至是、尤其是、主要是、据说是”。还对这些三音节“XX 是”词语的词汇化过程做了简要介绍。曹秀玲（2012）对“是”与复句中前项、后项双音节关联词语的组合情况进行了详细的考察分析。“是”与前项关联词语组合的有“因为是、如果是、只要是、不但是、虽然是”等；“是”与后项关联词语组合的有“或者是、而且是”。

但是现代汉语中经常使用的 5 个三音节“X 不是”类固化词语：别不是、莫不是、该不是、可不是、要不是，包括董秀芳（2004）和曹秀玲（2012）在内，语言学界都还没怎么注意到。尤其是“别不是”至今还没有专文的研究，虽然“可不是”的篇章功能、词汇化过程以及形成机制，张先亮（2011）、孙利萍（2011）已做了简要分析，但“可不是”隐含的一些特殊句法语义属性，还有待进一步探究。

按照语义的不同，这5个三音节固化词语“X不是”可以分为三类：1）表示揣测义的“别不是、莫不是、该不是”；2）表示肯定义的“可不是”；3）表示假设义的“要不是”。其中“别不是”和“可不是”最具典型性，特点也最为明显，因而是我们研究的重点。下文主要从揣测义与肯定义的表现、词汇化过程等方面，来对比分析“别不是”和“可不是”，在相应的地方也会涉及“莫不是、该不是、要不是”。最后尝试归纳出这5个三音节固化词语“X不是”，在固化程度、概念整合方式、确信度、使用语体等方面的共性与差异。

一 表揣测义的“别不是”

“别不是”到目前为止还未见到专文研究，我们翻阅了几本主要的现代汉语虚词词典，也没有见到相应的词条说明。《现代汉语八百词》在解释副词“别”时指出，除了表示劝阻禁止之外，“别”还有一个意义是表示揣测，所揣测的事往往是自己所不愿意的、不期望的，常常和“是”连用，构成“别是”，如：

（3）天空乌云密布，别是要下大雨了吧。

（4）电话怎么老拨不通，别是电话机坏了。

以上两例中“别是”都是对上文所述内容的猜测，“下大雨”“电话机坏了”都是说话人不期望发生的事。

《现代汉语词典》（第7版）对“别”分析时指出，表示揣测，通常跟“是”合用，所揣测的事情往往是自己所不愿意的，如：

（5）约定的时间都过了，别是他不来了吧？

但“别不是”的用法，《现代汉语八百词》《现代汉语词典》（第7版）都没提到，倒是《现代汉语虚词例释》在解释副词“别”时，顺便指出：“别不是”表示猜想测度，说话人虽然有所判断，可是把握不太大，如：

（6）天空黑得像锅底，别不是要下雨啦？

倒是王银（2008）在对语气副词“别”语用功能的探讨时，涉及了“别不是”，并对其后跟完整式命题还是省略式命题，做了详细探讨。我们下文将换一种研究思路，从一些新的视角来探讨“别不是”的句法语义属性。通过对北京大学CCL现代汉语语料库的检索，我们发现“别不是”的主要用法如例句所示：

（7）久居此地的朋友便说："别不是两个司机又聊上了吧?"（2004年新华社新闻稿）

（8）这么积极，别不是，这里有什么交易吧？（《编辑部的故事》）

（9）什么急事要我马上离开，这样晚的时光，到哪里去，别不是她听错了！（李英儒《野火春风斗古城》）

通过对以上典型用例的观察，我们可以把"别不是"的主要语法特征归纳为以下三点：

1）跟上文讨论的"别是"一样，"别不是"所揣测的往往也是说话人不愿意的、不期望发生的事情，并且"别不是"和"别是"基本上可以互换。以上几个例句中的"别不是"都可以换成"别是"，并且句子的意思基本不变。同理，以下例子中的"别是"也都可以换成"别不是"。

（10）苏铃两眼瞪大张了张嘴，别是的士高和夜店的嘈音，令她耳朵有毛病吧？（岑凯伦《还你前生缘》）

（11）徐义德怕他又做了啥见不得人的事，别是从监狱里逃了出来的。（周而复《上海的早晨》）

（12）妈妈忙站起来："怎啦，别是孩子生病吧？"（李存葆《高山下的花环》）

如果我们把"别是"看成是肯定形式，"别不是"看成是否定形式，那么两者的互换说明了肯定式和否定式之间对立的消失，即否定式的意义等于肯定式的意义，这就是常说的羡余否定（redundant negation）。汉语中类似的现象还有很多，如例（13）。有意思的是，跟"别不是""别是"一样，这些句子所表达的也都是说话人不愿意的、不期望发生的事情。

（13）难免不犯错误 = 难免犯错误

差一点儿没闹笑话 = 差一点儿闹笑话

以免不再发生此类事件 = 以免再发生此类事件

2）"别不是"所在的句子既可以是陈述句，也可以是疑问句。用疑问句则进一步表明说话人对自己所揣测内容的不确定性，从而使句子的语气显得更加委婉。此外，"别不是"经常跟句末语气词"吧"搭配使用，如例（7）、例（8），句末语气词"吧"的主要作用是，说话人对命题内容作出推测，并要求听话人进行确认。语气副词"别不是"之所以能跟句末语气词"吧"共现，这是因为两者在深层语义上是相融的："别不是"表示"不肯定"的揣测义，语气词"吧"也表示揣测性的非肯定义。

3）"别不是"的概念整合形式是"别是+不是"，而不是"别不+不是"。这是因为"别是"和"不是"都可以说，两者都表倾向性的揣测，即所揣测的事情往往是自己所不愿意的、不期望发生的，如：

（14）车停了一会儿，别是前边出事儿了。

车停了一会儿，不是前边出事儿了吧？

而“别不”和“不是”之间的语义差别很大。“别不”只是一个双重否定，表达肯定的意思，如“别不把村长当干部、别不把土豆当干粮、别不把情商当回事儿”。邵敬敏（2004）对“别”带动词和形容词的情况进行了考察分析，但是“别”后带否定词“不”的“别不”却没有谈到。我们认为，“别不”除了经常跟动词搭配之外，如“别不吭声、别不服气、别不尊重别人”，还可以跟部分积极意义的形容词搭配，如“别不高兴、别不自信、别不坚强”，但是却不能跟消极意义的形容词搭配，如“别不悲观、别不沮丧、别不郁闷”。

有一种观点认为，“别不是”有可能源于“别”和“不是”的同义词复合，即“别不是＝别+不是”，因为至少在现代汉语中，单音节“别”（“别又弄错了吧”）和“不是”都可以表示揣测。对此观点我们并不赞同，因为《现代汉语八百词》明确说道：表示揣测的“别”经常要跟“是”合用；表示揣测的部分如果是小句，只能用“别是”，不能单用“别”，如例（15）。也就是说，单音节“别”的使用是非常受限的，而构词层面的概念叠加现象大多发生在口语中那些高频使用的同义常用词（多为双音节）之间，即口语和高频使用是概念叠合词产生的土壤（江蓝生 2008），因此我们还是认为“别不是”是“别是”跟“不是”两个相同概念整合（别不是＝别是+不是）而形成的，更为合理一些。

（15）约定的时间都过了，别是他有事不来了。

除了“别不是”之外，现代汉语表揣测义的三音节词还有“莫不是”和“该不是”。《现代汉语八百词》、《现代汉语词典》（第7版）、《现代汉语虚词例释》都认为“莫不是”意义和用法跟“莫非”相同，都表示怀疑和揣测，跟口语“别不是”相当，如例（16）。

（16）莫不是要他跪下来求你不成？我想事情过去就算啦！

“莫不是”跟“别不是”的概念整合形式相似，是“莫是+不是”，因为“莫不是”跟“莫是”意思也基本一致，如例（17）中的“莫是”可以换成“莫不是”，再比如下面两例中的“莫是”也都可以换成“莫不是”。

（17）园头说：“莫是（莫不是）他安身立命处么？”（《佛法修正心要》）

（18）缘何叫声惹我情，莫是（莫不是）知音解烦恼？（《源氏物语》）

那么，“莫不是”能不能看成是“莫+不是”的同义词复合呢？比如刘坚、江蓝生等（1992：263）就认为，“莫”是表示测度疑问的副词，“不是”也可表示测度疑问，“莫不是”的结构被分析为“莫+不是”，是测度词“莫”和“不是”的一种叠用，这种叠用开始是为了加强测度语气，到后来才凝

固成一个词的。具体演变的过程是：随着句义表达功能的变化，句首“莫非|莫不（是）”的结构关系重心前移，“非”“不（是）”的否定义逐渐丧失以至依附在“莫”上，由原先的跨层结构成分而凝固成词的。

莫 + 不是X → 莫不是 +X

跨层结构（副词+否定词） 测度问（测度词+后附成分）

对上述观点我们并不赞同，具体原因有两点。首先，跟“别”相似，表揣测义的单音节“莫”单独引导小句的情况非常少，目前发现的只有一例，出现于《祖堂集》中，但是双音节的“莫是”则相对较为常见（李宇凤 2007）。其次，一个非常有力的证据是，在“莫”产生初期及其以后的一段时期，“莫”类揣测常用肯定形式，而几乎不用否定形式。表揣测的“莫”字句，在元代之前主要是肯定形式的“莫是、莫必、莫须”；在元代之后，否定性的“莫不是、莫不、莫非”取代原来的肯定形式，成为最主要的揣测疑问词。比如“莫不是、莫不、莫非”占据《全元戏曲》中所有“莫”字揣测疑问句的95% 以上（李宇凤 2007）。

据我们的考察，“莫是”在唐代时成词，如例（19），揣测义的“不是”是在晚唐五代成词（见第四小节的考察），揣测义的“莫不是”也在晚唐五代成词，如例（20）。

（19）山僧未肯言根本，莫是银河漏泄无？（《全唐诗》）

（20）还有甚人？莫不是诸方菩萨各门舍利弗等游此会中。（五代《敦煌变文集新书》）

汉语的三音词很多是在单音节或双音节的基础上发展起来的，新词的构成经常利用现有的词汇成分作基础。在“莫不是”产生之前，揣测义的“莫是”“不是”已经出现，这为双音节“莫是”“不是”概念整合为三音节“莫不是”提供了前提条件。

《现代汉语八百词》认为“该不是”是一个习用语，表示估计和推测，用于不如意的事，如：

（21）他从来没缺席过，该不是病了吧！

“该不是”没有相应的双音节词语替换形式，“该不”和“该是”都不是词，而是短语。由于“该”和“不是”都可以表示揣测义，如例（22），因而“该不是”的概念整合形式是“该+不是”的同义词复合，这跟“别不是、莫不是”有很大的不同。

（22）a. 他从来没缺席过，该不是病了吧！

b. 这么晚了，他该到家了吧？

c. 车停了一会儿，不是前边出事儿了吧？

“别不是”“莫不是”“该不是”由于三者都表示揣测义，因而在有些句子中，这三个词语可以互换，句子的表义也基本不变，如：

（23）车停了一会儿，别不是前边出事儿了。（《语言学文选》）

（24）可是电线断了，心里更加疑惑，莫不是八路又再用什么计谋？（李晓明《平原枪声》）

（25）镇长知道我回来了，怎么连照面也不打一个就走，该不是我哪儿对不住他吧！（刘醒龙《分享艰难》）

二　表肯定义的“可不是”

《现代汉语八百词》认为“可不是”是一个习用语，表示同意对方的话，如例（26）。《现代汉语词典》（第7版）对“可不”的解释是：副词，表示附和赞同对方的话，也说“可不是”，如例（27）。

（26）甲：咱们该去看看老赵了。

乙：可不是，好久没去了。

（27）甲：您老有七十岁了吧？

乙：可不，今年五月就整七十啦！

从例（27）可以看出，“可不是”与“可不”由于都表示肯定义，因而可以互换。这在现代汉语书面语中也普遍存在，尤其体现在对话语体之中，如：

（28）呼天成看了信，说：“你爸爸睡的还是那张绳床吧？”

“秋公子”说：“可不，反正每天总要在上边躺一躺的，说是可以包治百病，有那么神么？”（李佩甫《羊的门》）

（29）他说：“老葛，白天他们是抄竹叶胡同了吗？”

我说：“可不。这回抄来的东西，比哪回都多，屋子都快堆满啦。”（刘心武《如意》）

跟引言部分提到的自然口语中的语料一样，“可不是”经常跟“咋的”组合，一起表达肯定的语气，如：

（30）女人只在心里一笑，问道：“翠红我问你，是你一直贴身伺候三少爷么？”

“可不是咋的，三少爷啥时离开我也不中哩。”（尤凤伟《石门绝唱》）

（31）萧队长吃惊地问道：“头年他还叫工夫薅草？”刘桂兰说：“可不是咋的，一根垄那么老长，一垧地那么老大，三天薅不完，要是没有隐瞒不报的黑地，我就不信。”（周立波《暴风骤雨》）

现代汉语中的“可不是”有多种形式。可以是短语形式，如例（32），其中的“可”是起加强语气的作用。

（32）要把个人的打算同千家万户的小算盘统一起来打，可不是一件容易的事！（1994年《人民日报》）

可以是答语标记，作为答语标记的“可不是”，能出现在相关的小句内，如例（33）；可以出现于句群中，如例（34）；还可以出现在对话回答语境中，如例（35）。这些都表现出“可不是”的话语语用功能。

（33）小坡探着头儿看，可不是，嗜拉巴唧在靠墙根的一根木桩上拴着呢。（老舍《小坡的生日》）

（34）老通宝自心里这么想，觉得前途只是阴暗。可不是，吃了许多叶去，一直落来都很好，然而上了山却干僵了的事，也是常有的。（茅盾《春蚕》）

（35）她欣起帘布看一眼，回头对陆大可道：“爹，这就是山西贡院？”陆大可说：“可不是，幸好你不是个小子；你要是个小子，我就得让你从小读书，到这里来受苦了！”（电视《乔家大院》）

那么三音节“可不是”是怎么形成的，或者说其形成机制是什么呢？是跟“别不是”类似，即“可不+不是”通过概念整合而形成的呢？答案是否定的。两个方面的事实说明了我们答案的合理性。

第一，考察历史文献，我们并未发现在表肯定的“可不是”出现之前，“可不”或“不是”可以表达附和或肯定的意义。也就是说，“可不”和“不是”必须在“可不是”产生之前就表示肯定义或附和义，这样才能为两者概念整合为三音节“可不是”提供可能。

第二，“可不”作为一种加强副词是如何产生的，特别是原先的反诘副词“可”如何变成副词“可不”的词内成分的，我们也找不到任何历时语料的支持。

由于“可不是”表示附和赞同对方的话，意思是“岂不是”“难道不是”，利用反诘语气来表达肯定义。那么我们不禁要提出疑问，为什么“可不是”可以表示肯定义呢？张先亮（2011）从历时的角度作出了解答。由于“可不是”的前身是用于否定句的语气词“可”+“不是”，它首先经历了一个词汇化的过程。

（36）程婴，我若把这孤儿献将出去，可不是一身富贵？（《赵氏孤儿》）

（37）如今我先到了，可不是他输了也。（元曲《朱砂担滴水浮沤记》）

当“不是”之后的信息在上文提及，成为已知信息时，“可+不是”之后可以以代词的形式出现，也可以省略，这就为“可不是”单独使用提供了可能性。

（38）我这人，又懦怯，又高傲。诗陶姊常说我要好心太切，可不是？（茅盾《蚀》）

上句中的“可不是”还是以反问的形式存在，它表达的是肯定的意义。当这种单独形式高频使用时，它就被赋予了词汇化的资格。“可不是”已经不需要通过反问这一中间桥梁来认定它的肯定意义，而是直接与肯定意义联系起来，于是，“可不是”的反问语气也逐渐消失了，也就有了现在的肯定应答的用法。

“可不是”表肯定义，主要表揣测义的“别不是”也可以具有肯定义，因为从语义强度来看，越可能发生的事情就越接近肯定（沈家煊 1999：138），详见下一节从确信度角度的分析。但是两者在肯定义的强度上存在差异，“可不是”的肯定义比“别不是”要高很多。

三　“别不是”“可不是”的词汇化

现代汉语“是”跟其他连词或副词连用时，就有了歧义切分。有些情况下“是”与其后成分关系更为密切，“是”与其前成分有语音停顿。此时的“是”大多表示判断、强调。如：

（39）要不是他，那该死的傻黑鬼是决不会想到干这种事情。（《飘》）

（40）他如果是无辜的，就让我们全力以赴地护住这个身躯吧。（《精神的魅力》）

有些情况下“是”与前面成分更为密切，两者之间没有语音停顿，“是”轻读（尤其是口语里实际发音的时候也容易被吞掉），没有表示判断、强调的功能。此时的“是”已经发生了词汇化，变为词内成分，表现为下面句中的“要不是、如果是”可以换为“要不、如果”，句子的意义基本相同。

（41）要不是我硬下一条心，根本就辞不了职，更来不了北京。（《中国北漂艺人生存实录》）

（42）如果是我将来有一天得了个闲，摆脱了上老下小，摆脱了名誉地位。（朱文《我爱完美》）

判断词“是”的基本句型中，“是”的宾语大多为名词性成分，但是在表示“强调”的特殊情况下，“是”后则可以是谓词或谓词性短语。这样，在“是”连接谓词性成分的句子中，“是”的谓语中心地位逐渐减弱甚至消失，其后的谓词性成分成为句子的谓语，于是“是”就跟前面的成分结合起来，成为一个意义凝固的整体。

由此可见，“是”后所带成分的不同，会对其性质产生影响：后带体词性成分时，“是”是动词；后带谓词性成分或小句时，“是”是词内成分。这一倾向性规律，可以帮助我们判断下面要讨论的“别不是”“可不是”是否已经发生固化或词汇化。

“别不是”“可不是”的历时演变过程或词汇化过程，目前研究还比较少，尤其是“别不是”还没有引起学界的关注。但是通过对历时语料的分析，我们还是可以梳理出一个大致的发展脉络。

“别不是”出现最早的例句是在清代，下面句中“别不是”由于后带体词性短语，担任谓语中心，因而“别不是”还是短语。

（43）众恶奴指手划脚道：“就是他！就是他！”严奇一看，不由地暗暗吃惊道：“好大身量！我别不是他的个儿罢。”（清《七侠五义》）

一直到现代汉语，“别不是”后才开始带谓词性成分，即“别不是”开始凝固进而发生词汇化，在北京大学 CCL 现代汉语语料库中，一共有 5 例，除了上文的例（7）（8）（9）（23）四例，还有下面的例（44）。这 5 例“别不是”后带的都是谓词性成分，可见这些句子中的“别不是”都已经发生了词汇化。

（44）暖暖担心地说：“别不是又为那些除草剂的事来找你麻烦?”（周大新《湖光山色》）

在“别不是”词汇化之前，表揣测义“别是”在清代已经词汇化了，主要用在疑问句中，句末常常有疑问语气词“罢”或“吧”与其共现，一起表达揣测义。如：

（45）“智叔父，别是你老人家也去了罢？”（清《小五义》）

（46）“三位哥哥，树林中有人，别是九龙山踩盘子的吧？”（清《三侠剑》）

表揣测义的“不是”在晚唐五代时期已经发生了词汇化，此后明清时期继续使用。

（47）皇帝问曰：“朕前拜舞者，不是辅阳县尉催子玉否?”（五代《敦煌变文集新书》

（48）怎么南朝来的船，不是木料造成？既是木料造成，有个不惹火的？（明《三宝太监西洋记》）

（49）李氏忙问道：“你这等见神见鬼的，不是妖精作了耗了?”（清《七侠五义》）

总之，从历时的角度来说，“别不是”这个词也是不断地发展变化的。古代汉语中的“别不是”都是短语，在现代汉语中，“别不是”逐渐固化为一个词，被广泛应用于日常生活口语之中。在“别不是”词汇化为三音节揣测语气副词之前，“别是”在清代已经词汇化为双音节揣测语气副词，如例（45）（46）；“不是”则早在晚唐五代时期词汇化为双音节揣测语气副词，如例（47），这都为“别是”与“不是”整合为“别不是”提供了历时事实的支持。

“可不是”从唐代开始出现，一直持续到明代，后面带的都是体词性成分，担任谓语中心。此时的“可不是”还是短语，语音上“是”一般重读。

（50）大师言：有疑即问，何须再三。使君问：法可不是西国第一祖达摩祖师宗旨？（唐《六祖坛经》）

（51）宋朝一代中三原的，止得三人，是宋庠、冯京与这王曾，可不是最希罕的科名了！（明《二刻拍案惊奇》）

大约是在清代，“可不是”凝固成词，语音上其中的“是”不能重读，使用范围开始扩大，广泛应用于对话语体之中。

（52）山西老者半礼相还道：“这不是大水冲了龙王庙，一家人不认识一家人了吗？”

金头虎喊道：“可不是，一家人不认识一家人，大水冲了王八庙啦。”（清《三侠剑》）

（53）公孙策闻听，向前问道：“妈妈唤我么？”那婆子道：“可不是。只因我媳妇身体有病，求先生医治医治。”（清《七侠五义》）

“可不是”从唐代出现，在历时的发展变化中逐步趋向固化，成为一种标记用语。现代汉语中“可不是”大量被应用于主观表达，即对前面话语的回应，同时在一定程度上起着连接功能：放在句首表示两句的连接，例（52）；放在句中表示分句的连接，前文例（33）；还可单独使用，例（53）。

此外，语连（string）性质的“可不是”即[X 可·不是 NP/VP]，始见于唐代文献，用于反诘句表肯定，其中“可”=“岂”；副词性质的“可不是”晚至清代才出现，即“可不是”的词汇化过程发生于清代。那么由唐代至清代，“可不是”如何由语连形式一步步逐渐演变成词的，特别是“可不是”的使用环境如何由反诘句扩展为陈述句的呢？

短语形式的“可不是”的词汇化动因，我们赞同张先亮（2011）的分析，详见上一节的引述，这里不再赘述。至于“可不是”的使用环境由反诘句扩展为陈述句的动因，我们认为可以从认知立场（cpistcmic stancc）角度来分析。说话人在表达自己的认知立场时，建立在主观感受而非客观依据基础上的认识，必然存在确信度（degree of certainty）的差异：当说话人对自己的认识基本上不确定，即＜50%时，会用一般疑问句；当说话人对自己的认识有一定的把握，即＞50%时，一般会用反诘疑问句，如例（54）；当说话人对自己的认识把握非常大、毫无疑问，即＝100%时，一般会用陈述句，如例（55），或感叹句，如例（56）。

（54）沙索听了，又笑得打跌：“可不是吗？人家都说我是，我可不知道我是不是。”（朱邦复《东尼！东尼!》）

（55）我安慰她异国恋情通常都难免有悲伤的结局。她幽幽地说：“可不是吗，我早考虑到这一点，不能让自己越陷越深，所以才选择

了现在的这个男朋友，他是个意大利人。”（1997年《作家文摘》）

（56）自然界有什么，没有什么，谁说得清楚！此人是通过艺术家的眼睛来观察自然的。可不是！几个世纪来，世人看到马在跳越篱笆时，总是把腿伸得直直的。（《人性的枷锁》）

从上面的分析可以看出，“可不是”从反诘句扩展为陈述句，主要是由于说话人对自己说话的内容确信度较高，直接用肯定义较强的陈述句来表达。下面来看一些“可不是”从反诘句扩展为陈述句的“过渡性语境”（bridging context）或两解例句。

（57）自成问道：“大婶子，你是爬不上这个坡子么？”

女人止住哭，抬起头来打量他一眼，哽咽说：“可不是？人都饿得跟纸糊的一样，风一吹就会倒，连站也站不稳，还说爬坡！”（姚雪垠《李自成》）

（58）大门上的小门响动了，郭全海和李常有赶紧闪进树荫里，转入岔道，走在半道，郭全海说：“小猪倌不是吴家富吗？”

“可不是？他娘给韩老六霸占，往后又给卖到双城的窑子里，这事你忘了？”李大个子说。（周立波《暴风骤雨》）

以上句中的“可不是”都出现在对话语境中，听话人用“可不是”表示赞同上文说话人所说的话。此外，句中“可不是”后表疑问的问号完全可以修改为表示陈述的句号或感叹号，标点符号修改后句义基本不变，只是语用上略有变化，用问号显得更委婉一些。

如果换一下观察问题的视角，即从说话者对听话者关注这个角度来说，以上三例从反诘疑问句“可不是吗？”到带语气词的陈述句“可不是吗”，再到感叹句的“可不是！”，交互主观性（inter-subjectivity）是不断减低。所谓交互主观性是指主观性（subjectivity）的一种，它是说话人在语言形式中留下的对听话人表示关注的自我印记。例（54）用反问句的形式表示肯定义，并希望听话者赞同自己的观点，表达形式最委婉；例（55）虽然是陈述句，但语气词“吗”明确表达了说话人对听话人的关注；例（56）用感叹句，虽然也表示肯定，但语气非常强烈，基本上没有顾及听话人的感受。

此外，从“岂”的用法上我们也能有所发现：《现代汉语八百词》认为“岂”用在否定形式的反问句里，实际表示肯定，常与“不是、不、非”等否定性词语连用，如“这样解释岂不是自相矛盾？”；而“岂不是”在陈述句中表达肯定义，如“我们不首先在教育上赶超先进国家，经济上要赶超岂不是空谈！”

总之，从上面历时角度的考察分析可以看出：短语“可不是”在唐代出现，短语“别不是”出现在宋代；“可不是”的词汇化发生在清代，而“别不是”的词汇化则发生在现当代。总之，无论是短语还是固化成词，“可不是”都比“别不是”要早一些。

四　“X不是”的句法语义差异性

通过上文对“别不是”“可不是”的句法语义特征以及词汇化过程的描写，我们可以把5个三音节固化词语“X不是”之间的共性与差异，归纳为以下5个方面。

（一）固化程度差异

固化现象是语言发展演变过程中的一种常见现象，是指两个或几个紧挨在一起的语言单位，由于频繁使用而形成一个相对稳固的、整体性的语言单位。固化结构包括固化小句和固化词语（如汉语的成语、惯用语、熟语）。语法研究上更关注固化的词语，它在句法功能上接近一个词，不能随意拆开，意义和作用趋于专门化（储泽祥、曹跃香 2005）。

在这5个“X不是”中，“可不是”固化程度最高。在《现汉》中副词“可不是”的“是”已经明确标为轻声（shi），即其语音已经弱化，而“别不是、莫不是、该不是、要不是”中的“是”还读原调（shì）。而语音上的整合性又对应着语法上的凝固性，因为语音的弱化常常伴随着语用强度的增高（陶红印 2003），语用强度的增高，则会进一步加速语音实体被磨损（erosion）或语音缩减（phonetic reduction）的进程。此外，后带体词性成分的短语“可不是”中的“是”可以重读，而表肯定义的三音词“可不是”中的“是”可由于语音已经弱化，不可以重读。

作为词内成分的“是”，一般放在联结性成分的后面，含“是”的副词或连词与不含“是”的副词或连词，在逻辑意义上是没有什么差异的。如果逻辑意义发生改变，那么这里的“是”就不是词内成分了（董秀芳 2004）。“可不是”在单用时可以省略“是”，并且“可不是”跟省略“是”的“可不”表义基本一致，因而“可不是”中的“是”已经是词内成分了。“要不是”跟省略“是”的“要不”表义也基本一致。而“别不是、莫不是”中“是”却不可以省略，因为“别不是、莫不是”与“别不、莫不”的意思相差甚远，所以“别不是、莫不是”中“是”的词内成分地位还没有完全确立。

以上分别从语音和句法形式上来判断，而从语义上看：“别不是、可不是、莫不是”语义凝固程度较高，词语的意思已经不是字面意思的简单相加；而“该不是、要不是”的语义凝固程度较低，词语的意思基本上是三个汉字字面意思的简单相加。

由上可见，三音节固化词语内部的固化程度或词汇化程度存在差别，有的已经完全成词，有的还处在词汇化过程中，表现在词语的意思还可以从构成成分中推导出来。按照固化程度的差异，这 5 个三音词“X 不是”从高到低，可以形成一个等级序列：可不是 ＞别不是、莫不是 ＞该不是、要不是。

此外，从固化时间来看，“莫不是”固化或词汇化的时间最早，在晚唐五代已经成词；其次是“要不是”，在明朝发生固化；再次是“可不是”，在清朝发生固化；最后是“别不是、该不是”，在现当代发生固化。这 5 个三音词“X 不是”，按照固化时间从早到晚可以形成另一个等级序列：莫不是＞要不是＞可不是＞别不是、该不是。

（二）形成机制差异

“别不是、莫不是”的形成机制都是概念叠加和构式整合，并且“别”和“莫”都经历了从劝止（劝主禁止）义到揣测义的演变过程。“可不是”是通过历史句法演变中的“扩展机制”（extension mechanism）而形成（Harris & Campbell 1995）。即“可不是”先在反诘问句中表示肯定的意义，发生词汇化后不需要通过反问这一中间桥梁来认定它的肯定意义，而是直接与肯定意义联系起来，“可不是”反问语气也逐渐消失了，也就有了现在的肯定应答的用法。“可不是”的使用环境从而完成了由反诘句扩展为陈述句的演变过程。

所谓概念叠加和构式整合（下面简称“概念整合”），是在两个意义基本相同的概念之间发生的，意义相同的两个概念叠加后，通过删减其中的某些成分（主要是相同成分）的方法，整合为一个新的结构式。概念叠加与构式整合是发生在不同层面、前后相续的两个过程：概念叠加是意义层面的一种概念操作，发生在前；构式整合是语法层面的一种并和，出现在后。叠加现象的产生是基于词或概念的同一性，这种创新现象既发生在构词层面，也发生在句法层面。江蓝生（2008）利用概念整合对汉语构词层面的三音词“难不成”“果不然”的生成机制的探讨，对我们的研究启发很大。

我们认为“别不是”也是由意义相关的两个概念，在概念叠加（“别是”和“不是”都表揣测义）以后，通过删减其中的相同成分“是”，最后整合为一个新的三音词“别不是”。也就是说，“别不是”源自“别是”和“不是”的概念叠加和构式整合，如下所示。同理的还有“莫不是”，即“莫不是”源自“莫是”和“不是”的概念叠加和构式整合而形成。“该不是”的概念整合形式是“该+不是”的同义词复合，因为“该”和“不是”都可以表示揣测义。

别<u>是</u> + 不<u>是</u> → 别不<u>是</u>

叠加　　整合

表假设义的“要不是”，虽然“要、要不”可以表示假设义，但是“不是”不能表示假设义，因而“要不是”就不是概念整合而形成，并且也不可能是同义词复合而形成。“要不是”很可能是通过词汇化形成的。

以上共时层面探讨了“别不是、莫不是”是通过概念整合而形成的，其合理性可以从前面历时角度的分析得到验证。揣测义的“不是”词汇化在唐代，“莫是”词汇化在元代之前，“别是”词汇化在清代，“莫不是”词汇化在元代之后，“别不是”词汇化在现当代。也就是说，作为概念整合的元素——双音节揣测语气副词“不是、莫是、别是”词汇化在前，这为其后来概念叠加和构式整合为三音节的“别不是、莫不是”提供了前提条件。

总之，5 个三音词“X 不是”中，“别不是、莫不是”是通过概念叠加和构式整合形成的，“可不是”是通过扩展机制形成的，“该不是”是同义词复合形成的，“要不是”是通过词汇化形成的。

（三）跟后面句子成分的紧密度差异

在这 5 个“X 不是”中，跟后面句子成分的紧密度来看，“可不是”是最松的。因为“可不是”全部独立于后面的句子成分，表现在其后有停顿：绝大多数是句内停顿的“逗号”，如例（52）；极少情况下是句子停顿的“句号”，如例（53）。可能正是因为“可不是”跟后面的句子成分关系较为松散，这为“可不是”中“是”的语音弱化提供了必要的句法环境。

“别不是”绝大多数情况下都是前附于后面句子成分的，例（8）表面上看是例外，其实“别不是”后面的“逗号”可以删除，变为“这么积极，别不是这里有什么交易吧？”。这是因为“别不是”是表达揣测意义的语气副词，所以跟后面的句法成分关系比较紧密，不易有停顿；而“可不是”词汇化以后，主要起篇章关联作用，关联前后话语成分，所以其后经常有停顿，表现为句内停顿或句子停顿。“莫不是、该不是、要不是”跟后面句子成分之间都不能有停顿，比如我们在北京大学 CCL 现代汉语和古代汉语语料库中，分别输入“莫不是，”“该不是，”“要不是，”，只检索出它们短语性质的例句，没有检索出词性质的例句。

（四）表义倾向、确信度差异

这 5 个三音节固化词语“X 不是”中：“别不是、莫不是、该不是”主要表示揣测义，并且单音节的“别、莫、该”也都可以表示揣测义；“可不是”主要表示肯定义，单音节的“可”是表示反诘的语气副词；“要不是”主要表示假设义，单音节的“要”也可以表示假设义。

说话人在表达自己的认知立场时，建立在主观感受而非客观依据基础上的认识，必然存在确信度（degree of certainty）的差异：有的认识是肯定的、明确的，有的认识是揣测的、模糊的。“可不是”由于表达的是肯定义，因而确信度较高，而“别不是、莫不是、该不是”表达的是揣测义，所以确信度相对较低，句法上的表现就是经常跟句末疑问语气词“吧”搭配使用。

（五）使用语体差异

这 5 个三音节固化词语“X 不是”中，“别不是、可不是、该不是、要不是”使用范围较广，既可以是书面语语体，也可以是口语语体。“莫不是”在口语中基本不用，主要使用在书面语中。如果从历时角度来看，“莫不是”带有很强的文言文色彩。根据北京大学 CCL 语料库，“莫不是”在古代汉语中用例较多，而到了现代汉语逐渐减少；与之相反，“别不是、该不是”只用在现代汉语中，古代汉语中一例都没有。由于“莫不是”的表达功能，一部分被现代汉语中后起的“别不是、该不是”所取代。这可能是造成现代汉语中“莫不是”用例减少的直接动因。

本节对表揣测义“别不是”和表肯定义“可不是”的句法语义特征，进行了详细的描写分析。从历时的角度，对“别不是”“可不是”的历时词汇化过程做了简要的勾勒。跟“可不是”不同，“别不是”由于直到现当代才固化成词，因而其历时词汇化的具体过程还无法探讨。虽然文章想通过“X 不是”中最具典型性、特点最明显的“别不是”“可不是”的探讨，以点带面地揭示出 5 个“X 不是”在固化程度、概念整合方式、确信度、使用语体等方面的共性与差异。但是由于受到篇幅的限制，“莫不是、该不是、要不是”的共时句法语义特征和历时词汇化过程还未展开详细的分析，我们将进行专文的讨论。

江蓝生（2008）认为，概念叠加和构式整合是汉语句法创新的一种重要手段，存在于从古代汉语到现代汉语的历史发展过程中，但汉语词法层面的概念整合是很少的。江先生在文章的最后就强调指出“我们希望拙文的发表能够引起更深入的讨论，把多年来语焉不详的问题搞清楚”。本节就是尝试性利用这一理论，对汉语词法层面 5 个三音节固化词语“X 不是”的形成机制进行了初步的探讨。

除了本节探讨的 5 个之外，三音词“X 不是”还有“敢不是、怕不是、派不是、岂不是”。“敢不是”《现代汉语词典》（第 7 版）标为：＜方言词＞，副词，敢是。对“敢是”的解释是：＜方言词＞，副词，莫非，大概是，也说“敢不是”。“怕不是”目前虚词词典都没有收录，倒是《现代汉语词典》（第 7 版）收录了“怕是”，标为：副词，表示推测或估计。“敢不是、怕不是”跟“别不是”比较相近，都表达揣测义，其肯定形式的“敢是、怕是、别是”比较相近，也都表揣测义。因而以下两例 a、b 句中的划线词语都可以互换，互换后表义基本不变。“派不是”《现代汉语词典》（第7版）、《现代汉语八百词》都认为是“指摘别人的过失”，如“自己不认错，还派别人的不是”。跟“可不是”同表肯定义的“岂不是”，目前还没有被词典收录。

（59）a. 顺子，干什么工作呢？瞅你这黑，敢不是送煤的？（王朔《刘慧芳》）

b. 你主子咽了气，你哭都不哭一声，你那心肝，敢是让狗叼走了！（刘心武《秦可卿之死》）

（60）a. 转而又想，怕不是陈子强对文娟有意思吧？（《当代优秀短篇小说集》）

b. 前两天我们还念叨呢，老没见赵老师抛头露面，怕是叫外国请去演讲了。（王朔《你不是一个俗人》）

三音词“X不是”的固化过程，也可以看成是习语化（idiomaticization）的过程，比如“可不是、该不是、派不是”，《八百词》已经标为习用语。所谓习语化指由短语等非词单位变为习语（idiom）的变化，很多词汇化过程的第一步或词汇化过程的初级阶段就是习语化，即先由自由短语变成固定短语，然后再进一步向词发展。习语化也会导致联合成词、紧缩、边界消失和简单化。跟固化存在程度差异一样，习语也是一个存在等级的概念，从较多习语性到较少习语性（Brinton & Traugott 2005）。用我们的话来说，就是习语也有整合程度高低的差别，比如本节探讨的这5个“X不是”中，“可不是”的习语化程度最高，其次是“别不是、莫不是”，而“该不是、要不是”的习语化程度最低。

第二节　“X不成”的历时演变及相关问题

近年来，汉语学界对双音节词“不成”的研究很多，专文探讨的就有好几篇：钟兆华（1991）、徐时仪（1999，2000）、杨永龙（2000），但是对由“不成”参与构词的三音节“X不成”研究则相对较少。汉语中“X不成”类三音节固化词语有“莫不成、难不成、终不成、总不成”四个：其中“莫不成”的来源，至今还没有专文的讨论；“难不成”的来源，虽然已有学者进行了探讨，如江蓝生（2008）、刘敏（2010）、许歆媛（2010）等，但是这些研究中还存在不少值得商榷之处；“终不成、总不成”的历时来源，只有李小军（2008）简单地说了一下，其详细的来源过程还需要作进一步的探讨。

三音节词是汉语词汇发展史上较为特殊且又重要的语言现象，近代汉语产生了一批三音节词，“X 不成”是其中的一类，具有跟双音节词不同的演变过程、产生动因和演变机制，值得我们去做全面而深入的分析。本节主要探讨三音节固化词语“X 不成”的历时演变过程，在考察大量历时语料的基础上，着重探讨使用最为广泛、发展最为全面的“莫不成”“难不成”的历时衍生过程，同时兼顾“终不成”“总不成”的历时演变，最后尝试归纳出三音节固化词语“X 不成”这一类词的历时演变规律。

一 “莫不成”的历时来源

“莫”在上古时期是否定副词，除单独使用外，“莫”还与其他词连用表示否定，出现了“莫非”“莫不是”“莫是”等形式，如：

（1）汝惟不矜，天下莫与汝争能。汝惟不伐，天下莫与汝争功。（春秋《尚书》）

（2）溥天之下，莫非王土。率土之滨，莫非王臣。（春秋《诗经》）

在晚唐五代时期，疑问副词“莫”产生了推测用法，如：

（3）有人问：中时如何？师云：莫不识痛痒摩？（五代《祖堂集》）

（4）净能问长官曰：夫人莫先疾病否？（五代《敦煌变文选》）

到了宋代，否定副词“莫”有了反诘用法，常与“否”“么”等句末语气词搭配使用，如：

（5）左右曰：“但向来刘景在后行二三里。”公戏之曰：“莫是尔否？”（北宋《太平广记》）

（6）汝内淫父妾，奸污弟妻，行如禽兽，这事莫也是咱教汝么？（北宋《五代史平话》）

我们认为，“莫不成”是由“莫”和“不成”叠加连用而成。要证明“莫”与“不成”叠加连用形成“莫不成”，必须找到“不成”在后续句句首的例句，这样都处在后续句句首的“莫”和“不成”，才有可能叠加连用形成“莫不成”的可能性。

在宋朝，“不成”由表示评议的否定副词演变为反诘副词，出现在反问句句首，如例（7）、例（8），明朝时期反诘副词“不成”的这一用法得以延续，如例（9）。

（7）如出行忌太白之类，太白在西，不可西行，有人在东方居，不成都不得西行？（北宋《二程集》）

（8）若不各自做一节功夫，不成说我意已诚矣，心将自正？（南宋《朱子语类》）

（9）你众人既是如此行了，我怎地推却得开，不成日后倒要替你们吃官司？（明《水浒全传》）

到了明朝时期，反诘副词“莫”与反诘副词“不成”叠加连用，从而形成三音节反诘副词“莫不成”，如：

（10）师父果若不要我，把那个《松箍儿咒》念一念，退下这个箍子。莫不成这些人意儿也没有了？（明《西游记》）

清朝时期，三音节反诘副词“莫不成”继续使用，如：

（11）我请来的众位，莫不成喝酒吃茶来的吗？（清《三侠剑》）

（12）邵华风说：“莫不成这些人，就没有一位敢去的么？”（清《济公全传》）

从清朝到民国，“莫不成”除了表示反诘语气之外，还有表示推测语气，如：

（13）卢珍此时瞧见九尾仙狐，不大很认识，自己回思，莫不成是天齐庙那个姑娘？（清《续小五义》）

（14）看看已七八天过去，仍不见帖兰出宫，吴祯急得抓耳揉腮，自己寻思道：“莫不成她们姑嫂要好，把帖兰留着吗？”（民国《明代宫闱史》）

从上面的分析可以看出：“莫”的语义演变是，从晚唐五代产生“推测”义，到宋代产生“反诘”义；“莫不成”的语义演变是，从明朝开始产生“反诘”义，到清朝在表示“反诘”义的同时，又产生了“推测”义。这是两个刚好相反的语义演变过程。

对于“莫不成”的成词，除了“莫”与“不成”叠加连用外，还有可能是“莫非”或“莫不是”与“不成”叠加整合的结果。在展开历时考察分析之前，我们先来看两部重要词典对“莫非”“莫不是”的解释说明。

《现代汉语八百词》对“莫非”的解释是：副词，有两个义项。一是表示怀疑或揣测，常和句末的“不成”呼应，常用于书面语，如“已经这么晚了他还不回来，莫非出事了不成？”二是表示反诘，意思相当于“难道”，作状语，可放在主语前，也可放在主语后，如“这筐水果谁也不管，莫非要让它烂掉不成？”对“莫不是”的解释是：基本意义和用法跟“莫非”相同，如“莫不是要他跪下来求你不成？我想事情过去就算啦！”

《现代汉语词典》（第 7 版）对“莫非”的解释是：副词，表示揣测或反问，常跟“不成”呼应，如“今天她没来，莫非又生病了不成？”对“莫不是”的解释是：副词，莫非，如“莫不是他又责怪你了？”

我们认为，“莫非……不成”是由语气副词“莫非”与句末语气词“不成”，通过概念叠加而形成的。语气副词“莫非”产生于元代，如：

（15）太师急出，遂邀王允于正堂，自言：“莫非貂蝉么？”（元《三国志评话》）

（16）美髯公哭曰：“吾死不惧。尔来莫非说我乎？”（元《三国志评话》）

句末语气词“不成”也产生于元代，如：

（17）员外着你跪，你就跪，难道着你死，你就死了不成？（《元曲选》）

到了明朝时期，语气副词“莫非”与句末语气词“不成”，开始概念叠加，进而形成“莫非……不成”，如：

（18）心里疑道：“莫非杀的那两个人就是他两口子不成？他却往坟上去做甚么？难道好做劫坟的勾当？”（明《醒世姻缘传》）

（19）红衣娘将这“春门”开时，再也开不开来。想道：“又没门闩，莫非外面锁了不成？”（清《七剑十三侠》）

在明清“莫非……不成”广泛使用的同时，“莫不是……不成”也随之产生。“莫不是……不成”可以看成是由语气副词“莫不是”与句末语气词“不成”，通过概念叠加而形成的。

语气副词“莫不是”产生于五代，如：

（20）莫不是诸方菩萨各门舍利弗等游此会中？（五代《敦煌变文集新书》）

（21）问：“莫不是‘避’字有病否？”（南宋《朱子语类》）

到了清朝时期，语气副词“莫不是”与元朝就已经产生的句末语气词“不成”，开始概念叠加，进而形成“莫不是……不成”，使句子的反诘语气更加强烈。如：

（22）究竟为何事？莫不是你们错搬了不成？（清《乾隆南巡记》）

（23）看尊公这般人物，怎么从山上下来？莫不是与王寨主同伙不成？（清《续小五义》）

从上面的分析可以看出，“莫不成”不是“莫不是”与“不成”叠加整合的结果，因为它们叠加的结果是产生“莫不是……不成”，而不是产生“莫不成”。那么“莫不成”是不是“莫不是……不成”通过成分移位压缩而形成的呢？我们认为这也是不可能的，因为“莫不成”出现在明朝，而“莫不是……不成”出现在清朝，前者比后者出现早了几百年。也就是说，在“莫不成”产生时，还没有出现“莫不是……不成”，所以“莫不成”不可能是“莫不是……不成”通过成分移位压缩而形成的。

除了以上讨论的“莫非”“莫不成”，还有反诘语气副词“莫成”。钟兆华（1991）认为“莫成”是“不成”的早期形式，“不成”的另一种书写形式就是“莫成”。也有学者持不同意见，比如香坂顺一（1997：46）就认为，把“莫成”看成是“不成”，可能是因为把“莫”看作“不”了。这一解释可能是基于以下两例中“莫成”跟“不成”看上去用法相同而得出的。

（24）你道他笑怎的，莫成是怕他的？（明《西游记》）

（25）跟着你做了这几年和尚，不成空着手回去？（明《西游记》）

但是，事实上还有这种看法涵盖不了的例子，比如出现在句末位置上的“不成”不能换成“莫成”，这一事实跟“莫成”等于“不成”的看法相抵触。

（26）你一个人就占我三个女儿不成？（明《西游记》）

（27）你有本事吃了他，没本事摆布他不成？（明《西游记》）

我们认为，钟兆华（1991）把“莫成”等同于“不成”，指的是这两个词的副词用法。香坂顺一（1997）指出的句末位置上的“不成”，其实是语气词的“不成”，由于“莫成”只有副词用法，没有语气词的用法，那么句末位置上的语气词“不成”不能跟副词“莫成”互换，也就不难理解了。此外，香坂顺一（1997）还认为，跟“莫成”相对应的不是“不成”，而是“莫不成”。这同“莫不是”跟“莫是”相对一样，都是平行的关系。就是说，“莫成”是从肯定方面进行推测，而“莫不成”是从否定方面进行推测。

我们在北京大学CCL语料库中检索出的副词“莫成”例句都是出自《西游记》，一共10个例句，全部表示反诘语气，没有表示揣测语气的。这10个例句中有8个是反诘语气很强烈的问句，如例（28）（29），还有两个是表达反诘语气的同时还带有感叹的语气，所以句末标点符号用的不是问号，而是感叹号，如例（30）（31）。

（28）他说得是，强盗只打劫他些浮财，莫成连房屋田产也劫得去？（明《西游记》）

（29）师父，此时我已成佛，与你一般，莫成还戴金箍儿，你还念什么《紧箍咒》掯勒我？（明《西游记》）

（30）你将我师父藏在洞里，拿个柳树根哄你猪祖宗，莫成我师父是柳树精变的！（明《西游记》）

（31）八戒闻言道：“真个有这样事？”小龙道：“莫成我哄你了！”（明《西游记》）

那么“莫不成”有没有可能是反诘语气副词“莫成”与句末语气词“不成”，通过概念叠加和构式整合而形成呢？但是语言事实否定了这种可能，因为语气副词“莫成”和“莫不成”最早的用例都是出自《西游记》，即它们同时产生，也就不存在谁在谁的基础上产生的问题了。

此外，跟“莫非”表义相似的还有“莫不”，“莫不”从先秦开始一直用作“无不”的意思。揣测用法的语气副词“莫不”在晚唐五代已产生（叶建军2007），广泛使用应该是在元代，如：

（32）师以手拔眉云："莫不辜负摩？"（五代《祖堂集》）

（33）哎，你个馋穷酸俫没意儿，卖弄你有家私，莫不图谋你的东西来到此？（元《西厢记杂剧》）

句末语气词"不成"也产生于元代，如上文例（17），在明代的《金瓶梅》中"莫不"与"不成"概念叠加形成了"莫不……不成"结构，如：

（34）金莲道："怪行货子，好冷手，冰的人慌！莫不我哄了你不成？我的苦恼，谁人知道，眼泪打肚里流罢了。"（明《金瓶梅》）

（35）妇人道："莫不奴的鞋脚也要瞧不成？"（明《金瓶梅》）

那么"莫不成"有没有可能是语气副词"莫不"与句末语气词"不成"，经过概念叠加、构式整合后产生的。《金瓶梅》中"莫不"与"不成"概念叠加形成"莫不……不成"结构，然后再经过构式整合，即夹在"莫不"和"不成"中间的成分前移形成"莫不不成"这一临时结构，删除一个"不"后就形成"莫不成"。但是这只是一种假设，我们找不到任何历时语料的支撑，因而合理性值得怀疑。

"莫不成"还有可能是"莫非"与处于后续句句首的反诘语气副词"不成"，经过概念叠加、构式整合以后产生的。后续句句首的反诘语气副词"不成"最早产生于北宋，"莫非"成词于明朝，"莫不成"也成词于明朝。从时间上和逻辑语义上来看，"莫非"与"不成"通过概念叠加、构式整合形成"莫不成"，倒是有可能的，但是我们找不到语言事实的支撑。那么三音词"莫不成"产生的较为合理解释，就是反诘副词"莫"与反诘副词"不成"叠加连用形成的。

总之，"莫不成"的产生，既不是"莫非"或"莫不是"跟"不成"叠加整合的结果，也不是"莫不是……不成"通过成分移位压缩而成，更不是"莫非"与反诘语气副词"不成"，经过概念叠加、构式整合以后产生的，而是通过反诘副词"莫"与反诘副词"不成"叠加连用后形成的。

现代汉语中"莫不成"继续使用（例句来自 BCC 语料库），在语义功能上，既可以表示反诘，如例（36）；也可以表示揣测，如例（37）。

（36）大伙儿全不由一愣，熊无极忙道："莫不成仅都睁着眼看热闹么？"（柳残阳《龙头老大》）

（37）就在现场，你瓢把子不也同样一尊门神似的守着么？莫不成也叫鬼勾了魂啦？（柳残阳《凤凰罗汉坐山虎》）

二 "难不成"的历时来源

"难不成"最早产生于清朝，既可以表示反诘语气，如例（38）（39），也可以表示推测语气，如例（40）（41）。

（38）我们既是认得一场，今日又恰好在此相遇，你总要替我打算打算，难不成你看着我落薄在此地么？（清《九尾龟》）

（39）我真发昏死了！我这么一个人，难不成就这样冷冷清清守着孙三儿胡子一辈子吗？（清《孽海花》）

（40）心里好生奇怪，不由自主地抄到竹林里，又寻不到一些踪迹，暗忖道：难不成这里有鬼？（清《孽海花》）

（41）老残笑道："难不成比唐僧取经还难吗？"庄家老作色道："也差不多！"（清《老残游记》）

江蓝生（2008）、刘敏（2010）、许歆媛（2010）都认为，"难不成"是从"难道+不成"而来，只不过其中"不成"的词性不一样：前者文中的"不成"被认为是反诘副词，后两者文中的"不成"被认为是句末语气词。

江蓝生（2008）认为"难不成"是由"难道"跟反诘语气副词"不成"，经过概念叠加和构式整合以后产生。刘敏（2010）认为"不成"是通过移位从句末移至句首，主动与"难道"靠拢，形成四音节的"难道不成"。又由于宋代以后"道"大量出现在言说动词"言""说"之前，形成"难道言""难道说"，这时的"道"已经虚化，失去了原有的言说意义。"难道"由最初的偏正短语词汇化为表示反诘语气的副词。由于副词中"道"已经不表语义，那么在"不成"前移向"难道"形成的"难道不成"中就可以自然脱落，从而形成"难不成"。

许歆媛（2010）指出，"不成"前移的动因是夹在"难道……不成"中间的句子 S 过长过重，致使位于句末的"不成"前移至"难道"后，使后接的整个句子 S 置于句末位置，成为句末重心。她把"难不成"的形成过程分为"糅合""截搭""重新分析"三个阶段：难道+不成→（难道……不成）→难道不成→难不成。

我们认为以上的分析都或多或少存在一些问题。江蓝生（2008）认为，"难不成"是由"难道"跟语气副词"不成"经过概念叠加和构式整合以后产生。但是这种情况与历时语言事实是不相符的。"难不成"产生在清代，语气副词"不成"在明代就已经被"难道"取代，清代语气副词"不成"已经消失（我们在北大语料库中清代没有检索出语气副词"不成"的用例，只有语气助词"不成"的用例），不可能再与"难道"在一起出现，那么概念叠加也就无从谈起，构式整合就更谈不上了。可能是因为这一原因，刘敏（2010）、许歆媛（2010）都认为"难不成"的形成跟句末语气词"不成"有关，而不是跟句中的语气副词"不成"有关。

刘敏（2010）、许歆媛（2010）都认为，句末语气词"不成"前移跟"难道”连用，形成“难道不成”，但是这也只是主观的推测，没有历时语言事实的验证。刘敏（2010）用现代汉语例句“这件事情难道不成吗？”来说明“难道”和“不成”的连用，但是此句中的“不成”在句中作谓语，是表示否定义的短语“不成”，并不是词形式的“不成”。至于许歆媛（2010）认为“不成”前移的动因，是夹在“难道……不成”中间的句子 S 过长过重，致使位于句末的“不成”前移至“难道”，这也是主观猜测，也没有历时语言事实的根据。

在北京大学 CCL 古代汉语语料库中，我们找到了“难道……不成”中间夹杂的句子既很长又很重的例句，如：

（42）如今不是容易才完了你我的事，难道你我作儿女的还忍得看着老人家再去苦挣了来养活你我不成？（清《儿女英雄传》）（间隔 24 个字）

（43）要只这等合他云游下去，将来自己到了吃紧关头，难道就靠写两副单条对联、作几句文章诗赋便好去应世不成？（清《儿女英雄传》）（间隔 21 个字）

同理，即使是在现代汉语中，我们在北京大学 CCL 语料库中也能找到“难道……不成”中间夹杂的句子很长很重的例句，如：

（44）人文科学发展态势及其研究成果，难道使得“穿壁引光”这个典故而今有了新的衍义与理解不成？（1985 年《读书》）（间隔 21 个字）

（45）难道她离了婚就连去宾馆也得靠了小学同学丈夫的关系不成？（铁凝《遭遇礼拜八》）（间隔 22 个字）

此外，许歆媛（2010）的“难道不成 →难不成”这一演变过程也是有问题的。“难不成”是从清朝开始出现的，按照这一演变链，“难道不成”必须在“难不成”之前出现，即“难道不成”必须在清朝之前出现。但是“难道”与“不成”连用的“难道不成”，在清朝根本没有用例，直到民国时期在同一部文学作品《明代宫闱史》中出现了 5 个“难道”与“不成”连用的句子。

（46）哈搭吉也怒道：“难道不成咱是私生子么？不要多讲了，你既害了古讷特，咱就先杀你的淫妇。”

（47）俺向闻皇帝是着龙袍的，你难道不成是皇帝吗？

（48）听美赛姑娘那里，有男子说话的声音，玉玲寻思到：难道不成她也干那勾当吗？

（49）八剌疑惑道：“难道不成他们已得知消息了吗？”

（50）不由地心上着疑道：“难道不成就是这样地走上天去吗？”

从以上历时语言事实可见，江蓝生（2008）的概念叠加和构式整合，即“难道+不成→难不成”，刘敏（2010）、许歆媛（2010）的句末语气词“不成”前移形成“难道不成→难不成”，都是不太合理的。此外，以上民国的5个例句中“难道不成”后面的成分，其长度既不长也不重，比如例（46）只有6个字、例（47）只有4个字。因而许歆媛（2010）认为“不成”前移的动因，是夹在“难道……不成”中间的句子S过长过重，致使位于句末的“不成”前移至“难道”，也是不合理的。

总之，“难不成”的产生，既不是“难道”与反诘副词“不成”概念叠加、构式整合的结果，也不是句末语气词“不成”前移形成“难道不成”之后“道”脱落而形成，更不是“难道……不成”中句子S过长过重致使位于句末的“不成”前移至“难道”而后形成。那么三音词“难不成”产生的唯一合理解释，就是在宋代、明代期产生的“莫不成、终不成”三音节语气副词的基础上，类推造词而产生的。

在明代，语气副词“难道”取代了语气副词“不成”，清末在“莫不成、终不成”的构词模式上通过类推构词产生了“难不成”，然后“难不成”逐渐取代了“莫不成”。到现当代，这一过程基本完成，“莫不成”的用例极少，在北京大学CCL现代汉语语料库中，“莫不成”只有一例。

（51）中餐却是集中点菜集中吃，账集中算，莫不成吃完了再拿计算器作除法？（1994年《报刊精选》）

虽然明朝产生了三音词“莫不成”，清朝产生了二音词“难不成”，但是由于汉语韵律特点是双音节为标准音步，三音节为超音步。相对来说，双音节语气副词“莫非、难道”跟双音节句末语气词“不成”叠加而形成的“莫非……不成”“难道……不成”，仍然广泛使用。

据我们对北京大学CCL语料库的统计，“莫非……不成”与“莫不成”、“难道……不成”与“难不成”各个朝代的使用情况如下表所示：

表5–1　“莫不成”及相关格式的使用情况

	明代	清代	民国	现代
莫非……不成	3	87	141	29
莫不成	1	14	1	1
难道……不成	176	753	313	188
难不成	0	4	0	50

从表中的统计数字可以看出：“莫非……不成”从明清到民国用例是呈

增长趋势，但是到现代汉语有所下滑，虽然“莫不成”在明朝成词，在清朝用例有所增加，但是在民国和现代汉语中又急剧下滑；“难道……不成”从清朝到民国再到现代汉语，用例不断下滑，而“难不成”从清朝到现代汉语用例是呈增长趋势。据此我们可以总结出以下倾向性规律：古代汉语用“难道……不成”为主，现代汉语用“难不成”为主；“莫非……不成”古代、现代都使用，而“莫不成”主要用于古代汉语；三音节形式，古代汉语主要使用“莫不成”，现代汉语主要使用“难不成”。

关于“难道……不成”的形成过程，曹广顺（2004）指出，近代汉语中“难道”和“不成”表达相同的语法意思（都表示反诘语气）。前期的“不成”位置在句首，与“难道”一样是表示反诘的副词，这种双音节的虚词，基本没有重叠使用的情况，所以句首的“不成”没有和“难道”重叠的条件。“难道 S”和“S 不成”都是反诘问，前者是反诘副词，后者是反诘语气词，重叠使用就变成了“难道 S 不成”，明清使用了一个时期之后，“S 不成”逐渐消失。在现代汉语里，“难道 S 不成”也不再使用了，“难道 S”成为反诘问句的基本形式。通过上面我们对语料库的统计，“难道 S 不成”（即“难道……不成”）并没有消失，还有用例。

现代汉语中“难不成”继续使用，在语义功能上，既可以表示反诘，如例（52），也可以表示揣测，如例（53）。

（52）你把她养到十四岁，也是嫁；把她养到四十岁，也是嫁。难不成能养到她一百四十岁？（欧阳山《三家巷》）

（53）心里头也不无怀疑，刘凯瑞为什么非要同简佳谈？突然一愣：难不成他签这合同就是为了简佳？（《新结婚时代》）

此外，现代汉语中“难不成”的句法位置分布，也更为自由，除了位于句首，还可以位于主语之后谓语动词之前的句子中间位置，如例（54），还可以连用，如例（55）。

（54）万一有人说他想把银子汇到新疆去，我们难不成为着几十两银子，还专门派人跑到新疆？（《乔家大院》）

（55）难不成，难不成，太太竟然要把孩子生到马车里了？（《乔家大院》）

在现代汉语中还有个“可不成”，也表示反诘语气，可以跟“难不成”互换。不过只有以下这一孤例，作者张大春是中国台北作家。

（56）三喜儿那畜生忘了本啦！入了六扇门儿，可不成干的就是挖祖坟的买卖？（张大春《富贵窑》）

三 “终不成”“总不成”的历时来源

通过上文的研究可知，“莫不成”产生于明朝，“难不成”产生于清朝。

而“终不成”则产生得更早，在南宋就出现了用例，都表示反诘语气，如：

（57）当时更有亲在面前，也须敬其亲。终不成说敬君但只敬君，亲便不须管得！（南宋《朱子语类》）

（58）只见得一事，且就一事上克去，便是克己。终不成说道我知未至，便未下工夫！（南宋《朱子语类》）

元、明、清时期，“终不成”继续使用，在表示反诘语气的同时，如以上例（57）（58），还出现表示推测语气的例句，如：

（59）白娘子随口便道：“羞杀人！终不成奴家没人要，只为分别是非而来。”（元《元代话本选集》）

（60）这事原不曾做得，说他不过，理该还他。终不成咽了下去又吐出来？（明《二刻拍案惊奇》）

（61）既这么说，还得大家想法儿前去才好，终不成就半途而废吗？（清《施公案》）

以下这例是从反诘语气发展为揣测语气“过渡性语境”（bridging context），或者说是两解例句。因为道府尹之前已经说好了，不至于被处死，所以句中的“终不成”可以理解为表达的是反诘语气，即刘达生对道府尹说话不算话的不满。另一方面，看到摆着一具新棺材，刘达生心里在揣测自己会不会被处死。

（62）刘达生进监时，道府尹说话好，料必不致伤命。及至经过庭下，见是一具簇新的棺木摆着，心里慌了道：“终不成今日当真要打死我？”（明《初刻拍案惊奇》）

跟“终不成”相近的，还有一个“总不成”，它是现代汉语才产生的，在古代汉语中没有用例，并且北京大学 CCL 现代汉语语料库中的 21 个例句，全部表反诘语气，没有一例是表推测语气的，如：

（63）没那么快，起码等他向我求婚，总不成见人家家世好，就迫他娶我。（岑凯伦《还你前生缘》）

（64）又过片刻，山洪浸到胸口，逐步涨到口边，杨过心道：“虽然我已站立得稳，总不成给水淹死啊？”（金庸《神雕侠侣》）

通过以上的分析可以看出，“终不成”的用例都是在古代汉语中，现代汉语里已“无迹可循”；而“总不成”则恰恰相反，在北京大学语料库中搜寻到的 21 条语料都是在现代汉语里，古代汉语中一例都没有。一方面是“终不成”在现代汉语里使用绝迹，另一方面是“总不成”在现代汉语里的使用很少，因此在很多词典中，我们都没有找到关于“终不成”和“总不成”的解释条目。倒是《汉语大词典》收录了“终不成”，其解释为：亦作“终不然，难道；岂能”，所举三个例句也都是近代汉语的语料，除了一个“终不然”的例句，另外两例如下：

（65）虽会节俭，又须著有爱民之心，终不成自俭啬而爱不及民，如隋文帝之所为？（南宋《朱子语类》）

（66）及至经过庭下，只见一簇新的棺木摆着，心里慌了道：“终不成今日当真要打死我！”（明《初刻拍案惊奇》）

对于“终不成”产生发展，学界一致认为是源于“不成”的语法化。那么“不成”跟反诘副词“终不成”之间有什么联系呢？钟兆华（1991）指出，“终不成”大概出现于南宋，它是在“不成”前冠以“终”构成的表示推度反诘副词。“终”的作用在于加强语气，犹如“总不至于”中的“总”，“终不成”的中心意思仍然是“不成”所具有的诘问口吻。从语气上来说，“终不成”比“不成”要来得强烈，见如下例句对比：

（67）a. 自从嫁它，奴办至诚，不成它负心？（南宋《张协状元》）

b. 那张解元还得个绿衫上身时，终不成忘了贫女？（南宋《张协状元》）

徐时仪（1999）也认为，“终不成”不过是“不成”的强调用法。五代、宋、元时往往在疑问副词前加“终”来加强否定、强化反诘的语气，如：

（68）问：“如何是古佛心？”师云：“终不道土木瓦砾是。”（五代《祖堂集》）

（69）理便是天道也，且如说皇天震怒，终不是有人在上震怒？只是理如此。（南宋《二程语录》）

在“不成”前加“终”组成“终不成”，宋元时用得更多，如：

（70）虽会节俭，又须著有爱民之心，终不成自俭啬而爱不及民，如隋文帝之所为？（南宋《朱子语类》）

（71）平日里终不成跪拜底与它一贯，唱喏底与它五百，没这般话头。（南宋《张协状元》）

我们认为，三音节词“终不成”是由“终”与“不成”叠加连用形成的，这是符合历史语言事实的。在上文我们已经指出，大约在北宋“不成”由表示评议的否定副词演变为反诘副词。在反诘副词“不成”前增加“终”，从而形成“终不成”来加强否定、强化反诘的语气。由于“终”与“不成”经常连用，最终在后续句句首固化为三音节语气副词“终不成”。

说话人在表达自己的“认知立场”（epistemic stance）时，建立在主观感受而非客观依据基础上的认识，必然存在确信度（degree of certainty）的差异。我们认为这可以用来分析“终不成”。当说话人对自己的认识基本上不确定，即确信度＜50%时，会用一般疑问句（揣测问），如例（72）；当说话人对自己的认识有一定的把握，即确信度＞50%时，一般会用反问句（反诘问），如例（73）；当说话人对自己的认识把握非常大、毫无疑问，即确信度＝100%时，一般会用陈述句或感叹句，如例（74）（75）。

（72）这一具被盗过了，终不成这里的几十具都被人盗过吧？（南强《稀世古钱》）

（73）人家是帮我的忙，终不成最后还把他牵扯进去？（南强《稀世古钱》）

（74）我不为陈家几十口人想，也要为我们邯郸想呀，终不成大家坐吃山空都上街要饭去。（金庸新《大侠风清扬》）

（75）对着这滚滚雾海，任他是绝世高手，也束手无策，终不成真个跃身投下深渊去！（公孙千羽《孤剑万里》）

下面来看一个“终不成”从反问句扩展为陈述句的“过渡性语境”（bridging context），或者说是两解的例句。以下“终不成”所在句子的句号完全可以修改为表示疑问的问号，标点符号修改后句义基本不变，仍然表示反诘。

（76）这样的人本帮没有一万也有八千，这些人衣食从何而来？终不成去打家劫舍吧。（金庸新《大侠风清扬》）

跟“终不成”不同，“总不成”出现得较晚，直到现当代才有，并且用例不多，全部表反诘语气，如：

（77）同时我的心中也很为难，眼看着这些小朋友喜欢亲近我的样子，总不成忍心拒绝他们，立刻驱逐他们出去？（苏青《搬家》）

（78）不过，你只有一条命，总不成一身又是女人，又是男子，又是墨鱼，又是白兔子呀！（钱锺书《灵感》）

那么“终不成”与“总不成”之间有什么联系呢？钟兆华（1991）对“莫成”和“不成”的关系探讨，给我们以启发。他认为“莫成”是“不成”的早期形式，“不成”的另一种书写形式就是“莫成”。我们认为，跟“莫成”与“不成”以及上文的“莫不成”与“难不成”之间的关系相似，“总不成”是套用“终不成”而来的，或者说“总不成”就是“终不成”的另一种书写形式，具体原因如下。

首先，从发音上来说，“终”的辅音声母是舌尖后音 zh，“总”的辅音声母是舌尖前音 z，对于我国南方地区的人来说，二者几乎是没有听、说上的差异，因此可以混杂使用或合二为一使用。其次，从音调上来说，“终”是阴平，“总”是上声，人们在使用“终不成”和“总不成”时通常是为了表达强烈的主观色彩，上声的“总”更适应这种需要（李小军 2008）。再次，从词义上来说，副词“总”可以“表示推测、估计”，如“他到现在还没来，总是有什么事情吧？”(《八百词》)，由“总”与“不成”词汇化而来的“总不成”，在表推测语气上比“终不成”更顺当，因而更易于为人们所接受。此外，通过对语料的分析我们发现，现代汉语中“总不成”的用法，跟古代汉语中“终不成”的用法，两者基本一致，这也从另一个侧面说明“‘总不成’是套用‘终不成’而来的”这一观点的合理性。

四 “X不成”历时演化共性与差异

“X不成”类反诘副词的历时演变是个既有个性也有共性的过程。综观上文对“莫不成”“难不成”“终不成”和“总不成”历时演变过程的论述，我们可以看出：“X不成”类的三音节反诘副词在有着各自演变轨迹的同时，也有着演变的共性。

（一）语义演变共性

“莫不成、难不成、终不成”在产生之初主要表示“反诘”义，后来又演变出“推测”义；而现代汉语才产生的“总不成”的语义没有发生演变，只表“反诘”义。由于都表“反诘”义，因而有些例句中这4个词语之间可以互换，如：

（79）这是权宜之计，目前只好先用这个法子应付一下，莫不成你真要把媚儿许配给这家伙？（柳残阳《七海飞龙记》）

（80）叶子气得“呼”地摇下车窗，瞪着眼睛冲着他们反问道，“难不成我们现在就给你们钱补办暂住证？”(《故事会》)

（81）人家是帮我的忙，终不成最后还把他牵扯进去？（南强《稀世古钱》）

（82）总不成一辈子住在布艺店里吧？那里连一张床也没有。（张小娴《荷包里的单人床》）

从“反诘”义演变出“推测”义，其实也不难解释，比如江蓝生（1990）就认为，表示推度疑问副词的用法是从作反诘副词的用法引申过来的：反诘是用疑问的形式表示否定，疑问是虚，否定是实；当这种疑问形式不表示否定时，疑问就成了真性的，于是反诘就转作推度询问。副词兼表反诘和推度两种语气，就是这个道理。

“反诘”义与“推测”义之间的相通性，可以从如下的两解例句得到很好地体现。以下例（83）中的“莫不成”既可以理解为反诘义，即韦小宝对自己做了一辈子老千，今日被人家当作羊牯捉了，感到不满。但又可以理解为推测义，通过后面的句子“寻思一下，将钱赔了”，可见韦小宝对自己是不是“被人家当作羊牯捉了”，并不是很确定。

（83）韦小宝心道："他妈的，老子做了一辈子老千，莫不成今日被人家当作羊牯捉了？"寻思一下，将钱赔了。（令狐庸《续鹿鼎记》）

（二）形成机制与成词时间差异

"莫不成""终不成"都是通过叠加连用而形成的："莫不成"是反诘副词"莫"与反诘副词"不成"叠加连用而成；"终不成"是反诘副词"不成"与前加表达加强否定的"终"叠加连用而成。"难不成"与"总不成"的形成机制比较相似："难不成"是在"莫不成、终不成"的基础上，通过类推造词而形成；"总不成"是套用"终不成"而来的。

"终不成"词汇化的时间最早，在宋代已经成词；其次是"莫不成"，在明代发生词汇化；再次是"难不成"，在清代发生词汇化；最后是"总不成"，在现当代发生词汇化。这 4 个三音词"X 不成"，按照词汇化时间的早晚可以形成一个等级序列：终不成 ＞莫不成 ＞难不成 ＞总不成。

（三）历时演变关系

"X 不成"内部成员之间存在历时演变关系：反诘副词"难不成"的产生跟"莫不成"有关，在"难不成"产生之前，"莫不成"就已产生，明代反诘副词"不成"被"难道"取代，"莫不成"也逐渐被"难不成"取代；现代汉语产生的"总不成"，是套用古代汉语"终不成"而形成。换句话说，"X 不成"的内部成员之间有承继关系："莫不成、终不成"通过叠加连用词汇化后，形成了构词图式"X 不成"；"难不成、总不成"则是利用这一构词图式直接产生，没有经历词汇化的过程。

此外，"X 不成"与句末语气词"不成"的共现上也存在差异。"总不成"不能跟句末语气词"不成"共现。"难不成、终不成、莫不成"都可以跟句末语气词"不成"共现，从而形成框式结构"难不成……不成""终不成……不成""莫不成……不成"，如：

（84）我真不知道今天是什么日子，难不成银行免费派钱不成？（《看完没笑？你绝对够狠！》）

（85）终不成郎有了奴这新交，便不恋旧好了不成？（王小波《唐人故事》）

（86）许多人都觉得梅兴推论出这一番道理，有如画蛇添足。莫不成她向自己下毒不成？（《司马翎武侠小说全集》）

最后，我们认为梅祖麟先生（1981）的一句话，可以非常形象地说明"莫不成、难不成、终不成、总不成"四个词语之间的历时演变关系，他认为："句法结构不变，词汇中的新陈代谢就像接力赛跑，一个运动员跑累了，另一个接棒跑下去。"

第三节 “X不然”历时来源及相关问题

近年来，汉语学界对双音节连词“不然”的研究较多，专文讨论的就有袁勤（2006）、吕明臣（2010）等，但是对由“不然”参与构成的三音词“X不然”研究相对较少。汉语中“X不然”类三音节固化词语主要有“要不然、果不然、终不然、再不然、若不然、纵不然”6个：其中“果不然”的历时来源，已有学者进行了探讨，如江蓝生（2008）、车录彬（2011）、叶建军（2016），但这些研究中还存在一些值得商榷之处；副词“终不然”的历时来源，只有张振羽（2010）有所涉及，但其详细的历时演变历程还有待进一步研究，连词“终不然”还未见学界有探讨；而“要不然、再不然、若不然、纵不然”的历时来源，至今还未见专文的讨论。此外，这6个词，词典的收录情况也不相同，《现代汉语词典》（第7版）只收录了“果不然”“要不然”，《现代汉语八百词》只收录了“要不然”，只有钟兆华主编的《近代汉语虚词词典》将6个词全部收录了。

三音节词是汉语词汇发展史上较为特殊且又重要的语言现象，近代汉语产生了一批三音节词，“X不然”是其中的一类，具有跟双音节词不同的演变过程、产生动因和演变机制，值得我们去做全面而深入的分析。按照语义的不同，这4个三音节固化词语“X不然”可以分为三类：1）表示假设义的“要不然、再不然、若不然、纵不然”；2）表示不出所料、肯定义的“果不然”；3）表示揣测义的“终不然”。其中“要不然、果不然、终不然”三个词比较典型，特征也较为明显，因而是我们研究的重点，在论证过程中也会涉及“再不然、若不然、纵不然”，进而尝试由点及面地揭示构词图式“X不然”的整体特征。

一 “要不然”的历时来源

到目前为止，“要不然”的历时来源还没有研究。我们认为“要不然”是由“要不”和“不然”通过概念叠加和构式整合后产生的。“要不”“不然”都表示假设义，这就为“要不”和“不然”概念叠加和构式整合而产生“要不然”奠定了语义基础。从时间上来看，也是基本合理的。因为表假设义的连词“要不”和“不然”在“要不然”之前就已经产生，这为两者概念整合为三音节“要不然”提供了可能。

表示假设义的连词“要不”从明代开始出现，如：

（1）他说的也是，要不你自己去，我不去罢。（明《醒世姻缘传》）

（2）你们家去罢，我看头年里不知有工夫没有，要不就是过了年，我

还有话与你们讲。（明《醒世姻缘传》）

表示假设义的连词“不然”也在明代开始出现，如：

（3）喜得你来禀我，不然我一家大小不得安宁。（明《三宝太监西洋记》）

（4）杨骏谋反，欲夺位，陛下宜早图之，不然臣等亦难讨乱。（明《两晋秘史》）

同样是在明代，“要不”和“不然”通过概念叠加和构式整合而产生的“要不然”，已开始出现用例，如：

（5）要不然也费手，亏我和你谢爹再三央劝你爹。（明《金瓶梅》）

（6）好好的替你狄爷寻个好灶上的，补报他那几碗粥，要不然，这叫是“无功受禄”。（明《醒世姻缘传》）

“要不然”产生以后，不仅凝固程度进一步增强，语义也发生了演变，从最初的表示否定性假设义，到带有征求对方意见、要求对方决定的商询语气，相当于“不如”，表示提出建议。如：

（7）要不然咱们一路走，遇不见官人便罢，倘若遇见，就大家拒捕。（清《小五义》）

以上“要不然”之所以能从假设义演变出建议的语义功能，这是因为汉语表示假设的成分可以辅助表达建议之义：表示假设的成分出现与排除冗余选择项有关，“要不然”表达的是“在某个选项不能实现的情况下”，假设成分辅助对冗余选择项进行排除（曹秀玲、张磊 2009）。另外，用假设来表达选择还可以减弱建议的独断性，起到缓和语气的作用。

清代，“要不然”的语义进一步发生演变，在特殊语境下，由于“语境吸收”而产生表示醒悟义的用法，相当于语气副词“难怪、怪不得”。以下例句中的“要不然”可以换成“难怪、怪不得”。

（8）就这一手功能，可以压倒群雄，慢说是打出去插在方砖地上，就用手直插去，都不准插的那样准，要不然老英雄就敢开口说下大话，打不上奉还珍珠灯，真得说是神镖。（清《三侠剑》）

至于“要不然”的历时来源，曹秀玲、张磊（2009）认为是词语替换的结果：明朝时期假设连词“要”替换了秦汉时期既已出现的假设连词“若不然”中的“若”，从而形成了“要不然”。但是该文只是提出了观点，并没有结合历时语料论证其替换的具体过程，因而可信度较低。此外，“要不然”的历时来源，有没有可能通过词汇化而形成的呢？或者说是通过都表假设义的“要”和“不然”同义词复合而形成的呢？通过对历时语料的调查分析，我们认为“词汇化”和“同义词复合”都不是“要不然”的历史来源，因为没有短语关系“要不然”的例句，虽然语料库中出现了以下这例：

（9）南安公元顺因之欲摄国事题谓顺曰：此大事不可轻尔宜审待后要不然祸将及矣。（北宋《册府元龟》）

但是，这句话的句读应该为：南安公元顺因之欲摄国事，题谓顺曰："此大事，不可轻尔，宜审待后要，不然祸将及矣。"可见其中"要"与"不然"不在一个短语之内，两者之间不存在组合关系。由于在汉语历时语料中，没有"要"与"不然"紧邻共现的例句，因而"要"与"不然"之间就不可能发生词汇化，也不可能同义复合而形成三音节词"要不然"。那么"要不然"唯一可行的来源，就是通过概念叠加和构式整合而形成。

下面来看"再不然"的历时演变。"再不然"最早在南宋话本中只出现了一个用例，表明上文指出就某事对方不合作，下文在此情况下向对方提出新的建议，带有假设义。

（10）张虎便叫张狼道："你不闻古人云：'教妇初来。'虽然不致乎打他，也须早晚训诲；再不然，去告诉他那老虔婆知道。"（南宋《快嘴李翠莲记》）

"再不然"在明代使用范围逐渐扩大，清代则开始广泛使用。

（11）再不然，就点做七八成的淡金子也罢。（明《三宝太监西洋记》）

（12）再不然，能将他两人袖箭、弩箭盗出，使他无此暗器，也就易于为力了。（清《七剑十三侠》）

此外，从明代开始，"再不然"的语义也发生了演变，在假设义的基础上，在特殊语境下，由于"语境吸收"（absorption of contextual meaning）而产生了表选择义的用法，如：

（13）你要叫不醒他，待我自家进去请他，再不然，我雇觅四个人连床抬了他去。（明《醒世姻缘传》）

（14）不是捆帐伙计，就是分帐伙计，再不然就是老鸨的讨人，从没有一个人是自己身体的。（清《九尾龟》）

"X不然"中表示假设义的除了"要不然、再不然"，还有固化程度较低的"若不然、纵不然"。"若不然"最早出现在春秋时期，"纵不然"最早出现在晚唐五代。这两个词后来一直使用到民国，但并没有发生词汇化，仍然是短语，表示"如果不是这样"。

（15）余何敢以私劳变前之大章，以忝天下，其若先王与百姓何？何政令之为也？若不然，叔父有地而隧焉，余安能知之？（春秋《国语》）

（16）你何不从之而孜孜事一个穷措大，有何长进！纵不然，堂头官人，丰衣足食，所往无不克。（五代《唐摭言》）

到了现代汉语，"纵不然"已经消亡，不再使用；"若不然"仍在使用，但是使用频率远不及同样表示假设义的“要不然”，这可能跟原来该使用“若不然”而使用“要不然”有关。

（17）女篮总需要人们的关注和支持，若不然，冷清的赛场上，女篮姑娘们又怎能没有寂寞的感觉。（1996年《人民日报》）

（18）于是知世间万物，得不到时应坦荡一些，潇洒地放弃，若不然，徒增一些累赘和痛苦。（《读者》）

二　“果不然”的历时来源

在北京大学CCL古代汉语语料库中检索出的“果不然”，都从明朝开始出现，全部是副词，表示事实与所说或所料相符，如：

（19）到起鼓以后，果不然两个差人来了，叫我撞个满怀。（明《醒世姻缘传》）

（20）也只好今年盼明年，明岁望后岁，这样的盼望下去。果不然，这天道报施毕竟不差厘毫。（清《八仙得道》）

跟上面“要不然”的情况相似，历时语料中“果不然”一出现时就已经是词，没有短语关系的“果不然”的存在，所以可以排除词汇化产生的可能。关于“果不然”的历时来源，目前学界的观点基本一致，就是都认为是整合或糅合而产生的。但是具体整合或糅合的来源项，学者们的观点各不相同。江蓝生（2008）认为，“果不然”是“果然”与“不出所料”两个同义概念叠加后整合而成的。车录彬（2011，2013）认为，“果不然”由“果不出所料”和“果然”叠加、缩略而来。叶建军（2016）认为，“果不然”是由肯定形式的确认事实义陈述句或感叹句式“果然”，跟否定形式的确认事实义反诘句式“不其然乎”类糅合而成。

我们认为以上的分析都多少存在一些问题。江蓝生（2008）认为，“果不然”是“果然”与“不出所料”两个同义概念叠加后整合而成的。但是这种情况与历时语言事实是不相符的。“果不然”产生于明代，“果然”与“不出所料”概念叠加形成的“果然不出所料”，最早出现在清代，如下例所示。也就是说，“果不然”比“果然不出所料”产生的要早，那么说后产生“果然不出所料”构式整合为先产生的“果不然”，明显违背逻辑，因而是不可能的。

（21）果然不出所料，众人只顾张罗救火，又看见房上有那皮人，登时鼎沸起来。（清《七侠五义》）

（22）怪不得褚老叔料他武艺高强，果然不出所料，如此扎手。（清《施公案》）

车录彬（2011，2013）认为，“果不然”由“果不出所料”和“果然”

叠加、缩略而来。这跟历时语言事实也是不相符的。“果不然”产生于明代，“果不出所料”最早出现在清代，如下例所示。“果不出所料”和“果然”叠加、缩略而产生“果不然”，也是不符合时间先后顺序的。

（23）吾恩师嘱咐我留神暗算之人，果不出所料。这小子一定是贼和尚乔装，壁和僧的余党。（清《三侠剑》）

（24）军师防你诡计，故命我假装太子模样，果不出所料。今既被擒，要砍就砍，不必多言。（清《说岳全传》）

叶建军（2016）认为，“果不然”是由肯定形式的确认事实义陈述句或感叹句式“果（其）然”，跟否定形式的确认事实义反诘句式“不其然乎”类糅合而成。该文把“不其然乎”类句式具体分为“岂不然哉/乎/邪”“不其然乎”“岂不其然”三类。“果不然”的糅合过程可以表示为：果（其）然 +“不其然乎”类 → 果不（其）然。糅合过程中重叠成分“然”，次要成分“哉”“乎”“邪”等删除。

该文还指出，无论是词语糅合还是句式糅合，都要遵循四大原则：同级原则、语义相近原则、时代先后原则、成分蕴含原则。这四大原则的提出，对我们研究汉语中类似的现象提供了一定的参考。但是我们认为，还有两个更为重要的因素：口语性和高频性。江蓝生（2008）就强调指出，构词层面的叠加现象大多发生在口语中那些高频使用的同义常用词之间，叠合（即概念叠加和构式整合）而成的三音词是口语词，这说明口语和高频使用是叠合词产生的土壤。

叶建军（2016）认为，“果（其）然”跟句式“不其然乎”类可以糅合产生“果不（其）然”，该文的论证也说得通，但是如果考虑到口语性和高频性，该文观点的合理性就要大打折扣了。因为作为糅合参与项或来源项的“果其然”，以及“不其然乎”类句式的“岂不然哉/乎/邪”“不其然乎”“岂不其然”，不论是口语性还是使用频率，都是非常低的。叶建军（2016）也明确指出，在汉语史上“果其然”“岂不其然”都极为罕见。我们在北京大学 CCL 古代汉语语料库中，对“果不然”的糅合参与项或来源项，逐一进行检索，详见表 5–2：

表 5–2 “果不然”糅合参与项的使用情况

句式	例句数	使用朝代
果其然	3	唐—元
岂不然哉	11	东汉—北宋、清
岂不然乎	12	先秦—北宋

续表

句式	例句数	使用朝代
岂不然邪	2	两汉、北宋
不其然乎	46	春秋—北宋、清
岂不其然	1	六朝

从表 5–2 可以看出，“果其然”和“不其然乎”类句式的使用频率都很低，使用频率如此之低的句式发生糅合，是很难想象的，因为频率对理解语法结构的演变动因是至关重要的。最大的问题是，以上这些句式在明代都没有用例，而“果不然”却恰恰就是在明代产生的，由此可见，“果不然”并不是由“果其然”和“不其然乎”类句式糅合而成。

从以上历时语料事实分析可见，江蓝生（2008）的“果然”与“不出所料”两个同义概念叠加整合，车录彬（2011，2013）的“果不出所料”和“果然”叠加、缩略，叶建军（2016）的“果（其）然”跟句式“不其然乎”类糅合，都存在一些问题。那么，“果不然”的形成机制到底是什么呢？我们认为较为合理的解释，应该是在宋元产生的“终不然”三音节语气副词的基础上，通过类推造词而产生的。

三　“终不然”的历时来源

“终不然”在南宋已经成词，表示反诘语气，如例（25）。元话本中“终不然”开始大量使用，如例（26）（27）。

（25）年止七十，若更加数十岁，也只是这个，终不然到七十便画住了！（南宋《朱子语类》）

（26）自家一窝子男女，那有闲饭养他人！好意留吃几日，各有要自达时务，终不然在此养老送终。（元《玉堂春落难逢夫》）

（27）我料杨、路二贼奉承严氏，亦不过与你爹爹作对，终不然累及妻子？（元《沈小霞相会出师表》）

到了明代，“终不然”使用数量进一步扩大，如：

（28）小女尚年幼，终不然有西厢故事么？（明《包公案》）

（29）和尚，你一行有几个？终不然一人敢上西天？（明《西游记》）

并且明代“终不然”从表反诘语气发展出表揣测语气，虽然用例很少，如：

（30）金碧峰是你的师，你戴的是金碧峰的孝，终不然金碧峰有甚么不测之变？（明《三宝太监西洋记》）

（31）承局吃了一惊，说道：“令师祖终不然已经圆寂去了？”（明《三

宝太监西洋记》）

从清代到民国，“终不然”使用数量开始减少，如例（32）（33）。到了现代汉语，“终不然”基本不再使用了。

（32）终不然白白地将命送在那里，这是何苦？（清《施公案》）

（33）终不然束手于此而待毙那？（清《杨家将》）

从明代开始，还出现了“终不然”与句末语气词“不成”共现、表达反诘语气的框式结构“终不然……不成”。明代共有 9 例，清代有 2 个例句，民国有 4 个例句。如：

（34）我以礼谕你，你还是如此，终不然我怕你不成？（明《封神演义》）

（35）孙儿暗想：既已到此，终不然还自回去，算空跑一趟不成？（清《施公案》）

（36）终不然白瞧你埋没在这里一辈子不成？（民国《清朝秘史》）

此外，表达反诘语气的框式结构还有“终不成……不成”“莫不是……不成”“难道……不成”“莫非……不成”等（李思旭 2017），如：

（37）快起来，快起来，断乎使不得。终不成你替老太太给我赔不是不成？（清《红楼梦》）

（38）看尊公这般人物，怎么从山上下来？莫不是与王寨主同伙不成？（清《续小五义》）

“终不然”的历史来源是什么呢？跟“要不然”“果不然”类似，“终不然”在南宋首次出现已经成词了，即没有短语关系的“终不然”的存在，所以可以排除词汇化产生的可能性。关于“终不然”的历时来源，张振羽（2010）认为是反诘副词“不然”前加表强调的“终”组合而成，“不然”的反诘义是从“不然……，岂（不）……”句式感染而来。但是我们对北京大学 CCL 古代汉语语料库的检索，并没有找到“不然……，岂（不）……”句式的用例。因而“终不然”的来源就不可能是反诘副词“不然”前加表强调的“终”组合而成。

这跟“终不成”的形成明显不同，因为双音节的“不成”可以表示反诘语气，而双音节的“不然”则没有反诘语气的用法。钟兆华（1991）指出，“终不成”大概出现于南宋，它是在“不成”前冠以“终”构成的表示推度反诘副词。徐时仪（1999）也认为，“终不成”不过是“不成”的强调用法。五代、宋、元时往往在疑问副词前加“终”来加强否定，强化反诘的语气。李思旭（2017）指出，大约在北宋“不成”由表示评议的否定副词演变为反诘副词。在反诘副词“不成”前加“终”，从而形成“终不成”来加强否定、强化反诘的语气。由于“终”与“不成”经常连用，最终在后续句句首固化为三音节语气副词“终不成”。

我们认为，“终不然”的产生可能是受在它之前产生的“终不成”的影响，由类推造词而形成的。表反诘语气的副词“终不成”在南宋出现并大量使用，尤其是在《朱子语类》中。

（39）其子来唤所后父为父，终不成又唤所生父为父！（南宋《朱子语类》）

（40）是令人不得私自防遏水流，他终不成自去塞了最利害处！（南宋《朱子语类》）

“终不然”在南宋也已经成词，表示反诘语气，但仅有上文例（25）这一例，也是出自《朱子语类》。我们认为这很有可能是作者在“终不成”的基础上，类推临时造的词。由于是新造的词，所以只使用了一次。在后来的元、明两代才被广泛使用。

（41）你后面日子正长哩，终不然做针线娘了得你下半世？（元《蒋兴哥重会珍珠衫》）

（42）邪不能胜正。那里有个邪术做得甚么乾坤？纵然做得乾坤，终不然就怕他么？（明《三宝太监西洋记》）

综上，“终不然”在南宋出现，是表示反诘的语气副词，在明代发展出揣测语气的用法。“终不然”的产生是受“终不成”的影响，由类推造词而形成的。

四　“X 不然”历时演变中的差异性

（一）固化程度及固化时间的差异

这 6 个“X 不然”中，“要不然、果不然、终不然”已经固化成词。“要不然”是假设连词，“果不然”“终不然”都是语气副词：“果不然”是料定类语气副词，“终不然”是反诘兼揣测类语气副词。“若不然、纵不然”是短语，“再不然”是处于词和短语之间的短语词。

在这 4 个“X 不然”中，“果不然、终不然”语义固化程度较高，词语的意思已经不是字面意思的简单相加。“果不然”跟“果然”表义基本相同，即表示不出所料的肯定义。“终不然”中的“不然”从古至今，都只表示假设义，“终”的作用是加强否定，强化反诘语气的作用。“要不然、再不然、若不然、纵不然”语义凝固程度较低，词语的意思基本上是三个汉字字面意思的简单相加。“若不然、纵不然”是短语，“再不然”是处于词和短语之间的短语词。

因而，从固化程度来说，6 个“X 不然”可形成一个等级序列：果不然、终不然＞要不然＞再不然＞若不然、纵不然。此外，就是不同词语中“不”的作用不同：“果不然”中的否定性成分“不”已经不起任何作用，是羡余成分；而“终不然、要不然、再不然、若不然、纵不然”中的“不”表否定义，对整个词的表义仍起作用。

当然，以上所说的语义固化程度，只是基于某个词的原型语义来说的，因为同一个词不同义项之间也存在着固化程度的差别。比如“要不然”的原型意义是表假设，但还可以表示选择、建议、醒悟等非原型语义。表“醒悟、建议”的“要不然”比表“假设、选择”的“要不然”语义固化程度要高。

从固化时间来看，“终不然、再不然”固化的时间最早，在南宋已经成词；再次是“果不然、要不然”，都在明朝发生固化；最后是“若不然、纵不然”，语义上还没有任何固化，还是短语。按照固化时间从早到晚可以形成另一个等级序列：“终不然、再不然＞果不然、要不然＞若不然、纵不然”。此外，“要不然、果不然、再不然、若不然”现代汉语中仍在使用，而“终不然、纵不然”只在近代汉语中使用，到现代汉语已经基本不用了。

（二）形成机制差异

“要不然”是由“要不”和“不然”概念叠加和构式整合而产生。所谓概念叠加和构式整合，是在两个意义基本相同的概念之间发生的，意义相同的两个概念叠加后，通过删减其中的某些成分（主要是相同成分）的方法，整合为一个新的结构式（江蓝生 2008）。我们认为“要不然”也是由意义相关的两个概念，在概念叠加（“要不”和“不然”都表假设义）以后，通过删减其中的相同成分“不”，最后整合为一个新的三音词“要不然”。也就是说，“要不然”源自“要不”和“不然”的概念叠加和构式整合，如：

要<u>不</u> ＋ <u>不</u>然 → 要<u>不</u>然

叠加　　整合

“终不然”和“果不然”是在原有词语的基础上，通过类推造词而产生。“终不然”是在南宋已经产生的“终不成”基础上产生的。明代产生的“果不然”，是在南宋产生的“终不然”“再不然”的基础上，甚至是在春秋、唐五代出现的“若不然”“纵不然”基础上类推造词产生的。

（三）词类和表义倾向差异

这 6 个“X 不然”的词类并不完全相同，其中“要不然、再不然、若不然、纵不然”是假设连词，“果不然”是语气副词，“终不然”是副连兼类词。这 6 个“X 不然”的语义上也存在差异：“要不然”主要表示假设义，还可以表示“建议、醒悟”等语义，并且双音节的“要不”和“不然”也表示假设义；“果不然”表示不出所料的肯定义；“终不然”表示反诘语气的推测义；“再不然、若不然、纵不然”主要表示假设义。表义的不同导致了共现词语的不同，表假设义的“要不然、再不然”可以跟假设助词“的话”共现，“果不然、终不然”不可以。

（43）虎爷，我跟爸说去，咱们一人娶一个；要不然的话，一人娶俩。（老舍《牛天赐传》）

（44）再不然的话，鼓励报馆老板取消他的专栏，剥夺他的散布毒素的地盘，也可一平我的民愤。（柏扬《浊世人间》）

在近代汉语中，“要不然”还可以跟“如、若”共现，形成“如要不然、若要不然”，如例（45）（46），“再不然、纵不然”则不可以。

（45）如要不然，我叫你死无葬身之地！（清《康熙侠义传》）

（46）前面小辈休要走，留下买路金银，饶你不死，若要不然，定要取你性命。（清《彭公案》）

在近代汉语中，“若不然”可以跟表示假设的“如、倘、设”共现，形成“如若不然、倘若不然、设若不然”等。

（47）如若不然，我也不活着了，我这老命已将你女儿截下了。（清《七侠五义》）

（48）倘若不然，少时大兵到来，将尔等全行诛戮，那时可悔之晚矣。（清《七剑十三侠》）

（49）且姑试之，设若不然，再作计议也可。（清《七剑十三侠》）

说话人在表达自己的认知立场时，建立在主观感受而非客观依据基础上的认识，必然存在确信度（degree of certainty）的差异：有的认识是肯定的、明确的，有的认识是揣测的、模糊的。“果不然”由于表达的是不出所料的肯定义，因而确信度较高，而“终不然”表达的是反诘语气的揣测义，“要不然、再不然、若不然、纵不然”表示将来的假设义，所以确信度相对较低。

（四）历时演变关系

“X不然”中“要不然、再不然、果不然”从近代汉语到现代汉语一直在使用，“终不然、纵不然”只存在于近代汉语中，现代汉语已经消亡，不再使用了。并且“X不然”内部成员之间存在历时演变关系。反诘副词“终不然”的产生跟“终不成”有关，在“终不然”产生之前，“终不成”就已产生，“终不然”是套用“终不成”而形成的。现代汉语“终不然”的消亡跟“终不成”的大量使用有关；现代汉语“纵不然”的消亡可能跟“再不然”的大量使用有关。也就是说，跟词语的兴替有关，后来产生的“终不成、再不然”取代了先前产生的“终不然、纵不然”。而“果不然、再不然”又是套用“终不然”而形成。换句话说，构词图式“X 不然”的内部成员之间存在着承继关系。

第六章 固化三音词的构词图式研究（下）

第一节 递进连词“X说是”的句法语义及词汇化

近年来，汉语学界对“说”“是”构成的双音词“X说”“X是”，进行了较为充分的研究，比如董秀芳（2003），古川裕（1989），张谊生（2003），董秀芳（2004），张和友、邓思颖（2012），等等。对由“说”“是”参与构成的三音词也已有所涉及，比如董秀芳（2004）对现代汉语中双音节连词或副词后加“是”的词汇化进行了探讨：双音节连词与“是”组合的有“虽然是、如果是、只要是”等；双音节副词与“是”组合的有“的确是、甚至是、特别是”等。朴惠京（2011）对词汇形式的“高频双音节能愿动词+说/是”（“可能说、应该说、可以说/可能是、应该是”）的用法做了分析。曹秀玲（2012）分析了“说”“是”与关联词语组合的情况：“说”与关联词语组合的有“虽然说、如果说、所以说”等；“是”与关联词语组合的有“虽然是、如果是、只要是”等。李思旭（2017）对构词图式“X不是”（“别不是、莫不是、该不是、可不是、要不是”以及“敢不是、怕不是、派不是、岂不是”）进行了探讨。但是由“说”“是”同时参与构成的“X说是”目前还未见任何专文研究。

目前学界对“X说是”的性质还没有定论，三音节的“X说是”跟双音节的“X说”是否仅仅只是形式相同？“是”的性质是什么？“X说是”内部成员的词汇化历程有无差别？词汇化的动因与机制又是什么？有鉴于此，本节主要从语义特征、句法语序特征、语义量级、词汇化历程及其形成机制四大方面，对三音节递进连词构词图式“X说是”（“别说是、莫说是、慢说是、甭说是”）内部成员之间的共性与差异展开分析，尝试对以上问题进行认知功能解释。

一 “X说是”的语义特征

《现代汉语词典》（第7版）认为“别说是”是连词，同“别说”：通过降低对某人、某事物的评价，借以突出另外的人或事物。张斌主编的《现代汉语虚词词典》也将“别说是”等同于“别说”，表示递进关系，连接小句，有“不要说”的意思，用以贬低某一事物的重要性，突出另一事物的重要性。我们认为，“别说是”出现在分句中，具有弱化后接成分的作用，其后所接内容是言者主语对听话人所传达的主观弱化义，在整个复句中使句子语义达到递进的效果。如：

（1）人到了这种地步，别说是像只鸟儿似的飞上几百公里，就是像枚火箭射入外层空间我也不感到奇怪。（王朔《痴人》）

（2）一个叫王长顺的老战士说：“咱们一定能冲过潼关。别说是孙传庭的官兵挡在前面，就是有刀山剑林挡在前面，也能够冲得过去。”（姚雪垠《李自成》）

例（1）“别说是”后接“像只鸟儿似的飞上几百公里”，这对于普通人来说是不可思议、难以置信的，但是对于说话人来说却是正常的，因此具有主观弱化事件强度的作用，凸显了递进语义。例（2）中，在当前语境下，老战士作为发话人是在鼓舞士气，希望大家不要气馁，因此主观弱化“孙传庭的官兵挡在前面”这件事带来的影响，凸显了程度上的递进。

张斌主编的《现代汉语虚词词典》还收录了“莫说是、慢说是、甭说是”，认为“莫说是”表示“不用说”，“慢说是”表示“不要说”，“甭说是”表示“姑且不说”。这三个词都表示递进关系，连接小句，用以贬低某一事物的重要性，突出另一事物的重要性。“莫说是”后一分句出现的内容作为对比基项，是不可能发生的。也就是说，说话人主观上将事件等级降级，从自我的角度出发来进行判断。如：

（3）小的儿是铁石心肠，莫说是下跪，你就是拿刀子往下割肉，鲜血淋漓，你也休想能感动她。（林希《“小的儿”》）

（4）莫说是生气，就是哥哥把房盖揭下来，母亲都要为之鼓掌欢庆的。（林希《婢女春红》）

例（3）“下跪”相对于“拿刀子往下割肉”而言等级序列较低，说话人是从自己的角度出发进行判断，表现“下跪”的程度太低，突出即使“割肉”也“休想能感动她”的结果。例（4）“生气”相对于“把房盖揭下来”而言是处在情感等级的低端，突出的是不管哥哥做了什么都不会让母亲生气这一事件。

“慢说是”是一个具有禁止义的递进连词，表示较轻较浅的事都“如此”，较重较深的事“更是如此”。如：

（5）如果他们一上岸，则个个都是武林驰名的高手，慢说是凭自己一人之力，就是再多一些只怕也要弄得灰头土脸。（雪雁《生死剑》）

（6）慢说是明媒正娶，就是咱二狗硬要她作姨太太，你也应当把她双手送过来。（老舍《火葬》）

例（5）中，与后一分句的“再多一些”对比，“凭自己一人之力”的等级序列则相对较低，“慢说是”在句中义为“不要说”，这种词汇本身具有的否定义起到了降低后接内容的重要性，突出另一分句的重要性的作用。例（6）“明媒正娶”相对于后一分句的“姨太太”而言本身是等级序列更高的，但“慢说是”的出现，使得句子焦点处于“姨太太”，“明媒正娶”则成为次要信息，也可以说是被否定的内容。

“甭说是”表示“在人的意料之中发生的事件”，体现出“理所当然”的意味，在此处具有让步义，有“姑且不说”的意思。如：

（7）甭说是吵嘴打架，就是两三人高声说话，也就有人拢了来要瞧个稀奇。（贾平凹《秦腔》）

（8）待日落，甭说是戏台下，就是整个镇子也乌黑一片了。（1996年《人民日报》）

例（7）“吵嘴打架”相对于“高声说话”而言在等级序列内位置更高，“甭说是”的出现也是贬低了其严重性，表达的是“吵嘴打架会引起人拢了来瞧个稀奇”是理所当然的事件。例（8）“戏台下”相对于“整个镇子”而言范围更小，“戏台下乌黑一片”是预料之中的。

“X说是”位于后续句句首，由于它本身语义具有“贬低某一事物的重要性，突出另一事物的重要性”，因此整个句子的焦点信息已在前一分句表达出来了。根据语言的经济性原则，后续句的内容即使省略也不会影响听话人的理解，因此“X 说是”位于后续句引导分句时，具有补充说明的作用，带有“毋庸置疑”的意味。

（9）所以城里日日夜夜都要死去大批大批的人，那情景听着都叫人目瞪口呆，别说是当场看到了。（乔万尼·薄伽丘《十日谈》）

（10）一半以上如今连简谱都不认得，还莫说是认得那些钟磬古乐器。（何立伟《闻乐而知味》）

（11）脑袋都挂在腰里了，慢说是饥饿！（梁斌《红旗谱》）

（12）连让他们靠近她都不肯，更甭说是听他们的劝了。（左晴雯《流氓保镖》）

由于“X 说是”具有递进义，不管其后内容在客观情况下是等级序列高还是低，在这四个词后的内容都被主观降低了重要性，用来突出另一分句内容的重要性。贬低重要性的“X 说是”语义虚化，是一种主观性表达，作为递进连词连接两个分句，四个“X 说是”可以互相替换，不影响句子的基本语义，在句中都表递进的逻辑关系。如：

（13）王秃子别说是丢了大东庄，就是丢了县城，也掉不了脑瓜。（李晓明《平原枪声》）

（14）我母亲莫说是要站到院里去迎他，就是他有时想在我母亲面前讨好，我母亲都不理他。（林希《善人坊》）

（15）慢说是亲戚，就是几个八路军我也敢送出他们去。（李英儒《野火春风斗古城》）

（16）夏天智说："甭说是溃疡，就是胃癌我也不去省城!"（贾平凹《秦腔》）

二　"X说是"的句法、语序特征

（一）句法位置分布

"X说是"作为递进连词，连接两个小句，既可以处在前一分句，也可以处在后一分句；在分句中的位置主要是句首，也可以是句中。当"X说是"位于始发句时，位置分布较自由，不仅可以在句首，还可以位于句中，并且后续句经常有"就是/即使……也/都……""连……都/也……"等与之搭配。当其后接体词性成分时，省略或隐含的动词或谓语会在后文出现。

（17）别说是受贿，就是吃人家的饭，也有违纪的嫌疑。（1994年《人民日报》）

（18）有这么好的队员，外国莫说是给高薪，就是给金山也吸引不了我。（1994年《人民日报》）

（19）慢说是被我误杀，即使要他们为我而死，他们也绝不会皱一下眉头。（李凉《江湖一担皮》）

（20）莫道情之于他们仍是一团谜，甭说是他的身份，就连他长得什么模样，他们都无从知晓。（沈苇《傲剑道情》）

以上前三例中，"别说是，莫说是、慢说是"都是位于始发句，分别后接动词、动宾短语、小句，并与"就是……，也……""即使……，也……"搭配共现。例（20）"甭说是"位于始发句句首，后接定中短语"他的身份"，与"就连……都……"所引导的分句搭配使用，两个分句共同的谓语中心是"他们无从知晓"。

当"X说是"位于后续句时，其句法位置单一，只能位于句首，其前可出现"更"，且句末经常出现"了"，前一小句常用"连……也/都"等与之搭配。当其后接体词性成分时，省略或隐含的动词或谓语会在前文出现。

（21）但皇帝现在身边却一点桃色传闻都没有，更别说是结婚了。（田中芳树《银河英雄传说》）

（22）偏这王八蛋经过小巷，是连瞧我一眼都不瞧，更莫说是帮我打退

那个姓李的！（于晴《阿宝公主》）

（23）脑袋都挂在腰里了，慢说是饥饿！没饭吃跟我张飞说！（梁斌《红旗谱》）

（24）宋国派来的刺客连接近公主一行人下榻的客栈都有困难，更甭说是行刺了。（左晴雯《郡主和亲外一章》）

当然，“X说是”的优选位置分布是始发句，四个词位于始发句所占总语料的百分比分别为：“别说是”77%，“莫说是”92%，“慢说是”92%，“甭说是”73%。由此可见，“X说是”作为递进连词，出现在始发句是占绝对优势的。至于其中的原因，我们认为是由于语用因素造成的。由于“X说是”语义的特殊性，其后接内容在其所处的篇章中是有迹可循的，皆为说话人想要否定、贬低的内容，与其共现的另一分句才是说话人想要突出的重点。因此“X说是”多出现在始发句句首，首先对上文的观点进行主观判断，然后其递进语义使整个复句处在带有主观性“先抑后扬”的环境中，形成等级对比。

（二）语序动因

根据Dik的“联系项原则”，联系项的优先位置应在“两个被联系成分之间”；如果联系项位于某个被联系成分上，那么它会在“被联系成分的边缘位置”。也就是说，联系项应位于始发句句尾或者后续句句首（李思旭2020）。通过上文的分析可见，“X说是”作为前置三音节连词，可以位于始发句句首、句中，以及后续句句首，起到连接作用。除了位于后续句句首这一情况，剩下的两种位置分布似乎是不符合“联系项居中原则”的。

“X说是”所引导的分句后面，一般都有另一分句与其共同表达句子的逻辑语义，在句中多与其他关联词语搭配，主要包括连词“就是、即使、就算”等，副词“也、都”等。如：

（25）夜深了，别说是大王派的人，就是大王亲自来，也不能开。（《中华上下五千年》）

（26）莫说是无心争胜，即使勃然大怒，有意出手，也是力不从心。（司马翎《仙剑佛刀》）

（27）慢说是被我误杀，即使要他们为我而死，他们也绝不会皱一下眉头。（李凉《江湖一担皮》）

（28）四人霎时吓得屁滚尿流，甭说是回答问题了，就算是他们做牛做马，他们都会在所不辞。（袁圆《琉璃情事》）

“X说是”在复句中常与其他关联项搭配使用，构成“X说是……，就连/就是……”的典型格式。但递进连词“X说是”是前置连词，这一语序位置决定了它们不能很好地起到“联系项”的作用，而后续句中出现的连词和副词正好居于“中介”位置，前后构成关联格式连接分句。因此，我们认为递进连词“X 说是”与关联词的搭配使用是受“联系项居中原则”的影响。

虽然“X 说是”主要位于始发句中，但在某些情况下也可以后移至后续句句首，此时的“X 说是”便符合了“联系项居中原则”，主要起到追加补充的语用效果。如：

（29）别说是看病，他们连住旅馆的钱也掏不起。（2001 年《新闻报道》）

→他们连住旅馆的钱也掏不起，别说是看病。

（30）莫说是一碗饵块，老子要你的人也中。（宗璞《东藏记》）

→老子要你的人也中，莫说是一碗饵块。

“别说是”作为递进连词，它更倾向于以配对的形式出现，无论是在始发句，还是处在后续句，其后或其前分句内都更倾向于存在一个关联词与其构成关联格式，共同表达句子的逻辑语义关系。因此，“别说是”位于始发句的情况也并未违背“联系项居中原则”。

此外，信息结构理论认为信息焦点会影响语言单位的排列顺序。在汉语中，旧信息往往在前作为语义背景，新信息在后作为信息焦点。“X 说是”引导的分句在前，后续句才是说话人想要表达的主要信息。但“X 说是”的后置形式是将从句后移，这是一种超常语序，是基于说话人的主观态度而产生的一种语序，焦点信息依然在主句，只是将它位置前移，目的是从说话人的主观视角出发，强化主句信息。如：

（31）别说是冻一天，死一回也值呀！（2000 年《人民日报》）

（32）那年代的国人，对与“外”字号打交道还心有余悸，更别说是为外国人工作了。（1994 年《报刊精选》）

例（31）中，“别说是”所引导的分句对于说话人来说只是预设一个背景，后一分句才是说话人想要表达的重点。相反，例（32）中，“别说是”位于后续句句首引导从句，前置的主句才是信息焦点。

三　“X 说是”的语义量级

“X 说是”连接分句表示递进关系，其句法位置灵活，既可以位于前一分句，也可以位于后一分句，且其前后衔接内容属于同一语义场。因此，下文将以“X 说是”的句法位置为出发点，分析其所引导分句的语义量级表现。

当递进连词“X 说是”位于前一分句时，引导的复句结构为“X 说是 p，就是 q……”，p 项与 q 项同属于一个语义场，且处于语义量级序列中的不同层级上。如：

（33）那时候，哼，别说是山沟里的穷秀才，就是举人、进士，在明朝做官为宦的，也会把头削得尖尖地来到咱闯王面前，求他重用。（姚雪垠《李自成》）

（34）可是我们有些同志，莫说是吃一堑，就是吃几堑也还不能真正吸取教训。（1980年《人民日报》）

（35）慢说是吃着我的，喝着我的，就是过路之人，也不会观望呀！（郝艳霞《三请薛仁贵》）

（36）要不是我参加革命，也甭说是写稿、写信，连自己的名字恐怕都写不了。（1949年《人民日报》）

以上前两例，“X说是”引导的递进复句中，前项p程度较浅，后项q程度较深，属于正向顺递，具体表现为“由浅及深”。例（33）中，“秀才、举人、进士”同属于“古代学历等级”这一语义场，“穷秀才求闯王”的可能性比“举人、进士求闯王”的可能性大。例（34）中，“吃一堑”和“吃几堑”同属于“吃亏”这一语义量级序列，根据人们的生活经验，其中p项“吃一堑”就吸取教训的可能性大于“吃几堑”才吸取教训的可能性。

以上后两例，“X说是”引导的递进复句中，前项p程度较深，后项q程度较浅，属于反向顺递，具体表现为“由深到浅”。例（35）中，“吃着我的，喝着我的”和“过路之人”同属于“关系亲疏”这一语义量级序列，一般情况下，p项“吃着我的，喝着我的”会帮我的可能性是大于“过路之人”的。例（36）中，“写稿、写信”和“写自己的名字”是围绕着“学习写字”这一事件的两种行为，在未学习的状态下，不能“写稿、写信”的可能性是比不会“写名字”的可能性大的。

由此可见，“X说是”连接分句内容的语义量级也是围绕着“可能性”展开的，p项的可能性大对应的是说话人主观降低的程度，q项的可能性小对应的是说话人想要突出强调的重点，因此体现出“由浅及深”的程度递进。此外，需要注意的是，句子中所陈述事件的可能性可以是客观的事实，也可以是说话人主观的认识，其大小的判断不仅需要根据语境义，还需要听话人和说话人具有相同的认知背景。如：

（37）别说是100万，就是只出几万元，都会有“勇夫”愿意为你去要任何人的命。（冷夏《澳门首富何鸿燊》）

（38）倘这执法者是执法部门的工作人员，别说是受贿，就是吃人家的饭，也有违纪的嫌疑。（1994年《人民日报》）

例（37）中，在客观情况下，“100万”是比“几万元”收买“勇夫”的可能性更大，但是通过上文语境，可知“几万元”也一样可以达到目的。例（38）中，在客观情况下，“受贿”比“吃人家的饭”更具有“违纪的嫌疑”，但通过上文语境，我们可得知说话人想要强调的是“即使吃人家的饭也会被视为违纪”。也就是说，虽然在客观情况下 q 的程度比 p 浅，但是受主观性的影响，q 的语义量级反而比 p 更深。

当“X 说是”位于后一分句句首时，构成复句结构“……p，X 说是 q”。此时“X 说是”所引导的递进复句在语义量级上具有特殊的表现，即前项 p 程度较深，后项 q 程度较浅。也就是吕叔湘（1982）所说的“逼进句”，用深的推出浅的。这里的“深浅”可能是客观事实的投射，也可能是说话人主观上想要凸显的结果。如：

（39）其实这才十二点呢，下一点的事情人们就都不知道了，更别说是下半夜两三点钟。（王安忆《长恨歌》）

（40）脑袋都挂在腰里了，慢说是饥饿！（梁斌《红旗谱》）

（41）跟锦囊有关的一丁点儿风吹草动，蛛丝马迹，她绝对是过耳过目不忘，更甭说是这件事实在太离奇、太邪门、太不好玩了。（剪依依《冰秋美人》）

例（39）中，以“十二点”作为言语背景，“下一点”的事情不知道的可能性比“下半夜两三点钟”的可能性要小，即“下一点”本应该比“下半夜两三点钟”要更清楚发生了什么，但如果“下一点”的事情都不知道，“半夜两三点”就更不知道了，进一步强调了“半夜两三点”无法知道发生了什么的事实。例（40）中，p 项“脑袋挂在腰里”和“饥饿”是属于“事态严重程度”这一语义场的不同层级，“脑袋挂在腰里”的可能性是大于“饥饿”的可能性。例（41）中，p 项“跟锦囊有关的一丁点儿风吹草动，蛛丝马迹”和 q 项“这件事实在太离奇、太邪门、太不好玩”属于描述事件性质的语义场的不同层级，q 项过耳过目不忘的可能性是大于 p 项的。

综上所述，“X 说是”所处复句的前后项构成了一个关于“可能性”的语义量级。当递进连词“X 说是”位于前一分句时，p 比 q 更有可能发生或更具有复句中所描述的动作行为或者事物属性。当递进连词“X 说是”位于后一分句时，q 比 p 更有可能发生或更具有复句中所描述的动作行为或者事物属性。但是，不管是在前一分句，还是后一分句中，递进连词“X 说是”所处的分句一定是可能性更大的情况。

四　“X 说是”的词汇化及形成机制

（一）“X 说是”的词汇化

短语用法的“别说是”是双音节连词“别说”+“是”构成的一个三音节形式，表达“不要说是”的意义；“是”与其后的成分关系更为紧密，与“别说”之间可以有语音停顿，具有强调或者判断的作用，如：

（42）前边若堵塞严严的，后头再追逼的紧，别说是人，就是狗也生出极法来了。（明《醒世姻缘传》）

（43）说是跟了个卖葛布的蛮子去了，别说是一个蛮子，就是十个蛮子到的我那里！（明《醒世姻缘传》）

以上两例都是“别说”与后一分句“就是”构成关联格式。例（42）“别说是”中的“是”可以看作判断动词，其前省略主语“他”，后接名词“人”，说话人表达的是主观上认为即使是狗都能生出极法，是人的话就更可以了。例（43）“别说是”的“是”可以看作焦点标记，强调数量“一个”，与后一分句“十个”形成对比，表现说话人对“蛮子”的轻视态度。

当“别说是”作为一个整体出现在句子中时，其中“是”既不是判断词，也没有焦点标记的作用，而是词内成分，它与“别说”联合紧密，词汇意义和语法意义都由“别说”来承担，已经是三音节连词。比如下例中的“是”没有任何实际意义，存在与否都不会影响句意的传达（可以表述为“别说争锋相嚷”）。

（44）制伏的这两个泼货，在京里那些生性，不知收在那里去了。别说是争锋相嚷，连屁也不敢轻放一个。（明《醒世姻缘传》）

清朝时期，“别说是”的连词用法得到巩固，“是”逐渐成为连词“别说是”的一个构词语素，其句法位置与连词“别说”一致。下面例句中“别说是”都是作为一个整体出现在句中，“是”与“别说”联合紧密，中间无法插入其他成分，且“别说是”后接成分不再是体词性成分，而是谓词性结构或小句。

（45）别说是由双手带底下钻过，就这么一看，简直可以把人吓掉胆魂。（清《三侠剑》）

（46）按说侠客的身份，别说是被获遭擒，连败仗都不能打。（清《三侠剑》）

“莫说是”作为相邻的线性结构，最早出现在元代，且仅有1条语料。此时的“莫说是”后接体词性成分，内部韵律应划分为“莫说+是”。下例中“是”作为判断词与“的”字短语“假的”连接更加紧密，主语承前省略“公子”，补全句子即为“公子是假的”，“莫说”作为连词与“就是……，也……”构成关联复句。

（47）莫说是假的，就是真的，也使不得。（元《元代话本选集》）

明代，“莫说是”共有39条用例，其中有23条出现在罗懋登的小说《三宝太监西洋记》中。此时的“莫说是”中间不能插入其他成分，后接成分更加丰富，不仅可以是体词性成分，也可以是谓词性成分或小句，“是”跟“莫说”黏合得更加紧密，不在句中担任句法功能，后附在“莫说”后，成为一个词内成分。下例中“莫说是”后接动词或小句，“是”不作判断词也不作焦点标记，而是与“莫说”融为一体成为一个三音节递进连词，与“就是/连……也……”构成关联复句。

（48）大小宝船尽皆颠危之甚，莫说是行，就是站也站不住哩！（明《三宝太监西洋记》）

（49）莫说是火焰早已消灭了，莫说是火蛇早已不见了，连火母也淋得没处安身。（明《三宝太监西洋记》）

清代，“莫说是”进一步发展，其递进连词的身份更加稳固。如：

（50）莫说是打劫，便是冒取银子的也不少呢。（清《二十年目睹之怪现状》）

（51）莫说是饮酒赋诗，只怕连屁他也不许你放一个呢！（清《二十年目睹之怪现状》）

“慢说是”作为相邻的线性结构，最早出现在清代石玉昆的小说《七侠五义》中。不仅可以接体词性成分，还可以接小句，例句分别如：

（52）慢说是秀才，就是举人、进士，也是绰绰有余的了。（清《七侠五义》）

（53）慢说是沙员外自以为得意，连孟杰、焦赤俱是望之垂涎，真是“君子可欺以其方”。（清《七侠五义》）

清代“慢说是”中的“是”既可以是焦点标记或者判断动词，也可以是难以分析的词内成分，“是”没有体现出由判断动词向词内成分的语法化过程。也就是说，“慢说是”的连词用法与“慢说（连词）+是（判断词/焦点标记）”之间没有明显的先后演化关系，这就体现出了它的“突变性”。因此三音节连词“慢说是”是“类比语法化”的结果。

“甭说是”出现相对较晚，最早用例出现在现代汉语中，且没有历时演变过程，因此“是”的类推依附的可能性较大。“甭说是”的连词用法与“甭说（连词）+是（判断词/焦点标记）”也几乎是同时期产生的，都出现在现代汉语。如：

（54）为了捍卫毛主席的革命路线，甭说是“推荐”上大学，就是硬撵也撵不走了！（1974年《人民日报》）

（55）甭说是只靛颏，就是一条牛，糟踏了也就是糟踏了。（梁斌《红旗谱》）

“甭说是”位于句首时，与双音节连词“甭说”无论是意义还是具体用法方面，都存在很大的共性，且连词用法的“甭说是”与“甭说（连词）+是（判断词/焦点标记）”之间并未体现先后演化渐变的特征，用频也相对要低，这就符合了类推依附的标准，因此三音节连词“甭说是”也是“类比语法化”的结果。

（二）“X 说是”词汇化的动因与机制

句法环境的改变是“X 说是”发生词汇化的动因之一。随着双音节连词“X 说”与“是”高频率紧邻共现，它们后接成分也开始发生变化。从连接体词性成分到后接谓词性成分或小句，“X 说是”的辖域逐渐扩大，后接成分已经是一个可以独立分析的命题，“是”与其后关联成分的紧密程度逐渐降低，促使了“X 说是”的词汇化。

引导次要分句是促使“X 说是”词汇化的另一个动因。董秀芳（2003）指出，“在复句的范围之内，次要分句是主要分句的背景，它的一些成分就很自然地被置于关注的焦点之外，因而黏合就有可能发生在这种环境里。”“X 说是”所引导的是复句中的次要分句，并不是语义表达的重点，整个复句的信息焦点在主句。因此“X 说是”并不是人们关注的焦点，其内部成分容易变得模糊，很容易发生词汇化。处在分句句首的“X 说是”作为分句之间的逻辑关系的承担者，表示递进，它们所引导的分句都不是说话人想要表达的信息焦点，其后所连接的主句才是语义的重心。长此以往，“X 说是”在演变过程中容易被忽略，其内部边界模糊，凝固为三音节连词。

“别说是”“莫说是”是经过了一般词汇化的演变过程而成词的。“别说是”最早出现在明朝，“莫说是”最早出现在元代，二者此时都还不是连词，由于“是”的特殊性，它们的韵律结构应划分为“别说/莫说+是”。“别说是”“莫说是”分别在清朝、明朝时期作为连词开始大量使用。在词汇化的过程中，“是”与“X 说”的黏合越来越紧密，中间不可插入任何其他成分，伴随着“是”的虚化，其读音也跟着减弱，由“重音+重音”的搭配变为了“重音+轻音”。

“慢说是”“甭说是”是通过类推机制产生的。董秀芳（2004）认为，当大量的“X 是”通过独立的但又类似的过程成为词之后，“是”有可能被语言使用者离析为一个连词或副词的构词标记，从而类推出结构相同的词。也就是说，由于类推的作用，“是”具有直接贴附到一些连词后面而构成“X 是”的可能。吕佩（2019）认为某个词只有满足“突变性、低频率、可类比”时，才可以说是经过类推机制而形成的。我们认为，“慢说是”“甭说是”就符合这三个条件，是经过类推机制成词的，具体原因有：1）“慢说是、甭说是”的连词用法与“慢说/甭说（连词）+是（判断词/焦点标记）”并未体现先后演化关系，即不存在“渐变性”的演化环境，因而其产生具有“突变性”。2）“慢说是”“甭说是”成词后的使用频率很低，且多在方言区使用，因而是“低频率”。3）在“慢说是”“甭说是”成词之前，已有成熟的三音节连词“别说是”作为递进连词在使用，因而具有“可类比”性。

本节讨论的四个“X 说是”词语，《现代汉语词典》（第 7 版）只收录了“别说是”，张斌主编的《现代汉语虚词词典》则将“别说是、莫说是、慢说是、甭说是”四个词全部收录。语义上，这四个词都属于递进连词，主要表示“通过降低对某人、某事物的评价而突出另一项”。语序特征上，连词“X 说是”都属于前置连词，与相关的关联词搭配使用，构成关联格式，“联系项居中原则”和信息结构理论是影响“X 说是”语序特征的主要因素。语义量级上，递进连词“X 说是”所处复句前后项构成了关于“可能性”的语义量级，且递进连词“X 说是”所处分句一定是可能性更大的情况。

“X 说是”内部成员的词汇化时间存在着差别。“别说是”在明代首次出现连词用法，清代走向成熟。“莫说是”最早出现在元代，明代词汇化为递进连词。“慢说是”在清代发生词汇化，“甭说是”直到现代汉语中才出现。按照词汇化时间的早晚，这四个“X 说是”可排序为：别说是、莫说是＞慢说是＞甭说是。在形成机制上，“别说是、莫说是”是在双音节词“别说、莫说”的基础上经过一般词汇化过程而成词，主要受到句法位置、语义虚化以及组块的心理过程的影响。“慢说是、甭说是” 的连词用法与“慢说/甭说（连词）+是（判断词/焦点标记）”之间没有明显的先后演化渐变特征，它们主要是在类比“别说是”的基础上形成的。

“别说是、莫说是、甭说是”构词中分别有否定语素“别、莫、甭”，“慢说是”中没有否定语素。学界一般认为“别”是“不要”的合音，“别说是”与“不要说是”可以互换，如例（56）；“甭”是“不用”的合音，“甭说是”与“不用说是”可以互换，如例（57）。在北京大学 CCL 古代汉语语料库中，没有检索到“甭说是”的用例，但是检索到“不用说是”的例句，其中清朝 13 例、民国 2 例。这说明“甭说是”很有可能是在现代汉语中，由于“不用说是”中的“不用”合音为“甭”之后而产生的。

（56）我远远的跟着矮人的大队，<u>不要说是</u>（别说是）向他们乞求点吃食，就是连挨近他们也不敢。（老舍《猫城记》）

（57）她说她从小就喜欢养狗，根本不忍心看着一条狗被杀，<u>不用说是</u>（甭说是）这么残忍地被杀。（《读者》）

虽然“慢说是”中没有否定语素，但是也可以表达否定义。根据我们搜集到的语料，“慢说”主要在小说、评书中使用，作者大多是河北、天津一带的评话家，对于口语化的文字记载，很容易形成一形多词或一词多形的现象。因此我们猜测“慢”的否定义是古文记载导致的通假现象，即“慢”

通“漫”。那么“漫”又如何产生的禁止义呢？“漫”本义为“水盛大无际”，水多则满，因此又具有“水多”的意思，继而引申出形容词“多”义，由于人的认知心理逐渐又产生了“不受约束”的意思，继而虚化为一个副词表“徒然”义，其暗含着贬义的情感倾向。长此以往，由内心的不满便逐渐发展出否定禁止义。在清代，“漫说”已具有和“慢说”相同的语义特征，比如以下两例中的“漫说”也是作为递进连词，在句中具有“否定当前项，突出强调另一项”的语义特征。

（58）你我弟兄身上又没带着金银财宝，又有全身的艺业，漫说没有贼，即便有贼，又怕他何妨？（清《康熙侠义传》）

（59）漫说客人只饮茶一次，就千次万次，是不敢受你钱的。（清《木兰奇女传》）

第二节 语气副词“XX乎”的句法语义及词汇化

《现代汉语词典》（第 7 版）收录了“无怪乎、无须乎、几几乎、庶几乎、于是乎、不外乎”6 个“XX 乎”式“乎”尾三音词，其中“无怪乎、无须乎、几几乎、庶几乎”4 个标注为副词，“于是乎”标注为连词，“不外乎”标注为动词。这 4 个三音节语气副词“XX 乎”中，“无须乎、几几乎、庶几乎”还未见专文研究，“无怪乎”已有两篇文献。巴丹（2019）认为“无怪乎”先从跨层短语结构（“无怪”+介词“乎”）词汇化为评注性副词，再从评注性副词语法化为关联副词。我们认为“无怪乎”是通过类推造词产生的，并没有经历词汇化和语法化的演变。巴丹（2019）对共时层面“无怪乎”的篇章衔接功能作了详细分析，但是在句法语义上没怎么展开。

此外，刘红妮（2019）在讨论“双音副词＋句中语气词”进一步词汇化时，认为这 4 个词都是从双音副词跟句中语气词“乎”再演变而来的，即副词“无怪/无须/几几/庶几”+句中语气词“乎”→副词“无怪乎、无须乎、几几乎、庶几乎”。对此观点我们并不赞同，下文将证明“无怪乎、无须乎”是在双音节构词图式“X 乎”的类推作用下形成的，“几几乎”是由“几”加“几乎”同义叠加形成的，“庶几乎”是由“庶几”跟“庶乎”糅合而形成的。

本节主要讨论“无怪乎、无须乎、几几乎、庶几乎”4 个副词“XX 乎”在句法语义特征及其词汇化动因与机制上的差异。具而言之，属于同一构词图式构式“XX 乎”的 4 个成员，语义上有哪些共性与差异？这 4 个副词在跟语气成分（语气词、语气副词）共现上有什么倾向性规律，规律背后的制约因素又是什么？这 4 个语气副词词汇化过程和形成机制又是怎样的？

一　语气副词“无怪乎”

（一）句法语义特征

《现代汉语词典》（第7版）认为副词“无怪乎”等于“无怪”，即：“副词，表示明白了原因，对下文所说的情况就不觉得奇怪。也说无怪乎。”《汉语大词典》对“无怪乎”的解释是“对某种现象不感到奇怪”。结合词典释义及相关的语料分析，我们认为副词“无怪乎”的语义可解释为：明白了之前所不知晓的原因或情况，对所产生或导致的现象有所领悟。

“无怪乎”表示明白了原因，对某种情况不觉得奇怪，是个醒悟类语气副词。

（1）她的样子多美呀！无怪乎这个小伙子要为她失魂落魄呢！（高尔斯华绥《出租》）

（2）她永远是个按照“老师的意志”行事的学生，无怪乎叶切文给她的评语是“天资异常聪明，品行无比端庄，待人热情诚恳”。（李静《当代世界文学名著鉴赏词典》）

以上两例“无怪乎”都表达了说话人了解了背景或原因后，对某一现象的出现或事件的发生不再觉得奇怪，具有明显的醒悟义。例（1）中，知道了女子长相很美，从而醒悟到为何小伙子失魂落魄。例（2）中，了解了她是个什么样的学生后，再看叶切文给她的评语就不觉得奇怪了。

语气词是表达句子语气的虚词，常用在句尾或句中停顿处表示种种语气，现代汉语中常见的语气词有“了、的、啊、呢、嘛、罢了、而已”等。语气副词“无怪乎”可以与“了、的、呢、吧、哩”等语气词共现。如：

（3）无怪乎他给自己闹个武陆庄主的别号了。（1994年《报刊精选》）

（4）无怪乎那优胜劣败的哲学是千对万对的。（萧红《马伯乐》）

（5）至于说站在问题的哪一面，则全都一样，无怪乎他要感到这真是个费钱的玩艺儿呢。（柯南道尔《福尔摩斯探案集》）

现代汉语中的语气副词，按照语气类型的不同，大致可分为“或然、必然、断定、指明、证实、意愿、指令、感叹、疑问、特点、关系”11个小类（史金生2003）。通过对北京大学CCL现代汉语语料库369条“无怪乎”有效语料进行分析，我们发现其中有66条语料是跟语气副词共现的。具体来说，“无怪乎”可以跟断定类、特点类、或然类、必然类、意愿类、关系类六类语气副词共现。如：

（6）他的轮廓实在很英俊，的确够得上美男子之誉，无怪乎他年轻时会有那么多的风流韵事。（古龙《圆月弯刀》）

（7）斯时，斯景，他居然能叹出气来，无怪乎连得谢小玉也吓了一大跳。（古龙《圆月弯刀》）

（8）无怪乎作者希望评论者要成为作者的“知音”，至少能理解作家创作的甘苦。（《读书》）

（二）词汇化及形成机制

最早在宋代，就出现了“无怪乎”，此时的“无怪乎”已经是副词，修饰后面的谓词性成分作状语，表示“明白了原因，对所产生或导致的现象有了领悟，不再觉得奇怪”，具有表醒悟的语义特征。元代也出现了一例“无怪乎”连用的语料。

（9）王观国《学林新编》云：“唐三百年，皆铸开元通宝，无怪乎此钱之多。”（宋《能改斋漫录》）

（10）官员则有卖盐食钱、縻费钱，胥吏则有发遣交纳常例钱，公私龃龉，无怪乎不可行也。（元《宋史》）

宋元时期，“无怪乎”的使用频率很低，且北京大学CCL语料库中各只有一个用例。例（9）中，“无怪乎”出现在谓词性成分之前，这样的句法位置是副词经常出现的位置，且例（9）可以翻译为：“在唐朝近三百年的历史中，都只生产开元通宝这种货币，怪不得这种货币数量如此之多。”可见“无怪乎”最早出现时就已经成词。巴丹（2019）认为例（10）“无怪乎”中的“乎”来源于介词，但如果句中的“乎”为介词，“无怪”就是动词，“无怪”作动词时，其语义为“不要责怪”，这样整个句子的句义都不通顺。以上两例中的“无怪乎”都可以用“无怪”进行替换，替换后语义也没有发生改变。因此，我们推论“无怪乎”是由副词“无怪”+词缀“乎”构成的，其词义主要由“无怪”来承担，“乎”作为词缀没有什么实在的意义，只起到舒缓语气的作用。

古代汉语的“乎”主要有介词、语气词和词尾三种用法，其中词尾“乎”来源于语气词“乎”，现代汉语“乎”主要用作词缀。“X乎”词汇化和语法化的过程，就是“乎”分别由介词、语气词语法化为词缀的过程（叶双2014）。通过上面的例句可知，“乎”在宋代作为一个词缀的用法就已经出现，这也间接证明了我们的推论是具有合理性的。

明清时期，“无怪乎”的用例开始增多。以下两例中“无怪乎”都表示“明白了原因，对下文所说的现象或结果不感到奇怪”之义，其词汇义和“无怪”相同，都可以用“无怪”进行替换而句义不变。可见，“无怪乎”的词义主要由“无怪”来承担，“乎”的作用作为词缀依附于“无怪”之后，无实义。

（11）暗室无灯，有眼皆同瞽目，无怪乎觅途不得。（明《闲情偶寄》）

（12）单太爷道："你出门两个月，刚刚回来，也不曾出过大门，无怪乎你不晓得。等我来告诉你。"（清《官场现形记》）

总之，"无怪乎"的用例最早出现在宋代，在明清时期开始增多，"乎"作为一个词缀的用法在"无怪乎"成词之前就已经出现，并且副词"无怪"词汇化的过程和"无怪乎"大致同步，所以三音节副词"无怪乎"应该是在双音节副词"无怪"和词缀"乎"的基础上形成的。在"无怪乎"出现之前，双音词"X乎"的发展已经相当成熟，在双音词"X乎"的类推作用下，三音节"XX乎"成词也就不足为奇了。

二　语气副词"无须乎"

（一）句法语义特征

《现代汉语词典》（第7版）认为副词"无须乎"等同于"无须"，即：副词，表示不用、不必。《现代汉语八百词》在对"无须"释义时提到了"无须乎"，认为"无须"是个副词，表示不必、用不着。"无须"也常常说成"无须乎"。结合词典释义及相关语料，表"不必、用不着"义的"无须乎"的语义特征可分析如下。

"无须乎"可以表示说话人主观上对某一件事情的确信，因而具有确信义。例（13）中，徐悲鸿主观上认为他用来题画的诗都是杜甫的名篇，大家都知道，所以不用再标明诗的作者。例（14）中，作者认为跟语言相比，音乐和图画可以通过各自的媒介即音符和颜色直接作用于人的感官，发挥审美作用，所以不用进行翻译也无法翻译。

（13）他作画之后，即用杜诗原文题画，大约偶然忘记标出杜甫的名字，也可能他认为这是人们习闻常见的名篇，无须乎再标明作者．（《读书》）

（14）对于异国的鉴赏者，音符和颜色都无须乎翻译也无从翻译，而语言却必须翻译也是能够翻译的。（《读书》）

在一定的语境下，"无须乎"还可以表示建议义。例（15）中，包善卿认为应该先请教山木看看他的态度，如果他主张和平，就不用带便衣队带家伙，话语中带有对方文玉的建议之义。例（16）中，作者指出写文章是为了寻求真理，所以不必与古人观点争论不休，这句话也表示对读者的建议之情。

（15）包善卿也挂了气，可是还不象方文玉那么浮躁。"不过总是先问问山木好，他要用武力解决呢，咱们便问心无愧。做主张和平呢，咱们便无须乎先表示强硬。"（老舍《且说屋里》）

（16）这两篇文字，算是一种破坏，目的在使我自己的思想独立，所以

文中多偏激之论，我们重在寻求真理，无须乎同已死的古人争闹不休。（李宗吾《厚黑学》）

在现代汉语中，可以跟语气副词“无须乎”共现的语气词有“的、了、吗、呀”。其中，语气词“了”和“无须乎”共现的频率最高，这是因为所有语气词中“了”用于句尾的使用频率最高。

（17）大家在一块儿玩玩花草，也就无须乎分什么中国人与日本人了！（老舍《四世同堂》）

（18）看到那些信，我就觉得这些人还如此恋恋于生，实在是无须乎在生活上开这种大玩笑的。（沈从文《采蕨小说集》）

（19）但是他转念一想，这件事，难道无须乎和桂英商量一下子吗？（张恨水《欢喜冤家》）

在 79 条有效语料中，有 14 条语料是“无须乎”跟断定类、或然类、关系类、证实类、必然类五类语气副词共现的。如：

（20）夜黑天里，没人看见他；他本来无须乎立刻这样办；可是他等不得。（老舍《骆驼祥子》）

（21）假若家中没有老的和小的，她自然无须乎过节，而活着仿佛也就没有任何意义了。（老舍《四世同堂》）

（22）我本无须乎要他来，但他真的不来却又更令我伤心，更证实他以前的轻薄。（丁玲《莎菲女士的日记》）

（二）词汇化及形成机制

“无须乎”最早出现在清朝，以下两例中“无须乎”作谓语后接名词性成分，此时的“无须乎”应该是个动词。刘红妮（2019）认为“无须乎”是由副词“无须”和句中语气词“乎”直接结合而成的，而由下例可知，“无须乎”在近代汉语中有作动词的用法，所以我们认为其观点是有问题的。

（23）自来镶埽之法，堤前必先筑土坝数十丈，然后用埽镶，设砖坝则无须乎埽。（清《清史稿 · 列传》）

（24）光绪丁酉以后，帝年已长，择句无须乎人。（清《异辞录》）

面对以上语言事实，我们不禁产生疑惑：难道“无须乎”是从最开始的动词语法化为副词的吗？通过检索北京大学 CCL 古代汉语语料库，我们发现“无须乎”作谓语的例子只有几个，且穿插于副词“无须乎”的语料中，并没有体现出由动词向副词的演化过程，因此我们推测副词“无须乎”应该不是从动词演化而来的。结合曹德和（1999）的研究，我们认为这是因为“须”和“需”在古代汉语中曾有过通假用法，且二者语音相同，语义相近，所以两者很容易混用，即把“无须乎”写成“无需乎”。因“无需乎”是个动词，所以语料中出现了“无须乎”误用作动词作谓语的例子。

副词“无须乎”最早应该出现在清代《印光法师文钞三编》中，例如：

（25）以有文钞，十要，救劫等书，固无须乎函询也。（清《印光法师文钞三编》）

（26）问官一提起，他就立刻承认，无须乎动刑。（清《江湖奇侠传》）

由上例可见，“无须乎”一开始使用时就是作状语修饰其后的谓词性成分，表示“不用、用不着”义。我们分析了有关“无须乎”的所有历时语料，找不到“无须乎”词汇化的历时过程。那么“无须乎”是怎么成词的呢？我们认为是受到双音节词“X乎”类推作用的影响。

三音节词“无须乎”应该是在“无须”和“乎”的基础上发展而来的。叶双（2014）指出“乎”作为一个副词词缀的用法在宋代就已经出现，双音词“X 乎”都是由副词加词缀“乎”构成的。因为“无须乎”出现于清朝，此时“X 乎”结构已经发展得较为成熟。所以副词“无须乎”很可能受到双音节词“X乎”的类推作用，由已经成词的“无须”加上词缀“乎”直接成词。在“无须乎”这个副词中，“乎”作为词缀，无实际意义，其主要意思由“无须”承担。清朝时期，双音词“X 乎”已经广泛使用，人们对其熟稔，所以对“无须乎”的直接产生也不足为奇。

三　语气副词“几几乎”

（一）句法语义特征

《现代汉语词典》（第7版）认为“几几乎”等同于副词“几乎②”，即“表示某种事情接近发生（多用于说话人不希望的事情），差点儿”。结合词典释义及相关语料，我们可以把“几几乎”的语义特征分析如下。

“几几乎”表示十分接近的差不多义。副词“几几乎”在表示差不多义时，多修饰或限定表示数量或范围的词语。例（27）中，“几几乎”后接数量词语“一天”，表示云姑差不多一整天都在哭。例（28）中，“天天”是个表周遍性数量的词语，“几几乎天天”就是接近于每天的意思，表示发文章的次数非常多。

（27）云姑今天几几乎哭了一天，大约是同你吵嘴了罢。（蒋光慈《鸭绿江上》）

（28）当时你在《皖江新潮》几几乎天天发表文章，专门提倡新文化，反对旧思想。（蒋光慈《少年飘泊者》）

“几几乎”还可以表示事情接近发生的差点儿义。例（29）中，谓语动词“打”后有表示其结果的补语“断”，表示腿被打断了，具有完全实现义。受语气副词“几几乎”修饰后，将其变为不完全实现义，表示腿差点被打断但是没断。“几几乎”不仅能对事件表完全实现义的结果进行修饰，还能对事件本身的性质或状态进行修饰。比如例（30）中“和壁炉中添上煤块的意义没有什么两样”表示吃饭这一事件的性质，其特征具有极端性。在受“几几乎”限制后，其性质特征又有了不完全实现义，吃饭的意义接近于壁炉中添上煤块却又不完全相同。

（29）去年因为天旱，收成不大好，缴不起课租，他被地主痛打了一顿，几几乎把腿都打断了！（蒋光慈《少年飘泊者》）

（30）她常常觉得自己的吃饭，几几乎和壁炉中添上煤块的意义没有两样的。（胡也频《到莫斯科去》）

综上所述，我们认为当副词“几几乎”表示差不多义，其接近的对象多为表数量或范围的词语；当副词“几几乎”表示差点儿义时，其接近的对象多为事件的结果或性质状态。其接近对象的共同特征就是含有极端义。当然，这里的“极端”具有较强的主观性，是说话人所认为的极端。

在现代汉语中，可以跟语气副词“几几乎”共现的语气词只有“了”和“的”，如：

（31）这样人言语吝啬到平常一切事上，生在鼻子下的那一张口，除了为吃粗粝东西而外，几几乎是没有用处了。（沈从文《游目集》）

（32）这田园之思，也妙得很，几几乎是终生相伴的。（《读书》）

在 67 条有效语料中，有 16 条语料是“几几乎”跟语气副词共现，具体来说有断定类、或然类、关系类、特点类、意愿类五种语气副词，前三种共现的例句如：

（33）地方的确兴隆得极快，第二年就几几乎完全不像第一年的北溪了。（沈从文《旅店及其他》）

（34）我似觉我的两眼也潮湿起来，泪珠几几乎从眼眶内迸涌出来了。（蒋光慈《鸭绿江上》）

（35）农村社会所保有那点正直素朴人情美，几几乎快要消失无余，代替而来的却是近二十年实际社会培养成功的一种唯实唯利庸俗人生观。（沈从文《长河》）

（二）词汇化及形成机制

麻爱民（2010）、张慧颖（2014）认为“几乎”是由一个跨层结构“几+乎”虚化成副词的，但是与“几乎”句法语义相近的“几几乎”却鲜有人问津。韩陈其（2005）在讨论一组“几乎”类词语时，就“几乎”“几于”“几几”等如何演变为“几几乎”提出了几种可能性的推测时，顺带提及。刘红妮（2019）认为“几几乎”是由副词“几几”和句中语气词“乎”词汇化而来的，但没有论证词汇化的具体过程。

副词“几几乎”最早出现在明代陈治纪的《书〈张文忠公文集〉后》

中，如：

（36）夫伊尹之于桐，周公之徂东，当其时，盖亦几几乎不免于不臣不弟之过矣。

“几几乎”从明代出现后，其语义没有经历明显的发展变化，仍然表示差不多义或差点儿义。例（37）中，“几几乎”表十分接近的差不多义，常年赌博，黄金白银差不多要输光了。例（38）中，“几几乎”表示某种事情接近发生的差点儿义，王六用“母老妻病”骗人，左宗棠差一点上当了。

（37）继见累次失利，每欲出门，必默祷家中神明，然仍赌输如故。数年间，黄白物已几几乎罄矣。（清《北东园笔录三编》）

（38）少爷方才所说，不是冤枉你的吧，你倒竟敢用这母老妻病四字，前来骗人，本部堂几几乎上了你的当了。（民国《大清三杰》）

由上可知，“几几乎”从一开始出现时就已经是副词，表示十分接近义。那么“几几乎”的词汇化过程是怎样的呢？结合韩陈其（2005）的研究，我们推测副词“几几乎”有两种可能的演变来源：一种是“几几乎=几几+乎”，即“2+1”韵律结构模式；另一种是“几几乎=几+几乎”，即“1+2”韵律结构模式。黄桂红（2012）认为副词“断断乎”是由副词“断断”+后缀“乎”演变而来的，那么同样作为副词的“几几乎”是否也经历了类似的演变路径呢？

“几几”可表示“几乎”义的语料最早出现在清末小说中，如：

（39）骎至八国联军之役，神京沦陷，两宫蒙尘，大局之败坏，几几不可收拾。（清《张文襄公事略》）

（40）余年十五六，即为学诗。后以奔走四方，东西南北，驰驱少暇，几几束之高阁。（清《人境庐诗草自序》）

“几几乎”最早用例出现在明代，而“几几”最早的两个用例都于清末才出现。可见，表“几乎”义的“几几”出现要晚于“几几乎”，所以刘红妮（2019）提出的“几几乎=几几+乎”这一假设至少在时间上是不成立的。

相较而言，“几几乎=几+几乎”这一演变模式更符合汉语递增的韵律特点。“几”和“几乎”的语义相同，“几乎”作为副词在宋代萌芽，成熟于元明时期。受到汉语双音化这个主流趋势的影响，“几乎”逐渐取代“几”，“几乎”的使用频率不断提高，后来为了在语句中表达更为强烈的接近义，人们将表“接近义”的“几”和“几乎”进行同义叠加形成“1+2”的韵律结构形式，增加其表义强度。

从产生的时间来看，表“几乎、将近”义的“几”在春秋时期就已经出现，如例（41）；副词“几乎”最早出现于宋代，如例（42）。副词“几”

和副词“几乎”都早于“几几乎”产生，故副词“几几乎”很可能是由“几”加“几乎”叠加而形成的，“几几乎=几+几乎”。那么，刘红妮（2019）认为“几几乎”是由副词“几几”和句中语气词“乎”词汇化而来的，这一观点就非常值得商榷。

（41）齐国之政败矣，晋之无道久矣，从者之谋忠矣，时日及矣，公子几矣。（春秋《国语》）

（42）若不蓝田射石虎，几乎误杀李将军。（宋《圆悟佛果禅师语录》）

四　语气副词“庶几乎”

（一）句法语义特征

《现代汉语词典》（第7版）认为“庶几乎”等同于“庶几”，副词“庶几”有两个义项：①但愿，表示希望义。②或许；也许可以，表示推测义。也说庶几乎或庶乎。《汉语大词典》对“庶几乎”的解释是：①或许，大概可以，如“览山川之胜概，考前世之遗迹，庶几乎不负古人者。（金《送秦中诸人引》）”；②近于，略同，如“庶几乎曹柯之盟，此陵宿昔之所不忘也。（《汉书・苏武传》）”结合词典释义和具体语料，“庶几乎”的语义特征分析如下。

“庶几乎”表示但愿的希望义，所希望的大都是积极向好的方面。例（43）中，鲁迅先生将自己的“籍”和“系”详细地写出来，但愿能够杜绝认为他是黑籍政客的流言再次传播。例（44）中，“庶几乎”表“希望”义，整句话的意思是“通过交互往复的方法，希望词义、语义能够被进行充分的解释，从而使得词义语义的解释不再枯燥”。

（43）终于也明白了，现在写它出来，庶几乎免得又有“流言”，以为我是黑籍的政客。（鲁迅《我的“籍”和“系”》）

（44）钱锺书同志说：“交互往复，庶几乎义解圆足而免于偏枯。”（《读书》）

“庶几乎”表示或许、也许的推测义。例（45）中，前一小句中的“只有”和后一小句中的“庶几乎”语义呼应，乡亲们都觉得只有他们为丁主任效劳，也许就可以为他们之前幼稚冒失的行为赎罪。例（46）中，“我”希望通过认真做人、阅世、读书来加深自己对于人生和社会的认识，进而“我”的评论文章或许每天都有所进步。

（45）他们反觉得只有给他效劳，庶几乎可以赎出自己的行动幼稚、冒昧的罪过来。（老舍《贫血集》）

（46）我希望自己认真做人，认真阅世，认真读书，使对于人生和社会的认识日见其深起来，这样，我的评论文字庶几乎能日有进步。

（《读书》）

“庶几乎”表示接近、差不多义。例（47）中，某人在路上偶遇一只骨瘦如柴、差不多奄奄一息的猫，但因考虑家中鼠害严重，还是把它抱回家了。

（47）某曾偶遇一猫于路途。虽见其骨瘦如柴，羸弱不堪，且庶几乎奄奄一息，因念家中鼠害甚烈，遂抱归之。（《读者》）

在现代汉语中，可以跟语气副词“庶几乎”共现的语气词有“了、的、也”。

（48）故当局者应当提倡合乎国民生活与经济底礼俗，庶几乎不教固有文化沦丧了。（许地山《礼俗与民生》）

（49）把人划分为某些类别庶几乎是可能的，而分类中最可靠的标准，莫过于那种把人们一生光阴导向这种或那种活动的深层欲望。（米兰·昆德拉《不能承受的生命之轻》）

能跟“庶几乎”共现的语气副词仅有或然和关系这两类，且都仅有一例。可见，“庶几乎”跟语气副词共现的情况不太普遍。“庶几乎”跟或然类语气副词“大致”共现的如例（50），“庶几乎”跟关系类语气副词“反”共现的例（51）。

（50）现在是发现了大致相近的字眼了，“乌烟瘴气”，庶几乎其可也。（鲁迅《朝花夕拾》）

（51）他们反觉得只有给他效劳，庶几乎可以赎出自己的行动幼稚、冒昧的罪过来。（老舍《贫血集》）

（二）词汇化及形成机制

“庶几乎”作为一个线性结构最早出现在周朝的《周易》中，此时，“庶几乎”并不是一个副词，而是由副词“庶几”+语气词“乎”组成的线性结构。

（52）子曰：颜氏之子，其殆庶几乎！（周《周易·系辞下》）

“庶几乎”的早期用例都是由副词“庶几”+语气词“乎”组成的线性结构，并且都位于句尾。下例中，为圃者连续说出了三句话，每句话都是以语气词“乎”结尾，可见句中的“庶几乎”还只是一个线性结构。

（53）为圃者曰：“子非夫博学以拟圣，於于以盖众，独弦哀歌以卖名声于天下者乎？汝方将忘汝神气，堕汝形骸，而庶几乎！而身之不能治，而何暇治天下乎！”（庄子《子贡南游于楚》）

副词“庶几乎”最早可能出现在战国时期。例（54）中，“庶几乎”位于小句的句首，同时后接主谓短语“民有瘳”，此时的“庶几乎”不再是一个线性结构，而是一个完整的词，表“或许、大概”义。

（54）寓而政于臧丈人，庶几乎民有瘳乎！（战国《晏子春秋》）

“庶几乎”是如何成词的呢？刘红妮（2019）认为“庶几乎”是由双音节副词“庶几”和句中语气词“乎”长期连用后，发生了进一步词汇化而形成的。事实果真如此吗？在翻阅相关字典辞书后发现，“庶几乎”“庶几”和“庶乎”三者词性词义相同，因此，我们认为“庶几乎”的生成机制还有可能是糅合，即“庶几乎”=“庶几”+“庶乎”。

叶建军（2016）指出糅合可以分为词法层面糅合和句法层面糅合两种。词法层面的词语糅合指的是语义相同或相近的两个词通过删除重叠部分合成一个新词的过程。发生糅合的语言单位必须要遵守同级原则。“庶几”和“庶乎”都是双音词，所以它们符合词语糅合的同级原则。词语糅合要遵循词义相近原则，即两个源词语的词义必须相同或相近。根据《现代汉语词典》（第7版）的释义，“庶几”和“庶乎”都是副词，都可以表示：①但愿，希望义；②或许；也许可以，推测义。所以二者可以糅合生成“庶几乎”。

词语糅合要遵循时代先后原则，即词义相同或相近的两个源词语必须先于糅合词语或跟糅合词语同时存在。“庶几”出现于春秋时期，如例（55）。表或许、差不多义的副词“庶乎”最早出现在战国时期，如例（56），而词语“庶几乎”也在战国时期开始出现，如例（54）。从时间来看，“庶几乎”有可能是由“庶几”和“庶乎”这两个同义词语糅合而成。

（55）齐朝驾则夕极于鲁国，不敢惮其患，而与晋共其忧，亦曰：“庶几有益于鲁国乎！”（春秋《墨子》）

（56）且列国有凶称孤，礼也。言惧而名礼，其庶乎。（战国《左传·庄公十一年》）

词语糅合要遵循成分蕴含原则，即糅合而成的新词语必须蕴含两个源词语的主要或全部成分。“庶几乎”蕴含了“庶几”和“庶乎”的全部成分，并删除了相同的构词语素，这样也符合语言表达的经济原则。汉语以双音节为标准音步，三音节为超音步，符合这种韵律节奏的结构才会和谐稳定，所以多音节词通常缩略为双音节或三音节词。“庶几”和“庶乎”组合后删去一个重复的语素“庶”变成“庶几乎”，也是受到韵律规则的制约。

由上可见，“庶几乎”=“庶几”+“庶乎”的观点符合词语糅合的同级原则、语义相近原则、时代先后原则、成分蕴含原则，所以应该是合理的。由此可见，“庶几乎”的生成机制是糅合，可能并不是刘红妮（2019）所认为的由双音节副词“庶几”和句中语气词“乎”词汇化而来。

五　"XX 乎"的共历时差异及动因

（一）句法语义差异

从词性来看，"无怪乎、无须乎、几几乎、庶几乎"都是副词（《现代汉语词典》第 7 版），更具体来说都是语气副词。三音节语气副词"XX 乎"在语义上更多地表现为差异性，都有各自的语义特点："无怪乎"主要表示醒悟义；"无须乎"主要表示否定义；"几几乎"既可以表示十分接近的差不多义，也可以表示事情接近发生的差点儿义；"庶几乎"既可以表示希望义，也可以表示推测义。

词性相同、词形相似的"几几乎""庶几乎"，由于语义上都可以表示推测义，所以有些语境中两者可以互换。如果把例（57）中的"几几乎"改为"庶几乎"，例（58）中的"庶几乎"改为"几几乎"，替换后两句的语义基本不变。

（57）我听了云姑几几乎哭了一天，我的一颗小心落到痛苦的深窟里。（蒋光慈《鸭绿江上》）

（58）某曾偶遇一猫于路途。虽见其骨瘦如柴，羸弱不堪，且庶几乎奄奄一息，因念家中鼠害甚烈，遂抱归之。（《读者》）

句法位置分布上，四个语气副词"XX 乎"都可以分布在句首，也可以分布在句中，"无怪乎"还可以单独使用。

（59）无须乎说，他因此发大财了。（王小波《怀疑三部曲》）

（60）唉！一生怀才不遇，从今天起我庶几乎可以小试其端了！（老舍《谁先到了重庆》）

（61）无怪乎，当有些病人痊愈告别医护人员时竟痛哭流涕，长跪不起。（1995 年《人民日报》）

从韵律结构上看，"无怪乎、无须乎"都是"2+1"韵律模式，"几几乎"是"1+2"韵律模式，"庶几乎"比较特殊，是由"庶几"和"庶乎"同义叠加并删去相同语素"庶"形成的。从语体分布来看，"庶几乎"是个文言词，主要用于书面语，口语中很少使用。"无怪乎、无须乎、几几乎"在语体分布上没有什么倾向性规律，书面语和口语中都可以使用，并且两种语体的使用频率也基本相当。

（二）跟语气成分共现的差异及动因

语气副词"XX 乎"在跟句末语气词的共现类型及其制约因素上也存在差异。四个语气副词"XX 乎"都可以跟句末语气词共现，具体情况如表 6–1 所示。

表 6–1 “XX 乎”与句末语气词的共现类型

语气词 词语	了	的	呢	吧	吗	呀	哩
无怪乎	+	+	+	+	–	–	+
无须乎	+	+	–	–	+	+	–
几几乎	+	+	–	–	–	–	–
庶几乎	+	+	–	–	–	–	–

从表 6–1 可以看出：四个语气副词“XX 乎”都可以跟句末语气词“了、的”共现；只有“无怪乎”能跟语气词“呢、吧、哩”共现；只有“无须乎”可以跟语气词“吗、呀”共现。

四个语气副词“XX 乎”跟句末语气词共现差异，这主要跟语气类型、语气关联、语气融合三个因素有关。

1）语气类型。为什么四个语气副词“XX 乎”都可以跟“了、的”共现呢？这跟语气类型有关：不同的语气词都有其常用的语气类别，“了、的”主要表示陈述语气，而四个语气副词“XX 乎”也主要出现在陈述句中，所以“了、的”可以跟四个语气副词共现。

2）语气关联。四个“XX 乎”都是语气副词，所以“语气关联”也是它们能跟句末语气词共现的原因。齐沪扬（2002）将语气划分为意志和功能两大类：意志类语气以语气副词为主，表示说话人的的主观态度和情感；功能类语气以语气词为主，表示说话人使用句子想要达到的交际目的。四个“XX 乎”都属于意志类语气，“了、的”等语气词属于功能类语气。语气副词“XX 乎”和句末语气词“了、的”等都可以从不同层次表达说话人的主观情态和语气要求，所以可以共现。

3）语气融合。对于语气副词“几几乎、庶几乎”来说，语气融合也是制约它们跟语气词“了、的”共现的因素之一。在例（62）中，如果只用语气副词“几几乎”，只能表示说话人的主观推测，其推测的结果并不确定。如果只用“了”，只能表示说话人的主观确信。语气词“了”和“几几乎”共现后，两者可以进行语义上的协调，使得句子整体上表示不太肯定的语气。例（63）也类似，句末使用语气词“的”后，加强了对自己观点的确信程度。

（62）地方的确兴隆得极快，第二年就几几乎完全不像第一年的北溪了。（沈从文《旅店及其他》）

（63）这种观念飞跃纵不是天生的毛病，从整个发展看也几几乎近于天

生的。(沈从文《绿魇》)

四个语气副词“XX 乎”在跟语气副词共现及其制约因素上也存在差异。结合前文的讨论，“XX 乎”跟语气副词共现情况，详见表 6–2。

表 6–2 “XX 乎”与语气副词的共现情况

词语＼语气类型	关系类	或然类	特点类	必然类	断定类	意愿类	证实类
无怪乎	+	+	+	+	+	+	–
无须乎	+	+	–	+	+	–	+
几几乎	+	+	+	–	+	+	–
庶几乎	+	+	–	–	–	–	–

由表 6–2 可见，三音节词“XX 乎”与语气副词的共现情况都有各自的特点：1）四个语气副词“XX 乎”都可以与关系和或然这两类语气副词共现；2）只有“无怪乎、几几乎”可以跟特点类和意愿类语气副词共现；3）只有“无怪乎、无须乎”可以与必然类语气副词共现；4）只有“无须乎”能够跟证实类语气副词共现。

四个副词“XX 乎”能否与语气副词共现，语义是一大制约因素。副词“无怪乎”能跟关系类、特点类等语气副词共现，不能跟证实类语气副词共现，就跟语义有关。关系类、特点类语气副词都属于评价类语气副词这个大集合，表示对句子所叙述内容的价值或特点的主观评价。“无怪乎”本身就属于特点类语气副词，所以能与其共现。证实类语气副词表示根据上文或当前情境对命题真实性的推定，而“无怪乎”表示醒悟义，即明白了原因对某种现象不觉得奇怪，两者语义不相容，所以不能共现。或然类和必然类语气副词同属于推断类语气副词这个大集合，表示对命题真实性进行推测估量：或然类语气副词表示揣度性推测，必然类语气副词表示确定性推测。“几几乎、庶几乎”都表示差不多义，所以能跟或然类语气副词共现，不能跟必然类语气副词共现。

（三）历时演变及形成机制差异

从词汇化时间上看，“庶几乎”最早出现于战国，在战国时期由线性结构变成词，表“或许、大概”义。“无怪乎”最早出现在宋代，受到“X 乎”的类推作用，出现时就已经成词，表示“醒悟义”。“几几乎”最早出现在明代，一开始出现时就是副词，表示“十分接近、差不多义”。“无须乎”最早出现在清代，表示“用不着或不用”义。按照出现时间早晚，四个语气副词“XX 乎”可形成一个等级序列：庶几乎＞无怪乎＞几几乎＞无须乎。

从语义固化程度上看，“庶几乎”是古代汉语文言词语的遗留，语义固化程度最高，表示希望义和推测义，词义跟字面义看不出任何联系。“几几乎”意思等于“几乎”，表示差不多义、差点义，词义与字面义有关联。“无怪乎”表示“明白了原因，对下文所说的情况就不觉得奇怪”的醒悟义，如果按照字面意思解读为“不觉得奇怪”也可以。“无须乎”表示“不用，不必”义，即词义基本上等于字面义的相加。按照语义固化程度高低，就可形成等级序列：庶几乎＞几几乎＞无怪乎＞无须乎。

从形成机制上看，“无怪乎、无须乎”的形成机制都是类推，“几几乎”的形成机制是同义叠加，“庶几乎”的形成机制是糅合。结合具体的语料，我们发现“无怪乎”和“无须乎”最早出现时就是副词，应该是在“X 乎”形成的基础上类推而成的，因为考察二者的古代汉语语料，没有发现能证明其词汇化过程的例句。且“无怪乎”最早出现在宋代，“无须乎”最早出现在清代，此时双音词“X 乎”的发展已经相当成熟，在双音词“X 乎”的类推作用下，三音节“无怪乎”和“无须乎”成词也不足为奇。

“几几乎”的形成机制是同义叠加。“几几乎”是由同表“接近义”的“几”和“几乎”进行叠加形成“1+2”的韵律结构形式，因为“几”和“几乎”的词义中都包含着一种隐性的事态倾向义，为了使这种隐性的事态倾向义更加凸显，“几几乎”一词出现并被使用。且表“接近义”的“几”和“几乎”都早于“几几乎”产生，这为“几”“几乎”叠加形成“几几乎”提供了可能。

“庶几乎”的形成机制是糅合。即表希望和推测义的“庶几”和“庶乎”，通过删去相同的部分“庶”糅合成一个新词“庶几乎”。“庶几乎”=“庶几”+“庶乎”这一论证符合词语糅合的同级原则、语义相近原则、时代先后原则、成分蕴含原则。

第三节 “X 不得”的历时演变与共时变异

近年来，汉语学界对“X 不得”的句法语义特征和历时演变展开了持续的研究。下面仅以历时角度讨论“X 不得”词汇化和语法化的研究为例：对“怪不得”的研究，主要有张富翠（2009）、陈宝珠（2010）、王利（2014）；对“了不得”的研究，主要有徐时仪（2009）、王丽玲（2011）、赵丽华（2017）；对“恨不得”的研究，主要有王灿龙（2005）、袁雪梅（2009）、李广瑜（2010）。除了这些期刊论文的个案研究，还有对“X 不得”进行整体研究的硕士学位论文，如董玲玲（2009）、张明友（2010）。但仍然存在一些不足，比如张明友（2010）、陈宝珠（2010）并没有区分是成词的“X 不得”还是短语关系的“X 不得”，而是把两类不同性质的“X 不得”混在一起进行研究。虽然董玲玲（2009）研究的是已成词的“X 不得”，但也只讨论了“怪不得、了不得、舍不得、恨不得”这 4 个词语，相对于现代汉语中已经成词的 13 个“X 不得”来说，依然略显单薄。

本节将在已有研究基础上，对《现代汉语词典》（第 7 版）已经收录并标注词性的“怪不得、怨不得、巴不得、恨不得、由不得、了不得、见不得、要不得、来不得、免不得、少不得、舍不得、使不得”13 个词语进行研究。按照词性的不同，这 13 个“X 不得”可分为三类：1）动副兼类词“怪不得、怨不得、由不得”3 个；2）动词“巴不得、恨不得、见不得、要不得、来不得、免不得、少不得、舍不得、使不得”9 个；3）形容词“了不得”。我们将重点研究动副兼类词“怪不得、怨不得、由不得”，动词“巴不得、恨不得”，形容词“了不得”6 个词语。本节研究的特色是，放在汉语能性述补结构“V 不 C”产生和发展的大背景下来探讨这 6 个词语的历时发展演变脉络，最后尝试归纳出“X 不得”的共时变异及其历时形成机制。

由于这 6 个词语汉语学界已有很多研究，因而本节结合北京大学 CCL 古代汉语语料库对这 6 个词的历时形成过程只作简要梳理，将研究重点放在学界还未研究或研究较少的“X 不得”的语音弱化、词性及语义固化程度、有无相对应的肯定形式、能否作补语、成词时间与形成机制这 5 个方面，尝试从宏观上对构词图式“X 不得”内部 13 个成员之间的共性与差异，展开归纳分析和解释说明。

一　动副兼类“X 不得”的历时演变

“X 不得”中的动副兼类词有“怪不得、怨不得、由不得”3 个，本节就尝试讨论这 3 个词的历时演变问题。《现代汉语八百词》对“怪不得”的解释是：1）动词，不能责怪；2）副词，表示醒悟（明白了原因，不觉得奇怪）。《现代汉语词典》（第 7 版）对“怪不得”的解释是：1）动词，不能责备，别见怪；2）副词，表示明白了原因，对某种情况就不再觉得奇怪。“怪不得”从南宋开始出现，并且都是动词的用法，表示不能责怪，如：

（1）也怪不得州郡，欲添兵，诚无粮食给之，其势多招不得。（南宋《朱子语类》）

（2）某尝说，怪不得今日士大夫，是他心里无可作做，无可思量。（南宋《朱子语类》）

到了元朝，“怪不得”动词用法继续使用的同时，如例（3），还出现了副词用法，表示明白了原因，不再觉得奇怪，如例（4）和例（5）。

（3）你两个果来得跷蹊，怪不得那老儿。（元《全元曲》）

（4）怪不得小生疑你，偌大一个宅堂，可怎生别没个儿郎，使得梅香来说勾当。（元《西厢记杂剧》）

明朝时期，副词“怪不得”使用频率进一步提高，如：

（5）怪不得马公公说你是个鬼推。这等看起来，真是个鬼推。（明《三宝太监西洋记》）

（6）你这嚼舌头老淫妇，挣将钱来焦尾靶，怪不得你无儿无女。（明《金瓶梅》）

清朝和民国，副词“怪不得”广泛使用，如：

（7）不识抬举的东西！怪不得人人说戏子没一个好缠的。（清《红楼梦》）

（8）怪不得军师方才没有派给他的实职，此人竟以百骑下了柳州，才情非小。（民国《大清三杰》）

《现代汉语词典》（第7版）对“怨不得”的解释是：1）动词，同动词“怪不得”；2）副词，同副词“怪不得”。“怨不得”南宋出现一例，元朝没有用例，明朝也只有下面这一例。“怨不得”后面带的都是体词，此时的“怨不得”都是动词。

（9）扯碎了网巾你休要怪，擒了你四鬓怨不得咱。（南宋《快嘴李翠莲记》）

（10）怨不得别人，该入日这私窠子！（明《醒世姻缘传》）

从清朝开始，“怨不得”后面可以带动词性短语或小句，此时的“怨不得”都是副词。民国时期，副词“怨不得”继续大量使用。

（11）真好剑法，怨不得卿家夸奖，他的袖箭又如何试法发？（清《七侠五义》）

（12）没料到小儿童林有这么好的功夫，怨不得他成名！（民国《雍正剑侠图》）

《现代汉语词典》（第7版）对“由不得”的解释是：1）动词，不能依从，不能由……做主；2）副词，不由自主地。“由不得”最早出现在南宋，是动词，表示“不能依从，不能由着……做主”。

（13）三代而下，造历者纷纷莫有定议，愈精愈密而愈多差，由不得古人一定之法也。（南宋《朱子语类》）

（14）顾佥事道：“在家从父，这也由不得他。”（元《陈御史巧勘金钗钿》）

到了明代，“由不得”动词用法继续使用的同时，如例（15），还从动词进一步语法化为副词，意思是“不由自主地”，如例（16）。

（15）酒至半酣，庞统与法正商议曰："事已至此，由不得主公了。"（明《三国演义》）

（16）这妇人不听便罢，听了由不得珠泪儿顺着香腮流将下来。（明《金瓶梅》）

到了清代，表"不由自主地"义的副词"由不得"使用频率进一步扩大，如：

（17）那林黛玉本不曾哭，听见宝玉来，由不得伤了心，止不住滚下泪来。（清《红楼梦》）

（18）到了这个时候，凭你苏青青的脸皮再厚些儿，也由不得满面上涨得通红，低下头去。（清《九尾龟》）

此外，我们对近代汉语中"由不得"两种词义的分布情况作了调查，发现差异很大。在近代汉语 174 个有效例句中，表示"不能依从，不能由……做主"动词义的例句仅有 58 个，如例（19）；其余 116 个例句中的"由不得"全都是表示"不由自主地"的副词义，如例（20）。

（19）这个事我不过是接手儿，怎么来，怎么去，由不得我作主。（清《红楼梦》）

（20）姓梁的问他何日归来。他听了，由不得眼圈儿一红。（民国《清代宫廷艳史》）

现代汉语则恰好相反，在 194 个有效例句中，有 66 个表示"不由自主地"的副词义，如例（21）；剩下的 128 个都表示"不能依从，不能由……做主"的动词义，如例（22）。

（21）把主人的心都坐酸了，叫人由不得产生"他吃过晚饭没有？"的猜想。（高晓声《"漏斗户"主》）

（22）娱乐圈的饭，真的不容易吃，连肥瘦都由不得自己，样样受控制。（岑凯伦《还你前生缘》）

二　动词"X 不得"的历时演变

"X 不得"中的动词有"巴不得、恨不得、要不得、见不得、来不得、免不得、少不得、舍不得、使不得"9 个，下面主要讨论前两个词（即"巴不得""恨不得"）的历时演变。《现代汉语八百词》对"巴不得"的解释是：动词，迫切期望，可带动词、小句作宾语。《现代汉语词典》（第 7 版）对"巴不得"的解释是：动词，迫切盼望。"巴不得"最早出现在南宋，出现时已经成词，元代继续使用。

（23）那边王老员外与女儿并一干邻佑人等，口口声声咬他二人，府尹也巴不得了结这段公案。（南宋《错斩崔宁》）

（24）众人都想道：“拾得钱财，巴不得瞒过了人。那曾见这个人到去寻主儿还他？也是异事。”（元《陈御史巧勘金钗钿》）

从明代开始，动词“巴不得”大量使用。

（25）做元帅的人，巴不得一战成功，威加万国，岂可阻人的兴头。（明《三宝太监西洋记》）

（26）龙香道：“不须嘱咐，我也巴不得你们两个成了事，有话面讲，不耐烦如此传书递柬。”（明《二刻拍案惊奇》）

在清朝，动词“巴不得”继续广泛使用。

（27）做妻子的，巴不得丈夫报功立业，奋力王家，岂是我留恋你，不要你出门？（清《东度记》）

（28）你们是巴不得二奶奶死了，你们就好为王了。（清《红楼梦》）

此外，在近代汉语中还有个跟“巴不得”表义和用法基本一致的动词，那就是“巴不能”。

（29）为此两下面和意不和，巴不能刘家有些事故，幸灾乐祸。（明《醒世恒言》）

（30）庞太师巴不能包公早早动身，不啻拔去眼中钉，即出班奏道：“臣有奏。”（清《狄青演义》）

《现代汉语八百词》对“恨不得”的解释是：动词，表示急切地盼望做成某事（多用于实际做不到的事），必须带动词作宾语。《现代汉语词典》（第7版）对“恨不得”的解释是：动词，急切希望（实现某事）。“恨不得”六朝时开始出现，不过还是短语，其结构关系是“恨+不得O”，是动宾短语，表示“因不能……而感到遗憾”。

（31）屈原才华，宋玉英人，恨不得与之同时，结佩其绅。（六朝《全梁文》）

（32）时仪亦恨不得尚公主，而与临侯亲善，数称其奇才。（六朝《三国志》）

唐朝时期，短语关系的“恨不得”继续使用，如：

（33）睹乱臣贼子背恩干纪，必攘袂叱咤，恨不得醢其肉，饮其头。（唐《唐代墓志汇编续集》）

（34）又按杨得意诵长卿之文，武帝曰：“恨不得与此人同时。”（唐《通典》）

从南宋开始，“恨不得”发生了词汇化，但是用例较少，元朝也偶有用例。

（35）读得这一篇，恨不得常熟读此篇，如无那第二篇方好。（南宋《朱子语类》）

（36）皮氏心爱赵昂，但是开口，无有不从，恨不得连家当都津贴了他。（元《玉堂春落难逢夫》）

从明朝开始，动词“恨不得”大量使用，使用频率非常高。

（37）王莲儿恨不得一口凉水把个黄凤仙一口吞在肚子里，抖擞精神，越战越勇。（明《三宝太监西洋记》）

（38）听圣僧说的，并非别事因金丞相不来见驾，实因金丞相说太后病重，恨不得立时医好。（清《续济公传》）

跟“巴不得”与“巴不能”相似，“恨不得”也有近义动词“恨不能”，如：

（39）臣在建州得手诏，闻陛下龙体有恙，恨不能插翅飞至阙下，省视陛下。（明《五代秘史》）

（40）噗哧，肩头上又中了一支袖箭，恨不能肋生双翅逃出店外，只得蹿在房上跃脊而走。（清《小五义》）

除了以上讨论的“巴不得”和“恨不得”，动词“X 不得”还有“要不得、见不得、来不得、免不得、少不得、舍不得、使不得”7 个。

“要不得”明代一开始出现时，并不是动词，而是形容词，主要作补语，相当于“不得了”，如：

（41）娘道：“我儿，端的渴杀我也！救我一救！”李逵道：“我也困倦的要不得！”（明《水浒全传》）

（42）把月娘、玉楼见了，喜欢的要不得，说道：“他两个倒好相两口儿。”（明《金瓶梅》）

到了清代，“要不得”发展出动词的用法，如：

（43）至于那一种妄谈祸福的，就要不得。（清《二十年目睹之怪现状》）

“见不得”刚开始出现的时候表示“看不惯”的意思，如例（44），同时还兼有“不能看见、不能见到”的意思，如例（45）。

（44）还有一个小兄弟，叫做孙虫儿，虽然是我的亲手足，争奈我眼里偏生见不得他。（《全元曲》）

（45）不教放筵前过盏，几时得酒阑人散？直恁般见不得歌舞吹弹。（《全元曲》）

动词“X 不得”中的“来不得、免不得、少不得、舍不得、使不得”5 个词语，最早都出现在南宋《朱子语类》中，例句分别如：

（46）它当初也说那里险阻，人必来不得；不知意之所不备处，才有缝罅，便被贼人来了。（南宋《朱子语类》）

（47）然到得不服，若征伐也免不得，亦如征有苗等事，又如黄帝大段用兵。（南宋《朱子语类》）

（48）今人多连看“公正”二字，其实公自是公，正自是正，这两个字相少不得。（南宋《朱子语类》）

（49）如是又数日，不得已，随众入室。揭帘欲入，又舍不得拜他。（南宋《朱子语类》）

（50）辛幼安亦是个人才，岂有使不得之理！（南宋《朱子语类》）

三 形容词“了不得”的历时演变

《现代汉语词典》（第7版）对“了不得”的解释是：形容词，1）大大超过寻常，很突出；2）表示情况严重，没法儿收拾。《现代汉语八百词》还列出了“了不得”的第三种用法——表示程度深，只作补语。动词性结构的“了不得”最早出现在南宋，在句中作谓语。例（51）中，“了不得”还保留动词的性质，后接宾语“这事”，译为“不能了结这件事”。例（52）中，“了不得”不带宾语，开始独立使用作谓语，译为“门外事不能了结”，即不能解决的意思。

（51）今来欲教吏部与二三郎官尽识得天下官之贤否，定是了不得这事！（南宋《朱子语类》）

（52）如此，只理会得门内事，门外事便了不得。（南宋《朱子语类》）

元代“了不得”仅有一条用例，该句中“了不得”已不再是先前“没有能力，不能了结”之意，而是发展成为形容词性，在句中作谓语，意为“情况严重”，表示如果夫主知道的话会被惩罚。

（53）咳，你说甚么话？我夫主知道时了不得，再来休说这般不晓事的话。（元《朴通事》）

明代是小说兴盛的时期，随着口语化小说的出现，“了不得”的语义迅速丰富起来。例（54）“了不得”在句中作谓语，“一发了不得”意为“一发不可收拾”，形容这样一来“情况严重”。

（54）闰娘羞阻道：“妈妈昨日没些事体，尚且百般丑骂，若今日知道与哥哥有些甚么，一发了不得!”（明《二刻拍案惊奇》）

清代，“了不得”作谓语时，有“情况严重”和“不同寻常，很突出”两种含义。例（55）中，“了不得”作“这宗官司”的谓语，说明这官司的案情严重。例（56）中的“了不得”作谓语，表明读书人的记性超乎常人，很突出。

（55）偷盗圣上的万寿珍珠灯，并且又黑夜入院衙刺杀钦差大人，这宗官司了不得。（清《三侠剑》）

（56）你们读书人的记性真了不得，怎么把古人的姓名、来历、朝代，都记得清清楚楚的？（清《二十年目睹之怪现状》）

从清初开始，“了不得”作补语在小说中大量出现，“了不得”除了表示“程度深”和“不同寻常，突出”，分别如例（57）（58），还出现一例表“情况严重”，如例（59）。

（57）郭安见他如此，真是乐得了不得，连忙扶起来道：“好孩子，真令人可疼！往后必要提拔于你。”（清《七侠五义》）

（58）哪知春瑛和诚夫，真是一对儿郎才女貌，双方交谊虽新，情况已深到了不得。（清《八仙得道》）

（59）小的女儿近日病的了不得，这三四天茶饭一点也不吃，只是昏昏沉沉的睡觉心里想要见大爷一面，死也罢了。（清《绿野仙踪》）

民国时期，“了不得”作不同的句法成分（谓语、补语、定语）时，表达的语义与现代汉语基本一致。可见，“了不得”在民国时期，语法特征逐渐稳定。

（60）王大经一见一府两县，竟敢不奉上司命令和他抬杠，这一气可是更了不得了。（民国《大清三杰》）

（61）有此阔东家，少爷的名片，当比老爷更风光。两个人要好到了不得。（民国《民国演义》）

（62）生下来这孩子，将来是了不得的人物，你们须好好看待他。（民国《清代宫廷艳史》）

四　“X 不得”的共时变异

（一）语音弱化差异

《现代汉语词典》（第 7 版）收录的这 13 个“X 不得”中，“不”都标注为轻声（bu），不一致的是“得”：1）“怪不得、怨不得、恨不得、由不得、要不得、来不得、免不得、舍不得、使不得”9 个词中的“得”都标注为轻声（·de）；2）“少不得”的注音比较特殊，是“dé”，其中的“得”仍然读原调；3）“巴不得、了不得、见不得”3 个词中的“得”注音是“·dé”：注音上标调号，注音前再加圆点：按照《现代汉语词典》（第 7 版）“凡例”的说明，即表示“得”一般轻读“de”，有时也可以读原调“dé”。《现代汉语八百词》一共收录了 6 个“X 不得”：“巴不得、了不得、怪不得、恨不得、免不得、舍不得”，其中的“不得”全部标注轻声（·bu·de）。

本节讨论的这 13 个“X 不得”，《近代汉语词典》一共收录了 9 个：“巴不得、恨不得、见不得、舍不得、来不得、免不得、少不得、使不得、由不得”。其中“不得”仍标原调的是“恨不得、少不得”，都标轻声的是“来不得、免不得”。只有“得”标轻声的是“使不得、由不得、舍不得”，只有“不”标轻声的是“巴不得、见不得”。

从上面的词典对“X不得”的注音可以看出，只有《现代汉语八百词》比较一致，所收录的6个词中“不得”全部标注轻声。《现代汉语词典》（第7版）对“不”的注音比较一致，全部是轻声，但是对“得”的注音就出现了不一致：13个“X不得”中，“少不得”读原调，“巴不得、了不得、见不得”既可读轻声也读原调，其余9个词都读轻声。《近代汉语词典》则比较混乱，不仅后缀“得”有轻声和原调两种不同标注，而且中缀“不”也有轻声和原调两种不同标注。

那么我们不禁要问，这13个“X不得”中的“不”和“得”到底是都标轻声，还是具体到每个词语又有所不同呢？其实已有的研究已经给出了明确的答案。赵元任在讨论可能补语时指出，轻声的补语在可能式中恢复它的声调，如“看·见”和“看·得见”，唯一不恢复声调的轻声补语是“得”字本身：要·不·得，即“得”字仍然是轻声。在动词之后加一个轻声的“得”表示可能，如“吃得、说得、做得、懂得、记得、认得”。这些词的否定式是在中间插入“不”，加“不”之后“得”字仍然是轻声，如“吃不得、要不得、认不得、做不得、说不得、晓不得”。

因而，如果按照赵元任先生的观点，这13个“X不得”后面的“得”都应该标轻声。那么《现代汉语词典》（第7版）中标原调（dé）的“巴不得、了不得、见不得、少不得”4个词中的“得”，应该作统一处理，即都应该标注为轻声（de），而不是“巴不得、了不得、见不得”3个词中的“得”一般读原调，偶尔读轻声，“少不得”中的“得”仍然读原调。

（二）词性及语义固化程度差异

这13个“X不得”中，“怪不得、怨不得、由不得”3个词是动副兼类词；“巴不得、恨不得、见不得、要不得、来不得、免不得、少不得、舍不得、使不得”9个词是动词；“了不得”是形容词。由此可见，“X不得”的句法功能主要是动词作谓语，副词作状语还是少数。

“X不得”在语义固化方面存在差异。1）“巴不得、恨不得、了不得”语义固化程度最高，其中“不”是羡余（redundant）成分，在词语语义贡献度上已经不起任何作用。2）动副兼类词“怪不得、怨不得”固化程度次之。作副词时，“怪不得、怨不得”的语义固化程度较高：都表示醒悟义，其中“不”也已成为羡余成分。作动词时两个词的语义固化程度较低：都表示不能责备，其中“怪、怨”表示的“责备、责怪”义基本都被保留，“不”还在表否定义。3）“由不得、见不得、要不得、来不得、免不得、少不得、舍不得、使不得”8个“X不得”的语义固化程度相对低一些，其中“不”还在表否定义，并且这几个“X不得”都可以变换为“不能X”（上面“怪不得、怨不得”也可以）。《现代汉语词典》（第7版）对这几个词的释义，都提到“不能……”，比如“见不得”（不能遇见）、“要不得”（不能同意或不能容忍）、“来不得”（不能有）、“少不得”（不能缺少）、“使不得”（不能使用）。

总之，这 13 个“X 不得”中，除了“巴不得、恨不得、了不得”和副词用法的“怪不得、怨不得”，其他的动词或动词用法的“X 不得”（“由不得、见不得、要不得、来不得、免不得、少不得、舍不得、使不得”）的语义固化程度都很低，其中“不”还在表否定义，词语都能变换为“不能 X”。

固化程度不同的“X 不得”，其中“不”“得”的性质也有差别。固化程度高的“巴不得、恨不得、了不得”以及副词用法的“怪不得、怨不得”，其中的“不”可理解为副词性质的构词成分，意义完全虚化，“得”可看成是“后缀”。固化程度较低的“由不得、见不得、要不得、来不得、免不得、少不得、舍不得、使不得”8 个“X 不得”，其中的“不”可理解为复合词的构词语素，意义已经发生虚化，“得”可看成是“类词缀”。赵元任（1979：211）指出，汉语中有最小可能补语或后缀（minimal potential complement or suffix）的“得”。在动词之后加上一个轻声的“得”表示可能，这个“得”是后缀，如“吃得、说得、做得”。这些词的否定形式是在中间插入“不”，因而这个“得”还不是一个纯粹的后缀。但加“不”之后，“得”字仍然是轻声，如“吃不得、要不得、认不得、做不得、说不得”。

这 13 个“X 不得”中，“巴不得、恨不得”有近义词“巴不能、恨不能”，并且构造也基本一致，即都是把“得”换成“能”。“由不得、了不得、舍不得、见不得”4 个词有相对应的同素逆序词，分别为“不由得、不得了、不舍得、不见得”。“由不得”和“不由得”在作副词用法时，两者都表示不禁或不由自主，例句可以互换而意思不变，如“相声的特点就是叫人由不得（不由得）发笑”。“了不得”和“不得了”在表示情况严重时，两者也可以互换，如“可了不得（不得了），他昏过去了！”“舍不得”和“不舍得”表义基本相同，如“他从来不舍得（舍不得）乱花一分钱”。“见不得”和“不见得”语义相差甚远，不能互换：“见不得”表示不能让人看见或知道，如“雪见不得太阳”，而“不见得”则表示不一定，如“他这么做不见得是件坏事”。

（三）有无相对应肯定形式的差异

“X 不得”有无对应肯定形式，已有的研究中也有所涉及。赵元任（1979：211）认为，后缀“得”的结合面不是无限制的、广泛的，有些例子的正反两式有很不相称的专门意义，有的词以否定式为主，肯定式是逆派生（back formation）。例如“不见得”是不大可能的意思；肯定式“见得”是逆派生，

只用于修辞性问话："你怎见得他不来？""舍不得"的肯定式"舍得"跟否定式（"舍不得"）同样常见。"了不得"的肯定式（"了得"）也是逆派生，如"这还了得？""怪不得""怨不得"连逆派生的形式也没有。"恨不得"跟以上的例子都不同，它不是"恨得"加"不"，是"恨"加"不得"。刘月华（2001：592）认为，由"得|不得"构成的可能补语，表示主、客观条件是否容许实现（某种动作），其中的可能补语有些是熟语性的，已与前边的动词凝结成一个词，在现代汉语普通话中很常用，如"恨不得、怪不得、巴不得、顾不得、算不得"只用否定形式，"舍得（舍不得）、值得（值不得）、记得（记不得）"肯定、否定形式都有。朱德熙（1982：133）认为普通话的"V 得"应分析为"V 得得"，其中一个"得"因叠音而脱落，比如"说得得"脱落为"说得"。

在本节研究的这 13 个"X 不得"中，"怪不得、怨不得、巴不得、恨不得、少不得"5 个词语都没有对应肯定形式的"X 得"，其余的"由不得、了不得、见不得、要不得、来不得、免不得、舍不得、使不得"8 个词语都有对应的肯定形式，如"由得、了得、见得、要得、来得、免得、舍得、使得"，并且这些双音节肯定形式在《现代汉语词典》（第 7 版）中都有相应的词条。比较特殊的是"由得、了得、见得、舍得"这几个词，它们都有两种否定形式：一是"不"居于中间，类似于中缀，即变为"由不得、了不得、见不得、舍不得"；二是跟一般的否定一样，否定词"不"位于被否定成分的前面，即变为"不由得、不得了、不见得、不舍得"。其中"了不得"形式上看是"了得"的否定形式，但是语义上两者并不存在肯定与否定关系，两者表义基本相同，都表示"不平常，很突出"，因而可以互换，如"这个人武艺十分<u>了得</u>（了不得）"。

（四）能否作补语的差异

"怪不得、怨不得、由不得、免不得、少不得、使不得"这 6 个"X 不得"不能作补语，"了不得、要不得、来不得、见不得、巴不得、恨不得、舍不得"这 7 个"X 不得"或者单独作补语或者跟其他成分组合后作补语。

"了不得""要不得""来不得"可以单独作补语。形容词"了不得"无论是近代汉语还是现代汉语都可以单独作补语，近代汉语的见上文例（57）—（59），现代汉语的如：

（63）他说到这儿拍起胸膛来了，好像激动得<u>了不得</u>，可真是把大伙给说住了。（刘流《烈火金刚》）

（64）憔悴得<u>了不得</u>，一下子好像老了许多似的。（白先勇《玉卿嫂》）

"要不得"一开始作补语是出现在明代，此时的补语标记是"的"，如例（65）。到了民国时期，补语标记既可以是"的"，也可以是"得"（共计

10 例都出自《清朝秘史》)，如例（66）（67）。

（65）如今生了好不好一个满抱的小厮儿！一家儿欢喜的要不得。（明《金瓶梅》）

（66）却说高宗即位以来，五谷丰登，四方平静，把朝中这一班盛世良臣，闲的要不得。（民国《清朝秘史》）

（67）原来涵春家屋舍，原本是荜门圭窦，简陋得要不得。（民国《清朝秘史》）

到了现代汉语，“要不得”作补语已经很少使用了，在北京大学 CCL 现代汉语语料库中只检索到 2 例，如：

（68）我都打听过了，教学质量差得要不得，成绩都是瞎编的。（梁鸿《中国在梁庄》）

（69）静儿！静儿！姑母可是老的要不得了！（老舍《老张的哲学》）

近代汉语中“来不得”不能作补语，比如例（70）中“来不得”不是动词，是短语，表示“不能来”，而不是《现代汉语词典》（第 7 版）的动词义“不能有；不应有”。现代汉语中“来不得”可以作补语，但是用例很少，比如例（71）中的“来不得”相当于“不得了”。

（70）笑襄阳老子痴，近着这剡溪，夜黑，险冻的来不得。（《全元曲》）

（71）美娟小姐生日，叨陪末座。全部预定，散客免谈哦!牛得来不得了！（微博）

“见不得”不能单独作补语，必须跟其他成分组合，或者跟“人”组合成习用语“见不得人”，然后作补语，如：

（72）将其黑得见不得光的金钱进行“清洗”，然后便可堂而皇之地供其挥霍。（1994 年《报刊精选》）

（73）还有，这些男人干嘛这样死盯着她？难道她女装丑得见不得人吗？（凯琍《打工情妇》）

现代汉语“巴不得、恨不得、舍不得”也不能单独作补语，而是后接动词性短语或动词，然后一起作形容词的补语。“巴不得”主要出现在“A 得+（巴不得+动词性短语）”结构中，如例（74）；“恨不得”主要出现在“A 得（的）+（恨不得+动词性短语）”结构中，如例（75）（76）；“舍不得”主要出现在“A 得+（舍不得+动词）”结构中，如例（77）。

（74）祖斐张大嘴，难为情得巴不得有个地洞可以钻进去。（亦舒《异乡人》）

（75）昨天他只不过喝了四十多斤黄酒，今天头就痛得恨不得一刀把脑袋砍下来。（古龙《陆小凤传奇》）

（76）看了看三团长高拧子，那家伙急的恨不得马上出发打枪。（李英

儒《野火春风斗古城》)

(77)昨夜很温暖，市子兴奋得舍不得入睡。她翻看着希腊喜剧剧本《女人的议会》直到深夜。(《生为女人》)

(五)成词时间及形成机制差异

据陈宝珠（2010）的考察，“X不得”格式产生于晚唐五代时期，此时仅仅有凝固化的趋势，没有成词的“X 不得”。到了宋代，“X 不得”开始凝固，出现了成词的“X 不得”。本节研究的这 13 个“X 不得”词语，其中绝大多数是在宋代成词，如“巴不得、怨不得、怪不得、恨不得、了不得、见不得、来不得、免不得、少不得、使不得”。还有的成词较晚，如“舍不得”在元代成词，“要不得”在清代成词。据我们对历时语料的调查，在唐诗中就已经出现了一些表示能性的述补短语关系的“X 不得”，如“遮不得、卷不得、侵不得、渡不得、救不得、招不得、求不得”等，如例（78）。后来的五代，“X 不得”继续使用，如例（79）。

(78)潜来更不通消息，今日悲羞归不得。(唐《白居易诗》)

(79)西天有贼，盗佛额珠，欲取其珠，佛额渐高，取不得。(五代《祖堂集》)

那么我们不禁要问，为什么“X 不得”绝大多数是在宋代成词，这一现象背后的深层次动因是什么呢？我们认为，这可以从汉语能性述补结构“V 不 C”产生和发展角度得到解释。

根据已有的研究，一般认为晚唐五代“V+不得+O”开始出现，用例不是很多，到了宋元时期，“V 不得”格式发展迅速，“V 不得”不断凝固，“V”与“不得”之间联系得更加紧密，开始出现成词的“V 不得”。比如魏培泉（2004）就认为，“V+不得”因为经常后带小句宾语而逐渐熟语化，如“说不得、定不得、由不得、巴不得、少不得”等。

这些“X 不得”词语，有的是通过词汇化产生的，有的是利用动补构词模式直接产生的。“怪不得”“了不得”“舍不得”等分别是由句法结构词汇化为副词、形容词和动词。“恨不得”是由跨层结构词汇化为动词。利用动补构词模式直接产生的有“巴不得、由不得”，这两个词虽然意义固定，但是却找不到词汇化过程。

第七章　固化三音词的词典计量研究

本章主要对《现代汉语词典》（第 7 版）中收录的固化三音词进行计量研究。按照动词、形容词、副词、其他词类以及兼类词等四个部分，对固化三音词的词类分布进行探讨。然后对《现代汉语词典》（第 7 版）收录的 199 个固化三音词作构词、轻声字、否定语素“不”以及近义三音词四个方面的分析。最后对《现代汉语词典》第 5 版、第 7 版固化三音词作纵向对比，此外，还对《现代汉语词典》（第 7 版）与《现代汉语规范词典》（第 3 版）中的固化三音词进行横向比较。

另外需要说明的是，如果是兼类词，则按照不同词性分别归入所在词类进行讨论。比如“保不住”是动副兼类词，动词“保不住”放在动词中集中讨论，副词“保不住”则放在副词中加以讨论。

第一节　固化三音词的词类分布

一　三音节动词

（一）动词的数量

固化三音节动词一共有以下 87 个，一般结构的有 39 个：

巴不得　保不住　不敢当　不过意　不失为　不下于　不由得
不至于　不足道　吃不服　短不了　对着干　挂不住　怪不得
好意思　恨不得　恨不能　豁出去　见不得　来不得　免不得
免不了　明摆着　少不了　少不得　舍不得　使不得　殊不知
说不定　说不上　无所谓　无条件　下不来　想当然　要不得
意味着　由不得　怨不得　拗不过

“V 不 V”“V 得 C”能性述补结构的有 24 对，共 48 个：

吃不来|吃得来　吃不消|吃得消　吃不住|吃得住　等不及|等得及
对不起|对得起　对不住|对得住　犯不上|犯得上　犯不着|犯得着
赶不及|赶得及　过不去|过得去　磨不开|磨得开　架不住|架得住

禁不起|禁得起　禁不住|禁得住　看不起|看得起　来不及|来得及
数不上|数得上　数不着|数得着　说不来|说得来　信不过|信得过
想不到|想得到　瞧不起|瞧得起　搁不住|搁得住　抹不开|抹得开

（二）动词的结构特征分类

1）否定成分“不”“无”在词首的有9个。

不敢当　不过意　不失为　不下于　不由得　不至于　不足道
无所谓　无条件

2）能性述补结构“V不C”的有23个。

巴不得　保不住　吃不服　短不了　挂不住　怪不得　恨不得
恨不能　见不得　来不得　免不得　免不了　少不了　少不得
舍不得　使不得　说不定　说不上　下不来　要不得　由不得
怨不得　拗不过

3）能性述补结构“V不C”“V得C”对称形式的有24对，共48个，如上所列，此处不再赘述。

4）其他类型的有8个。

对着干　好意思　豁出去　明摆着　殊不知　想当然　意味着　一阵风

（三）动词的构词分析

述补：述补关系的动词有72个，其中只有“V不C”形式的有24个：

巴不得　保不住　吃不服　短不了　挂不住　怪不得　恨不得
恨不能　豁出去　见不得　来不得　免不得　免不了　少不了
少不得　舍不得　使不得　说不定　说不上　下不来　要不得
由不得　怨不得　拗不过

能性述补结构“V不C”“V得C”对称形式的有24对，共48个，如上所列。

状中：不敢当　不过意　不失为　不下来　不由得　不至于　不足道
对着干　殊不知

动宾：无所谓　无条件　想当然

定中：好意思

派生：明摆着　意味着

（四）动词的轻声字分析

固化三音节动词中含两个轻声字的有“巴不得、怪不得、恨不得、豁出去、见不得、来不得、免不得”共计7个。含一个轻声字的有68个，其中轻声字居末尾的有“好意思、明摆着、意味着”，轻声字居中间的有以下65个。

保不住　不由得　吃不服　短不了　对着干　挂不住　恨不能

免不了 少不了 少不得 说不定 说不上 下不来 要不得
由不得 怨不得 拗不过

吃不来|吃得来 吃不消|吃得消 吃不住|吃得住 等不及|等得及
对不起|对得起 对不住|对得住 犯不上|犯得上 犯不着|犯得着
赶不及|赶得及 过不去|过得去 磨不开|磨得开 架不住|架得住
禁不起|禁得起 禁不住|禁得住 看不起|看得起 来不及|来得及
数不上|数得上 数不着|数得着 说不来|说得来 信不过|信得过
想不到|想得到 瞧不起|瞧得起 搁不住|搁得住 抹不开|抹得开

二 三音节形容词

（一）形容词的数量

固化三音节形容词一共有以下 25 个，一般结构的有 15 个，“V 不 C”“V 得 C”能性述补结构的有 5 对，共 10 个。

不得了 不得已 不像话 不要紧 不要脸 差不多 差一点
差不离 大不了 够瞧的 够受的 好容易 了不得 了不起
难为情

吃不开|吃得开 合不着|合得着 靠不住|靠得住
合不来|合得来 划不来|划得来

（二）形容词的结构特征分类

1）否定成分“不”在词首的有 5 个。

不像话 不得了 不要紧 不得已 不要脸

2）能性述补结构“V 不 C”的有 5 个。

了不起 了不得 大不了 差不多 差不离

3）能性述补结构“V 不 C”“V 得 C”对称形式的有 5 对，共 10 个。

吃不开|吃得开 划不来|划得来 靠不住|靠得住 合不来|合得来
合不着|合得着

4）其他类型共有 6 个。

差一点 大概其 难为情 好容易 够瞧的 够受的

（三）形容词的构词分析

述补：差不多 差不离 差一点 大不了 了不得 了不起 靠不住
靠得住 吃不开 吃得开 合不来 合得来 合不着 合得着
划不来 划得来

状中：不得了 不得已 不像话 不要紧 不要脸 好容易

动宾：难为情

派生：够受的 够瞧的

（四）形容词的轻声字分析

在这 25 个固化三音节形容词中，含轻声字的三音词有 17 个，其中轻声字居中间的有 15 个，轻声字居末尾的有“够瞧的、够受的”2 个。

差不多 差不离 大不了 了不得 了不起 吃不开 吃得开
合不着 合得着 靠不住 靠得住 合不来 合得来 划不来
划得来 够瞧的 够受的

三 三音节副词

（一）副词的数量

固化三音节副词一共有以下 59 个，一般结构的有 38 个，能性述补关系“V 不 C”的有 21 个。

保不定 保不齐 保不住 备不住 背不住 不见得 不由得
差不多 差不离 差一点 充其量 抽冷子 大不了 大约莫
到头来 动不动 短不了 多一半 敢不是 怪不得 果不然
何苦来 花插着 花搭着 几几乎 基本上 进一步 可不是
冷不丁 冷不防 里外里 忙不迭 猛不防 猛不丁 猛孤丁
莫不是 难道说 甚至于 时不时 实际上 庶几乎 说不定
无怪乎 无须乎 无形中 无意识 下意思 一股劲 一股脑
一溜风 一溜烟 一窝蜂 一阵风 有意识 由不得 怨不得
指不定 左不过 乍猛的

（二）副词的结构特征分类

1）否定词在前的有 6 个。

不见得 不由得 无怪乎 无形中 无须乎 无意识

2）否定词在中间，是述补关系的有 20 个。

怪不得 怨不得 说不定 由不得 保不定 保不齐 保不住
备不住 背不住 冷不丁 冷不防 忙不迭 猛不防 猛不丁
指不定 左不过 短不了 差不多 差不离 大不了

3）否定词在中间，是非述补关系的有 6 个。

动不动 敢不是 果不然 可不是 莫不是 时不时

4）其他类型的有 27 个。

充其量 抽冷子 多一半 大约莫 到头来 何苦来 花插着
花搭着 几几乎 基本上 进一步 里外里 难道说 实际上
庶几乎 猛孤丁 一股劲 一股脑 一溜风 一溜烟 一窝蜂
一阵风 有意识 下意识 乍猛的 甚至于 差一点

（三）副词的语义分类

语气：保不定　保不齐　背不住　备不住　不见得　充其量　大约莫
到头来　果不然　何苦来　几几乎　可不是　里外里　莫不是
难道说　实际上　庶几乎　无怪乎　无须乎　指不定　左不过
怪不得　怨不得　说不定　保不住　短不了　敢不是　多一半
甚至于　差不多　差一点

情状：抽冷子　花插着　花搭着　冷不丁　冷不防　忙不迭　猛不防
猛孤丁　无形中　无意识　一股劲　乍猛的　由不得　不由得
一阵风　下意识　一溜风　一溜烟　一窝蜂　有意识

范围：基本上　里外里　一股脑　进一步

频率：动不动　时不时

（四）副词的构词分析

述补：保不定　保不齐　备不住　背不住　冷不丁　冷不防　忙不迭
猛不防　猛不丁　猛孤丁　指不定　左不过

状中：不见得

动宾：充其量　抽冷子　进一步　无意识　有意识

定中：无形中　一股脑　一股劲　一溜风　一溜烟　一窝蜂

重叠：动不动　时不时　里外里

派生：实际上　基本上　无怪乎　无须乎　几几乎　庶几乎　莫不是
果不然　大约摸　敢不是　何苦来　到头来　花搭着　花插着
难道说　可不是

（五）副词的轻声字分析

在以上 59 个固化三音节副词中，含轻声字的三音词有 25 个，其中轻声字居中间的有 13 个，轻声字居末尾的有 12 个。

保不定　保不齐　备不住　背不住　动不动　果不然　冷不丁
冷不防　猛不防　猛不丁　猛孤丁　指不定　左不过　不见得
抽冷子　大约莫　敢不是　花插着　花搭着　基本上　可不是
实际上　无意识　有意识　乍猛的

四　三音节其他词类

（一）其他词类的数量

名词：暗地里　暗下里　背地里　大概其　私下里　私底下　所以然
下意识

代词：那么些　那么着　这么些　这么样　这么着　怎么样　怎么着

连词：别说是　乃至于　要不然　要不是　以至于　于是乎　之所以

甚至于

数词：一多半　多一半

叹词：好家伙

助词：什么的

语气词：就是了

（二）其他词类的构词分析

述补：数词“多一半”

状中：代词“那么着、这么样、这么着、怎么样、怎么着”

数词“一多半”

定中：代词“那么些、这么些”

叹词“好家伙”

派生：连词“别说是、乃至于、以至于、要不然、要不是、于是乎、之所以”

名词“所以然、暗地里、背地里、暗下里、私下里、私底下”

助词“什么的”

语气词“就是了”

（三）其他词类的轻声字分析

名词：暗地里　暗下里　背地里　私下里　私底下　下意识

代词：那么些　那么着　这么些　这么样　这么着　怎么样　怎么着

叹词：好家伙

助词：什么的

语气词：就是了

（四）三音节兼类词

固化三音节兼类词一共有 16 个，主要是副词跟其他实词（名词、数词、动词、形容词）兼类，还有副词跟虚词（连词）兼类。兼类词的词类分析，已经在各个具体词类中探讨了，这里就不再赘述了。

动、副：保不住　不由得　短不了　怪不得　说不定　一阵风

由不得　怨不得

形、副：差不多　差不离　差一点　大不了

数、副：多一半

名、副：下意思

副、连：甚至于

名、形：大概其

第二节　固化三音词的结构分析

一　三音词的构词分析

在复合式固化三音词中，“V 得 C”“V 不 C”这种能性述补关系构词所占比重很大，有 99 个，占复合词总数（143 个）的 69.23%，占所有固化三音词总数（199 个）的 49.75%。由附加词缀而来的派生词数量也不小，有 33 个，占所有固化三音词总数的 16.58%。

（一）复合式三音词

1）述补关系三音词，共有 101 个，其中“V 不 C”都是“1+2”韵律构词模式，“V 得 C”都是“2+1”韵律构词模式。

动词：巴不得　保不住　吃不服　短不了　挂不住　怪不得　怨不得　拗不过　恨不得　恨不能　豁出去　见不得　来不得　免不得　免不了　少不了　少不得　舍不得　使不得　说不定　说不上　下不来　要不得　由不得　吃不来　吃得来　吃不消　吃得消　吃不住　吃得住　等不及　等得及　对不起　对得起　对不住　对得住　犯不上　犯得上　犯不着　犯得着　赶不及　赶得及　搁不住　搁得住　过不去　过得去　架不住　架得住　禁不起　禁得起　禁不住　禁得住　看不起　看得起　来不及　来得及　抹不开　抹得开　磨不开　磨得开　瞧不起　瞧得起　数不上　数得上　数不着　数得着　说不来　说得来　想不到　想得到　信不过　信得过

形容词：差不多　差不离　差一点　大不了　了不得　了不起　靠不住　靠得住　吃不开　吃得开　合不来　合得来　合不着　合得着　划不来　划得来

副词：保不定　保不齐　备不住　背不住　冷不丁　冷不防　忙不迭　猛不防　猛不丁　猛孤丁　指不定　左不过

数词：多一半

2）状中关系三音词，共有 18 个，除了“对着干”是“2+1”韵律构词模式，其他的都是“1+2”韵律构词模式。

形容词：不得了　不得已　不像话　不要紧　不要脸　好容易

动词：不敢当　不过意　不失为　不下于　不由得　不至于　不足道　对着干　殊不知

副词：大约莫　不见得

数词：一多半

3）动宾关系三音词，共有 9 个，除了“难为情”是“2+1”韵律构词模式，其他的都是“1+2”韵律构词模式。

形容词：难为情

动词：无所谓　无条件　想当然

副词：充其量　抽冷子　进一步　无意识　有意识

4）定中关系三音词，共有 10 个，除了“好意思”“好家伙”两个是“1+2”韵律构词模式，其他 8 个都是“2+1”韵律构词模式。

动词：好意思

副词：无形中　一股脑　一股劲　一溜风　一溜烟　一窝蜂

代词：那么些　这么些

叹词：好家伙

（二）派生词式三音词

派生词式固化三音词共有 39 个，除了“之所以”是“1+2”韵律构词模式，其他的 38 个词都是“2+1”韵律构词模式。

副词：实际上　基本上　无怪乎　无须乎　几几乎　庶几乎　莫不是　果不然　敢不是　何苦来　到头来　花搭着　花插着　难道说　可不是

连词：别说是　乃至于　以至于　要不然　要不是　于是乎　之所以

动词：明摆着　意味着

形容词：够受的　够瞧的

名词：所以然　暗地里　背地里　暗下里　私下里　私底下

代词：那么着　这么样　这么着　怎么样　怎么着

助词：什么的

语气词：就是了

（三）重叠式三音词

重叠式固化三音词共有“动不动、时不时、里外里”3 个，并且都是“1+1+1”韵律构词模式。

二　三音词中轻声字分析

《现代汉语词典》（第 7 版）共收录固化三音词 199 个，其中 126 个中含有轻声，占总数的 63.32%。三个字都读轻声的只有“就是了”，两个字轻声或轻读的有以下 17 个。其他 14 个词的后两个字都是轻声，只有“巴不得、见不得、了不得”这 3 个词的后两个字都读（·bu·dé）：表示“不”读轻声“·bu”；“得”一般轻读“de”，有时也可以读原调“dé”。

动词：巴不得　见不得　怪不得　恨不得　来不得　免不得　舍不得
使不得　要不得　由不得　怨不得　豁出去

形容词：了不得

代词：那么着　这么着　怎么着

助词：什么的

固化三音词中，一个字是轻声或轻读的有以下 117 个，其中 107 个是轻声，只有“暗地里、背地里、不见得、敢不是、基本上、实际上、私底下、私下里、无意识”这 9 个三音词的末尾字一般轻读，有时也可以读原调。

动词：保不住　不由得　吃不服　短不了　对着干　挂不住　好意思
恨不能　免不了　明摆着　少不了　少不得　说不定　说不上
下不来　意味着　拗不过
吃不来|吃得来　吃不消|吃得消　吃不住|吃得住
等不及|等得及　对不起|对得起　对不住|对得住
犯不上|犯得上　犯不着|犯得着　赶不及|赶得及
过不去|过得去　磨不开|磨得开　架不住|架得住
禁不起|禁得起　禁不住|禁得住　看不起|看得起
来不及|来得及　数不上|数得上　数不着|数得着
说不来|说得来　信不过|信得过　想不到|想得到
瞧不起|瞧得起　搁不住|搁得住　抹不开|抹得开

形容词：差不多　差不离　大不了　够瞧的　够受的　了不起
吃不开　吃得开　合不着　合得着　靠不住　靠得住
合不来　合得来　划不来　划得来

副词：保不定　保不齐　备不住　背不住　不见得　抽冷子
大约莫　动不动　敢不是　果不然　花插着　花搭着
基本上　可不是　冷不丁　冷不防　猛不防　猛不丁
猛孤丁　实际上　无意识　有意识　指不定　左不过
乍猛的

名词：暗地里　暗下里　背地里　私下里　私底下　下意识

代词：那么些　这么些　这么样　怎么样

叹词：好家伙

总之，汉语的固化三音词，有的语音没有弱化，有的语音正在弱化（一般轻读，有时读原调），有的已经弱化（如有轻声字的三音词）。那么按照语音弱化程度高低，就可以形成等级序列：轻声＞轻读＞原调。当然，即使是语音已经弱化了，也有弱化程度的差别：固化三音词中，三个字或两个字都是轻声的弱化程度最高；一个汉字是轻声的，弱化程度次之；一个汉字一般轻读，有时读原调的，弱化程度再次之，即："三个字或两个字轻声"＞"一个字轻声"＞"一个字有时轻读，有时读原调"。

三　三音词中"不"字分析

在 199 个固化三音词中，含否定语素"不"字的有 92 个，占总数的 46.23%。"不"字在词首的有 14 个，具体词类分布如下：

动词：不敢当　不过意　不失为　不下于　不由得　不至于　不足道

形容词：不得了　不得已　不像话　不要紧　不要脸

副词：不见得

名词：不作为

"不"字在词中间的有以下 78 个，其中读轻声的补语标记"不"有 69 个，占带否定语素"不"（92 个）固化三音词总数的 75%。

动词：巴不得　保不住　吃不服　短不了　挂不住　怪不得　恨不得
恨不能　见不得　来不得　免不得　免不了　少不了　少不得
舍不得　使不得　说不定　说不上　下不来　要不得　由不得
怨不得　拗不过　吃不来　吃不消　吃不住　等不及　对不起
对不住　犯不上　犯不着　赶不及　过不去　磨不开　架不住
禁不起　禁不住　看不起　来不及　数不上　数不着　说不来
信不过　想不到　瞧不起　搁不住　抹不开

形容词：了不起　了不得　大不了　差不多　差不离　吃不开　划不来
靠不住　合不来　合不着

副词：说不定　保不定　保不齐　备不住　背不住　冷不丁　冷不防
忙不迭　猛不防　猛不丁　指不定　左不过

其中非补语标记"不"有 9 个（可不是、莫不是、要不是、敢不是、果不然、要不然、殊不知、动不动、时不时）。其中"V 不 C"形式的有 7 个（可不是、莫不是、要不是、敢不是、果不然、要不然、殊不知），非"V 不 C"形式的有 2 个（动不动、时不时）。这 9 个词中，"不"读轻声的有"动不动"，"不"一般轻读、间或重读的有"果不然"，其他 7 个词中的"不"都是读原调。

四　三音词的其他分析

（一）三音词与双音词

三音词有对应的近义双音词，共有 26 组，按词性不同分别列举如下：

名词：暗地里—暗地　背地里—背地　私下里—私下　私底下—私下
大概其—大概

副词：大约莫—大约　别不是—别是　敢不是—敢是　何苦来—何苦
　　　几几乎—几乎　庶几乎—庶几　无怪乎—无怪　无须乎—无须
　　　基本上—基本　可不是—可不　难道说—难道
连词：别说是—别说　乃至于—乃至　以至于—以至　甚至于—甚至
　　　要不然—要不　于是乎—于是　之所以—所以
助词：就是了—就是
数词：一多半—多半　多一半—多半

（二）近义三音词

近义三音词共有 37 组，按词性不同分别列举如下：

动词：怪不得—怨不得　由不得—不由得　免不得—少不得
　　　免不得—免不了　少不得—少不了　保不定—指不定
　　　对不住—对不起　对得起—对得住
　　　犯不着—犯不上　吃不来—吃不惯
　　　免不了—少不了—短不了　恨不得—巴不得—恨不能
　　　保不定—保不齐—保不住　来不及|来得及—赶不及|赶得及
　　　看不起|看得起—瞧不起|瞧得起　吃不消|吃得消—吃不住|吃得住
　　　对不起|对得起　对不住|对得住　犯不上|犯得上—犯不着|犯得着
　　　抹不开|抹得开—磨不开|磨得开　数不上|数得上—数不着|数得着
　　　禁不起|禁得起—禁不住|禁得住
形容词：了不得—不得了　差不多—差不离　够受的—够瞧的
副词：花搭着—花插着　可不是—说的是　终不成—终不然
　　　冷不防—猛不防　一溜烟—一溜风
　　　冷不定—猛不丁—猛孤丁　别不是—莫不是—敢不是
　　　备不住—背不住—说不定　难不成—莫不成—终不成
数词：一多半—多一半
名词：私下里—私底下　暗地里—背地里—暗下里
连词：甚至于—以至于—乃至于

以上 37 组近义三音词中，“由不得|不由得”“了不得|不得了”“一多半|多一半”这三组比较特殊，每组中的三个构词语素相同，不同的只是语素的组合顺序不同，因而可以看成广义的同素逆序词。类似的同素逆序词或习用语还有“不见得|见不得”“犯不着|不犯着”“没的说|没说的”“真是的|真的是”等。

（三）固化三音节方言词

近代汉语文献语言的特点之一就是常常带有明显的方言色彩，反映了口语的地域性。如敦煌俗文学作品多反映了西北地区口语，金代诸宫调反映燕京一带口语，元代杂剧多用北方口语写作，宋、元、明代的南戏用的多是浙江等地的江南口语，《拍案惊奇》大致反映了浙江口语。再比如《水浒传》《金瓶梅》《醒世姻缘传》带有山东方言色彩，《西游记》《儒林外史》具有江淮官话色彩，《红楼梦》《儿女英雄传》用北京方言写成，《海上花列传》《九尾狐》则带有吴方言色彩。

《现代汉语词典》（第 7 版）收录的固化三音节方言词就有 20 个，其中副词有“保不齐、备不住、背不住、抽冷子、大约莫、敢不是、冷不丁、猛不丁、猛孤丁、乍猛的、时不时、左不过”共 12 个，动词有“挂不住、架不住、架得住”，形容词有“合不着、合得着”，名词“大概其”，代词“这程子”，数量词“一程子”。

第三节　固化三音词的词典对比分析

一　词典的纵向比较

词典的纵向比较是指，对《现代汉语词典》第 5 版（2005 年）、第 7 版（2016 年）中所收录的固化三音词作比较，看三音词的增收删减、词性标注、义项顺序、例释、注音等方面的变化情况。

第一，两个版本《现代汉语词典》在词性标注、词语增收上有变化。首先，两个版本词性标注方面有变化：第 5 版中的“不敢当、不过意、不得了、不像话、不要紧、不要脸”，都没有标词性；第 7 版把“不敢当、不过意”标为动词，“不得了、不像话、不要紧、不要脸”标为形容词。“不经意”第 5 版标为动词，但第 7 版没标。“赶不上、不在乎”第 5 版标为动词，第 7 版两个词都删了。

其次，跟第 5 版相比，第 7 版增收的三音词有：名词“私底下、私下里”，动词“等不及、等得及、对不住、对得住、信不过、信得过”，副词“敢不是、果不然、何苦来、几几乎、庶几乎、无须乎、可不是、难道说”，连词“于是乎、乃至于、之所以”。

第二，两个版本《现代汉语词典》在义项顺序、释义、例句、语音等方面都有个别地方的修改，主要体现在以下三个方面。

1）兼类词词性义项标注顺序的变化。第 5 版兼类词的词性标注顺序是副词义项在前，动词、形容词义项在后；第 7 版则修改为动词、形容词义项在前，副词义项在后。从实词义（动词、形容词）到虚词义（副词），更符合语义演变从实到虚这一客观规律。比如“保不住、怪不得、怨不得”第 5 版是副词义项在前，动词义项在后，“大不了、大概其”第 5 版是先副词义项，然后是形容词义项。这两组词语，第 7 版都修改为动词、形容词义项在前，副词义项在后。两个版本的具体变动情况，如下所示：

	第 5 版	第 7 版
保不住	副、动	动、副
怪不得	副、动	动、副
怨不得	副、动	动、副
大不了	副、形	形、副
大概其	副、形	形、副

2）词性标注的变化。第 5 版的形容词“差不离”、数词“一多半”，到了第 7 版都补充了副词义项，即“差不离”是形副兼类词，“一多半”是数副兼类词。“合不来、合得来”第 5 版标注为动词，第 7 版修改为形容词。两个版本的具体变动情况，如下所示：

	第 5 版	第 7 版
差不离	形	形、副
多一半	数	数、副
合不来	动	形
合得来	动	形

3）读音的变化。“巴不得、背地里、实际上、要不是”中的最后一个字第 5 版都标注为轻声，如“得（·de）、里（·li）、上（·shang）、是（·shì）”。第 7 版则修改为一般轻读、间或重读的“得（·dé）、里（·lǐ）、上（·shǎng）、是（shì）”。两个版本的具体变动情况，如下所示：

	第 5 版	第 7 版
巴不得	bu·de	·bu·dé
背地里	·li	·lǐ
实际上	·shang	·shǎng
要不是	·shì	shì

二　词典的横向比较

词典的横向比较是指，对 2016 年《现代汉语词典》（第 7 版）与 2014 年《现代汉语规范词典》（第 3 版）两部最新版本词典作共时的比较，主要比较哪些固化三音词是两部词典都收录的，哪些只有其中一部词典收录了，即探讨两部词典在固化三音词收录方面的共性与差异。大致可分为以下三个方面。

第一，两部词典都收录的，一共有 147 个，按三音词的首字音序排列如下：

暗地里　巴不得　保不定　保不齐　保不住　备不住　背不住

背地里 不得了 不得已 不敢当 不过意 不见得 不下于
不像话 不要紧 不要脸 不由得 不至于 不作为 不足道
差不多 差不离 吃不开 吃不来 吃不消 吃不住 吃得开
吃得来 吃得消 吃得住 充其量 抽冷子 大不了 大概其
到头来 等不及 等得及 动不动 短不了 对不起 对得起
对着干 多一半 犯不上 犯得上 赶不及 赶得及 够瞧的
够受的 挂不住 怪不得 过不去 过得去 好家伙 好容易
好意思 合不来 合得来 恨不得 恨不能 划不来 划得来
豁出去 基本上 架不住 架得住 见不得 禁不起 禁不住
禁得起 禁得住 进一步 看不起 看得起 靠不住 靠得住
可不是 来不得 来不及 来得及 冷不防 里外里 了不得
了不起 忙不迭 猛不丁 猛不防 免不得 免不了 莫不是
磨不开 磨得开 那么些 那么着 难为情 少不了 少不得
舍不得 什么的 时不时 使不得 殊不知 数不上 数不着
数得上 数得着 说不定 说不来 说不上 说得来 私下里
所以然 无怪乎 无所谓 无条件 无须乎 无形中 无意识
下不来 想不到 想当然 小意思 信不过 信得过 要不得
要不然 要不是 一程子 一多半 一股劲 一溜风 一溜烟
一窝蜂 一阵风 以至于 由不得 于是乎 有意识 怨不得
怎么样 怎么着 这程子 这么些 这么样 这么着 之所以

第二，《现代汉语词典》（第 7 版）收录了，《现代汉语规范词典》（第 3 版）没收录，一共有 28 个，按三音词首字音序排列如下：

暗下里 百分百 别说是 不失为 大约摸 对不住 对得住
犯不着 犯得着 敢不是 果不然 合不着 合得着 何苦来
花插着 花搭着 几几乎 冷不丁 猛孤丁 难道说 乃至于
实际上 私底下 私下里 庶几乎 无怪乎 意味着 左不过

第三，《现代汉语规范词典》（第 3 版）收录了，《现代汉语词典》（第 7 版）没收录，一共有 49 个，按三音词首字音序排列如下：

不老少 不景气 不一定 不屑于 不亚于 吃不饱 吃不动
吃不透 吃不准 吃得准 吃不上 大多数 抵不上 抵得上
赶不上 赶得上 顾不上 顾得上 够不着 够得着 尽可能
经得起 经不起 看起来 拿不准 拿得准 那么样 说不着
说不准 说得上 甚至于 想不开 想得开 想不通 想得通
行不通 行得通 想得到 眼见得 一眨眼 一转眼 以致于
用不着 用得着 有悖于 有助于 再不然 怎么的 只不过

第八章　固化三音词的对外汉语教学研究

第一节　教学大纲与口语教材调查

一　对外汉语教学大纲调查

教学大纲在整个教学过程中处于首要地位，它是教材编写、教学组织和教学质量检测的依据。对外汉语教学大纲是对外汉语教学的主要参考和依据，在对外汉语实际教学中占有举足轻重的地位，所以从教学大纲的角度去调查和分析三音词是必不可少的一环。对外汉语的教学大纲的研究、制定是从20世纪90年代陆续开始的，主要都是由国家对外汉语教学领导小组组织编写的。对外汉语相关的教学大纲有很多，本节主要选取三本具有一定代表性的进行调查和分析：《汉语水平词汇与汉字等级大纲》、《高等学校外国留学生汉语教学大纲》（长期进修）和《新汉语水平考试大纲》。

（一）《汉语水平词汇与汉字等级大纲》

《汉语水平词汇与汉字等级大纲》（以下简称《大纲》）于1990年7月被列入国家汉办科研规划，后由北京语言学院汉语水平考试中心和国家汉办汉语水平考试部研制，是一本有一定规范意义的汉语水平大纲。《大纲》主要依据《现代汉语频率词典》《现代汉语常用字表》等国内影响较大的七个动态性频度统计词典、词表与字表，分别得出甲乙丙丁四个等级词汇和汉字。《大纲》自出版以来，一直被作为初等、中等和高等汉语水平考试的主要依据和我国对外汉语教材编写、教学总体设计的参照标准。

《大纲》包括汉字等级大纲和词汇等级大纲两个部分，本节主要调查的是词汇部分，不涉及汉字等级部分。词汇等级大纲部分主要有甲、乙、丙、丁四个级别，其中甲级词汇有1033个，乙级词汇有2018个，丙级词汇有2202个，丁级3569个。本节主要调查甲、乙、丙、丁四个级别中三音节固化三音词的分布情况。

甲级词汇中有5个：

对不起、没关系、没意思、有意思、怎么样

乙级词汇中有 13 个：

不得了、不敢当、不要紧、好容易、进一步、不一定、差不多、看不起、来不及、来得及、了不起、有的是、什么的

丙级词汇中有 16 个：

不见得、不像话、不由得、不在乎、对得起、怪不得、恨不得、可不是、没说的、舍不得、甚至于、说不定、无所谓、要不然、要不是、意味着

丁级词汇中有 6 个：

不得已、不至于、以至于、真是的、这么着、怎么着

（二）《高等学校外国留学生汉语教学大纲》

《高等学校外国留学生汉语教学大纲》（以下简称《教学大纲》）面向的对象也主要是母语为非汉语的外国人和海外华人华侨。《教学大纲》对教学对象、目标、内容、途径等都进行了细致的阐述，本节对此不做深入探讨，本节调查的核心是《教学大纲》后面的“附表”部分。

《教学大纲》后有四个附表，分别是词汇表、汉字表、语法项目表和功能项目表。汉字表不做考虑，主要调查的是词汇表、语法项目表和功能项目表。其中词汇表分为初级阶段词汇（最常用、次常用），中等阶段词汇和高等阶段词汇。各个阶段固化三音词的分布情况如下所示：

初等阶段最常用词汇中有 3 个：没关系、有意思、怎么样；次常用词汇中一共有 12 个：

不得了、不敢当、不要紧、差不多、好容易、看不起、可不是、来不及、来得及、了不起、有的是、什么的

中等阶段词汇中共有 19 个：

巴不得、不见得、不像话、不由得、不在乎、不至于、吃不消、动不动、怪不得、好家伙、进一步、禁不住、免不了、那么说、舍不得、无所谓、要不然、一口气、这么着

高等阶段词汇中有 5 个：

不得已、顾不得、赔不是、岂不是、由不得

（三）《新汉语水平考试大纲》

《新汉语水平考试大纲》是 2009 年商务印书馆出版的图书，全书分为六册，分别对应新 HSK 一至六级考试。每册都有对相应等级考试的介绍，提供样卷、样卷听力材料以及样卷答案，还对相应等级需要掌握的语言功能、词汇和语法进行了罗列，遵循“考教结合”的原则，给新 HSK 应试者和教师都提供了全面细致的参考。《新汉语水平考试大纲》一至六级词汇部

分共收录 5000 个词语。各级固化三音词的分布情况如下所示：

一级词汇中有 4 个：不客气、对不起、没关系、怎么样

二级词汇中有 1 个：为什么

四级词汇中有 4 个：差不多、来不及、来得及、受不了

五级词汇中有 9 个：

不得了、不见得、不要紧、怪不得、看不起、了不起、舍不得、说不定、无所谓

六级词汇中有 8 个：

巴不得、不得已、不敢当、不像话、不由得、大不了、恨不得、要不然

二　对外汉语口语教材调查

《汉语口语》是由北京大学出版社出版的一套具有代表性的口语教材，1996 年出版至今，国内外众多汉语老师、学习者纷纷给予好评。为适应生活的变化和语言的发展，先后两次改版，本节选用的是 2015 年出版的第 3 版。这套教材分为初、中、高三个等级，每个等级分为 1、2 和提高篇三册。每课有注释、课文、练习、语言点四个部分，3—5 课组成一个单元，每个单元都涵盖了口语知识、口语常用语、交际文化三个部分的内容。

《初级汉语口语》的 1、2、提高篇三册，分别设置有 25 课、20 课、16 课，每 4—5 课穿插一个口语知识点。《初级汉语口语》以《汉语水平词汇与汉字等级大纲》的甲级词和乙级词为主要参照，除了《初级汉语口语 1》的前三课为语音集中教学部分，后续的课程多以情景对话的方式设置课文，并配有相关的注释和课后练习。《初级汉语口语》出现的三音词有以下 15 个，其中前 5 个词语的部分课文原文，如下所示：

怪不得　差不多　来不及　什么的　有的是　有意思　来得及

舍不得　受不了　不一定　没意思　没关系　不敢当　不客气

不要紧

1. 怪不得

乙：没办。请亲戚朋友喝了顿喜酒，然后就带着新娘旅行去了。

甲：怪不得这几天他没来上班呢，原来是当新郎去了。（《提高》第 11 课）

2. 差不多

安妮：你常常打乒乓球吗？

王平：我参加了学校的乒乓球队，差不多每个周末都打。（《初级 1》第 20 课）

3. 来不及

甲：现在正好是绿灯，快过马路！

乙：来不及了，已经变黄灯了。(《初级 2》第 15 课)

4. 什么的

甲：每天不论早上还是傍晚，在公园里，总能看见跳舞的老人，他们穿得红红绿绿的，挺有意思。

乙：老人也不是人人都爱跳舞。很多爱动的老人，更喜欢爬爬山、散散步什么的。(《提高》第 7 课)

5. 有的是

男：好了，别生气了，原谅我吧。下回……

女：每次约会你都迟到，下回谁还相信你呀？你以为我有的是时间等你呀。(《提高》第 6 课)

《中级汉语口语》的 1、2、提高篇三册，分别设置有 20 课、16 课、16 课，其中每 4 课穿插一个口语知识点和一些口语常用语。《中级汉语口语》以《汉语水平词汇与汉字等级大纲》中的乙级词和丙级词为主，出现的三音词有以下 26 个，其中前 8 个词语的部分课文原文，如下所示：

可不是 好家伙 说的是 多的是 大不了 不见得 不像话

无所谓 差不多 要不然 巴不得 怪不得 恨不得 了不得

说不定 有的是 有意思 等不及 不至于 没意思 够意思

这么说 用不着 不敢当 没关系 不一定

1. 可不是

玛丽：你买这么多卡通书，是给你孩子看的吧？

妇女：可不是。当父母的有点儿钱还不都花在孩子身上？不过闲着没事的时候我也翻翻。(《中级 2》第 5 课)

2. 好家伙

甲：好家伙！你的呼噜打得可真响！

乙：打得不好，瞎打！(《中级 1》第 17 课)

3. 说的是

安娜：大妈，我特别想学中国功夫。以后要是遇见坏人，我这么一比画，就能把他吓跑。

老人：说的是，年轻人有年轻人的运动。姑娘，前边不远，有个武术辅导站，你们到那儿去看看吧。(《中级 2》第 2 课)

4. 多的是

玛丽：我到现在除了出租汽车，还没敢坐别的车呢。

王峰：嗨！学校门口能坐的车多的是，拿公共汽车来说吧，有专线车、

空调车……（《中级1》第5课）

5. 大不了

甲：糟了，我的学生证丢了。

乙：别着急，没什么大不了的，再补一个不就行了？（《提高》第11课）

6. 不见得

玛丽：听说历史系是冷门，考历史系应该比较容易吧？

王峰：那倒不见得。历史系的学生，要读古今中外大量的历史书籍。（《提高》第6课）

7. 不像话

甲：别走了，就住我家吧。你们睡床，我睡沙发。

乙：那就不像话了，我们还是住饭店吧。（《中级2》第4课）

8. 无所谓

田中：我要是哪天没吃早饭，一上午都没精神。

安娜：你天天都吃，偶尔不吃，当然没精神。我根本就不吃，习惯了也就无所谓了。（《中级2》第6课）

《高级汉语口语》的1、2、提高篇三册，每册都是12课，其中每3课穿插一个口语知识点的总结。《高级汉语口语》以《汉语水平词汇与汉字等级大纲》中的丁级词为主。跟《中级汉语口语》教材一样，每一课都有一个热身话题引入课文，但不同的是，以类似于剧本的方式设定故事情节，展示出中国社会、家庭的一些侧面。《高级汉语口语》出现的三音词有以下31个，其中前8个词语的部分课文原文，如下所示：

要不然	恨不得	舍不得	不得了	有意思	免不了	说的是
不敢当	没的说	以至于	差不多	可不是	什么的	怪不得
要不是	说不定	不要紧	不至于	无所谓	怎么着	不在乎
受不了	不用说	了不得	没说的	要不是	说真的	真是的
天知道	用不着	没关系				

1. 要不然

林母：来这儿几年，生活上习惯了吧？

铃木：还行。刚开始可真不适应。这儿上课时间太早，我们留学生大都是夜猫子，早上实在爬不起来。不过现在只要有可能，我总要睡会儿午觉，要不然下午就昏昏沉沉的，干什么都没有精神。（《高级1》第1课）

2. 恨不得

周平：我女儿念书念到二十六七才工作，现在都过三十了，还没对象呢。我恨不得替她去相亲，她说我在“逼婚”。

孙大爷：我们邻居有个小伙子挺不错，三十三，博士毕业，搞电脑。要不我给牵牵线?不过，话说回来，现在的年轻人在恋爱婚姻上都有自己的一套看法。(《高级 1》第 4 课)

3. 舍不得

铃木：哇，好丰盛啊！每个菜都写着名字呢！

林雪：真是色香味形俱全啊，我都舍不得下筷子了。(《高级 1》第 12 课)

4. 不得了

铃木：你带这么多东西干吗？还真拿他当病人啊。不就是一个阑尾炎手术嘛，用不着大惊小怪的。

华胜：是吗？我总觉得一住院就是不得了的病，当然应该好好儿养一养！(《高级 1》第 8 课)

5. 有意思

杜女士：还有，北方人南方人说话也不一样。北方人说话儿化音比较多，南方人“z、c、s”和“zh、ch、sh”不分，“en”和“eng”，“in”和“ing”也常混淆。

铃　木：有意思，还有哪些不同呢？(《高级 1》第 7 课)

6. 免不了

大卫：郝阳一个人送林雪下山，免不了有人说闲话，让别人说闲话总是不好的事，所以郝阳没办法，就只好和林雪谈恋爱了。

郝阳：这个大卫，真会编故事，艾兰你可不要听他乱讲。(《高级 1》第 2 课)

7. 说的是

铃木：不会吧，你每月的钱可不算少啊。

王雯：说的是啊。每月父母出大头儿，外加一笔不多不少的奖学金，有时候做做家教、打打工，还有像我表哥这些亲戚也时不时给点儿支持。(《高级 2》第 6 课)

8. 不敢当

林雪：你也不落后嘛，是咱们单位公认的模范丈夫。你夫人没有后顾之忧，管着那么大一个饭店，多有成就感呀。

大陈：得了吧，“模范”咱可不敢当，丈夫嘛，倒是名副其实的。(《高级 2》第 3 课)

第二节　固化三音词的偏误分析

本节的偏误语料，主要来自“HSK 动态作文语料库”。我们把常用的固化三音词一个一个输入语料库进行检索，从而得到如下这些偏误语料，然后进行归纳整理，尝试分析偏误的原因。例句后面括号里标注的是写作文学生所在的国籍。

（一）词语残缺

以下例（1）中“差一点”后面缺少否定词“没”。例（2）“高兴”后面缺少补语标记“得”。例（3）“兴奋得”后面缺少补语“不得了”

（1）虽然我学习努力，但我的成绩不好，差一点上好高中。（日本）

（2）妈妈一听这句话，就高兴不得了。（韩国）

（3）我遇到了一本叫《水浒传》的书，这本书让我兴奋得，我不知不觉地看完了那么长的小说，而且我反复看了它。（日本）

（二）词语多余

以下例（4）中“差不多”多余，因为后面已有了表可能义的“几乎”。例（5）“怪不得”多余。因为“怪不多”表原因，后面的“所以”也表原因。例（6）“不得已”后面的“得”字多余，应删除。

（4）虽然说不定以后也许发生什么奇迹而使他恢复健康，但是这样的可能性差不多几乎没有。（日本）

（5）韩国跟中国刚建交了，怪不得所以现在很多公司、旅游公司招聘。（韩国）

（6）我因家庭的因素，所以不得已得辞掉工作。（韩国）

（三）补语标记弄错

以下例句中“不得了”前面的状语标记“地”、定语标记“的”都应该改为补语标记“得”。

（7）我高兴地不得了，买了新的照相机又旅行去了。（日本）

（8）我突然伤心的不得了，爸爸，我年龄大，可是还上学，真对不起你。（韩国）

（9）我的朋友被歌星迷上了，整天拿着歌星的相片高兴的不得了。（韩国）

（10）路上人多的话，危险的不得了。（日本）

（四）停顿多余

以下两例中“什么的”前面的逗号要删除。列举助词“什么的”放在列举项的最后，不要需要停顿。

（11）西宁这个城市比上海落后得多，可它有好多景点，比如青海湖、塔尔寺，什么的。（日本）

（12）多多外出旅行或者参加些活动，跟别的人来往，什么的。（韩国）

（五）词语用法不当

第一，词类误用。例（13）“拥有”是动词，应该改为形容词“富有”，后面就可以带程度补语“不得了”。例（14）“忍受”是动词，应该改为形容词“难受”，后面就可以带程度补语“不得了”。

（13）有钱的人，拥有得不得了，没有钱的人，差不多整天在街上坐着。（韩国）

（14）她说其实病人的死并不美丽，一般满脸的痛苦的表情，而他们的家人也忍受得不得了。（日本）

第二，错用近义三音词。首先，用“不得不”而用了其他词语。以下例句中的“不由得”“舍不得”“免不了”都应改为“不得不”。

（15）所以假期我都不由得打工，减轻父母的负担。（日本）

（16）虽然我爱他，为了生存我舍不得离他远一些。（意大利）

（17）有的因为很少接触异性，选错了人结婚，最后免不了离婚。（泰国）

其次，该用其他词而误用了“不得不”。以下两句中的“不得不”都要改为“不得已”。

（18）有些人主张为了地球上因饥饿受苦的人，化肥和农药的使用是不得不的事。（韩国）

（19）总之，人类现在不得不的情况下，大量使用农药与化肥。（韩国）

类似的情况还有：

（20）来到南京，自然免不了去游览一下这里的名胜，如夫子庙、中山陵、梅花山、明孝陵等。（葡萄牙） “免不了”改为“少不了”

（21）因此我姐姐和妈妈就免不得每个星期吵架了。（泰国） “免不得”改为“免不了”

（22）有时候他像败兵一样回家，我的奶奶看到了，父亲也少不了挨骂。（挪威） “少不了”改为“免不了”

（23）人类是离不开城市，城市也少不得人类。（泰国） “少不得”改为“少不了”

第三，词语搭配不当。

（24）朋友们都说美国不安全，我那时候害怕很不得了，已经开始不想去了。（日本） 把“很”改为补语标记“得”

（25）我不会送你妈花或什么的，但她的耐心和忍耐却是我给她的。（美国） 删除“或”

（26）在酒吧、办公室和许多其它公共场所里更常是烟雾满天，呛得人们不得了。（德国） “不得了”改为“受不了”

（27）我心里很着急，舍不得哭起来了。（日本）“舍不得”改为“忍不住”

（28）虽然我在国外留学，离我父亲很远，但我非常惦记他，少不得他。（乌克兰）“少不得”改为“舍不得”

（29）对我的家庭来说，“代沟”问题实际上存在。（韩国）“实际上”改为“确实”

（30）这样表面上看来我们对长辈疏远了、不关心了，其实是相反的，我们从小所受的教诲是铭记于心。（泰国）“其实”改为“实际上”

（31）这个公司里边的气氛比我想象得好得多，共有五名员工的一个小公司，外观不太了不起。（韩国）“了不起”改为“起眼”

（32）那个时候她很了不起地看我，我也很高兴。（韩国）“了不起”改为“敬佩”

（33）间接吸烟也是和直接吸烟一样有差不多的坏处。（日本）“差不多”改为“很多”

（34）女儿被柜台里的玩具所吸引，对自己的前面完全不在乎。（日本）“不在乎”改为“没注意”

（35）在路上，我们常常看到随便抽烟的吸烟者，让非吸烟者时不时不太高兴。（韩国）“时不时”改为“有时”

（36）不禁被他的英俊的风貌、浪漫的气派与工作上兢兢业业的精神吸引着，由不得地投入情网，结了一夜情之缘。（新加坡）“由不得”改为“不由自主”

（37）一家公司里发生老干部和年轻职员的矛盾时，年青人说不准应该听老人的。（韩国）“说不准”改为“不一定”

（38）可是过度的话应该会影响他们的学习、性格，以至于他们生活的一切。（韩国）“以至于”改为“以至”

（39）我还有四年的时间在北京学习，巴不得继续努力学习。（日本）“巴不得”改为“一定要”

（40）是因为对吸烟者来说，香烟是一种舍不得离开的东西。（日本）“舍不得离开”改为“离不开”

（41）在子女的立场而言，父母始终是自己的父母，有些时候，父母啰嗦是少不免的。（中国香港）“少不免”改为“免不了”

（42）没有经济能力的缘故，我只能送给你们大不了的东西。（韩国）“大不了”改为“不太贵”

第三节　三音节“肯定义”习用语的偏误分析

近年来，口语习用语是学界关注的热点之一，汉语本体方面的研究较为充分，如常玉钟（1993）、张风格（2005）、温锁林（2008）、徐晶凝（2016）等。对外汉语视角下的口语习用语研究也不断升温，各方面研究逐渐展开，比如口语习用语的理解研究、口语习用语的习得与教学研究、对外汉语教材中口语习用语的注释问题研究等。但是在微观方面，研究的数量相对较少，研究的范围也较为狭窄，多集中在对某一个口语习用语或某一种特定格式的口语习用语上。具体到三音节口语习用语的研究，截至目前仅有王楠（2013）一篇，而三音节“肯定义”口语习用语还未见任何研究。

三音节“肯定义”口语习用语，是指音节数是三音节，表达的意思都是肯定义的口语习用语。在口语交际中，这类口语习用语常以带“是”的形式出现，表示对对方的观点、意见、想法持肯定或同意的态度，如“就是嘛、这倒是、那倒是、倒也是、说的是、还真是”。有的虽然其中带有否定或反问语气的词，如“不、可”，但仍然表示肯定的意义，如“可不是、那可不、错不了”，或对对方的疑问作出肯定的答复，为对方的顾虑排除他项，肯定其中一项，如“不用说、不用问”。有的虽然没有直接出现肯定词，但在具体语境中，仍可以看出其表示肯定的态度，如“明摆着”。

本节以“可不是、说的是、错不了、明摆着、不用说、不用问、倒也是、还真是、这倒是、那倒是、就是嘛”11 个习用语为研究对象。这些口语习用语在日常交际中十分常见，在留学生的口语教材或考试中也时有出现。熟练掌握这类口语习用语，不论是对外汉语教学还是留学生的汉语学习和日常生活，都具有重要意义。

一　偏误情况

本节以 11 个三音节“肯定义”口语习用语为研究对象，希望通过对调查问卷结果的分析，了解留学生对不同三音节“肯定义”口语习用语的掌握情况，探究其是否与留学生的汉语水平存在必然关系？哪些三音节“肯定义”口语习用语是留学生难以掌握的？并在分析问卷的基础上对口语习用语的教学提出建议。

本次调查的主要被试分别来自安徽大学、安徽农业大学、华东师范大学以及北京外国语大学，这四所高校均招收留学生，长期开设留学生汉语进修班，开展针对不同汉语水平留学生的汉语教学。考虑到口语习用语有一定的难度，对学生的汉语水平有一定的要求，因此本次调查所挑选的对象，都是学习汉语六个月以上并掌握了一定汉语基础知识的留学生。

问卷分两大题型，其中选择题 16 小题，填空题 8 小题。为了更准确地了解留学生对三音节“肯定义”口语习用语的掌握情况，每个习用语设计了两至三个题目。选择题每题设 4 个选项，只有 1 个为正确答案，另外 3 个尽量在形式或意义上与正确选项易混淆，给答题者造成一定的干扰。填空题给出 12 个可填词语，但每题正确答案只有 1 个，其中 4 个作为多余干扰项目。题干部分尽量选用简单常用的句子，但选项干扰较大，所以整套问卷具有一定的难度。

本次调查共发放纸质问卷 60 份，回收 47 份，其中 3 份未完成，因而实际有效问卷 44 份；网络问卷回收 50 份，均为有效问卷。合计回收有效问卷 94 份，其中初级班 34 份，中级班 30 份，高级班 30 份。

（一）整体情况统计

问卷共 24 道题，每题按照 1 分计算，满分为 24 分，及格分为 14.4 分，不同汉语水平留学生得分情况如表 8–1：

表 8–1　留学生问卷得分情况统计　（分）

班级	初级班（34 人）	中级班（30 人）	高级班（30 人）
平均分	9.82	12.63	16.27

从上表 8–1 可以看出：1）初级班学生的平均分为 9.82，仅为满分的三分之一左右，说明他们对三音节“肯定义”口语习用语掌握得较差，主要因为这些口语习用语，初级水平的留学生很多都未曾接触；2）中级班学生的平均分为 12.63 分，稍高于初级班，但是掌握情况仍然不是很理想；3）高级班学生的平均分为 16.27 分，超出及格分 1.87 分，可以说高级班学生对这类口语习用语的掌握情况大体合格。下面我们利用折线图来观察这三组不同汉语水平学生分数的分布及波动情况（见图 8–1）。

（二）具体情况分析

通过上面的分析，可以大致了解留学生对三音节“肯定义”口语习用语的整体掌握情况。但是具体到不同的习用语，不同汉语水平留学生的作答情况又各不相同。限于篇幅，下面利用柱状图对留学生的部分答题（“可不是、说的是、错不了、不用说、明摆着”共 5 个词语）情况进行分析。

可不是

针对“可不是”设置了三道题，不同级别留学生每道题的正确率如下所示：

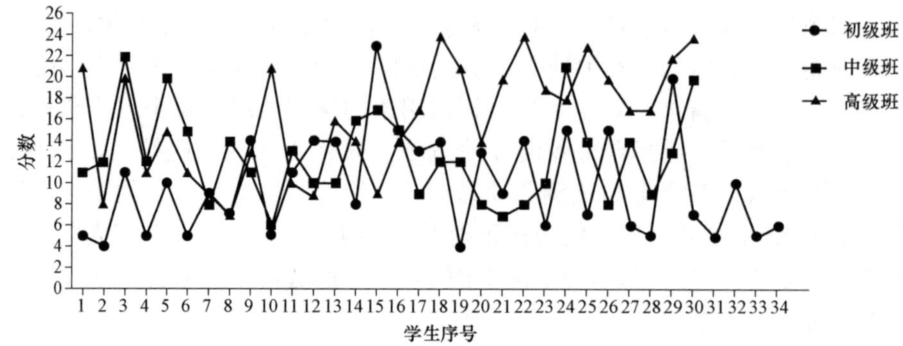

图 8–1 留学生问卷得分情况折线图

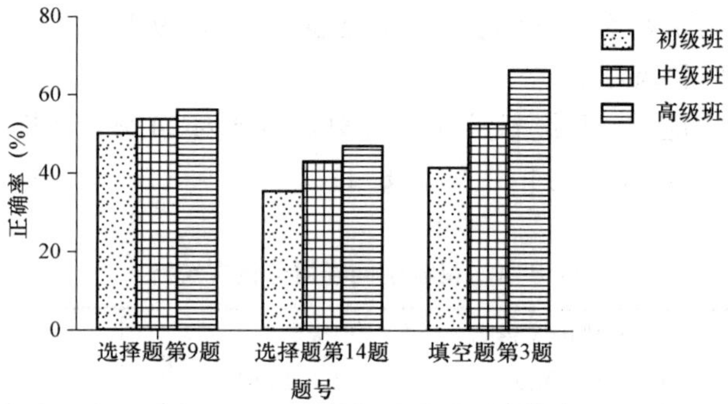

图 8–2 “可不是”各题的正确率

从图 8–2 可以看出，“可不是”三道题的正确率都不高，基本处于 30%—60%。尽管“可不是”在教学大纲和中、高级汉语口语教材中都多次出现，但留学生对这一常见习用语的掌握情况并不理想。“可不是”表示附和赞同对方的话，原本是用反问的语气来表达肯定义的，但发生词汇化后不再需要借助反问这一中间桥梁，而直接与肯定义相关联（李思旭 2017）。

下面对“可不是”的两个选择题和一个填空题作简要分析。

（1）甲：天气预报说今天气温零下十摄氏度。

乙：(　　)，我冷得一天都不敢出门。

A. 可不是　　B. 不用说　　C. 别逗了　　D. 不会吧

题中甲首先提出今天气温零下十摄氏度，表示今天天气很冷，乙用“我冷得一天都不敢出门”进行附和，说明他也认为今天很冷，应选择表示“肯定义”的“可不是”。“别逗了”和“不会吧”都有不相信的意思，显然不符合题意。而“不用说”下文一般接说话人根据事实或经验作出的判断，而题中“我冷得一天都不敢出门”并不是乙的判断，而是陈述客观情况，进一步证实甲说的内容。

（2）甲：小王这个人就喜欢拍领导的马屁。

乙：（　　），他每天都对领导笑眯眯的。

A. 谁知道　　B. 看样子　　C. 不会吧　　D. 可不是

“谁知道”表示不知道或没有预料到，“不会吧”表示不相信，显然这两个选项都不符合题意。这道题很多留学生都错选了“看样子”，“看样子”表示根据客观情况对事情发展的状态、趋势作出估计、判断。题中甲提出小王喜欢拍领导的马屁，乙提出小王每天都对领导笑眯眯的，两个人说的话都是已经发生的客观事实，并不是对事情发展趋势的估计或判断，所以不宜选择“看样子”。题中乙说的内容是对甲说的内容的进一步描述，说明乙对甲所说的话表示同意，所以应选择“可不是”。

（3）甲：已经四月了，天气还是这么冷。

乙：（　　），我还穿着两件毛衣呢。

题中甲提出天气冷，而乙提出他还穿着两件毛衣，根据生活经验，如果天气不冷，应该不会穿两件毛衣，所以乙也认为天气冷，与甲的观点相同，所以应填表示“肯定义”的“可不是”。

说的是

针对“说的是”设置了三道题，不同级别留学生每道题的正确率如下所示：

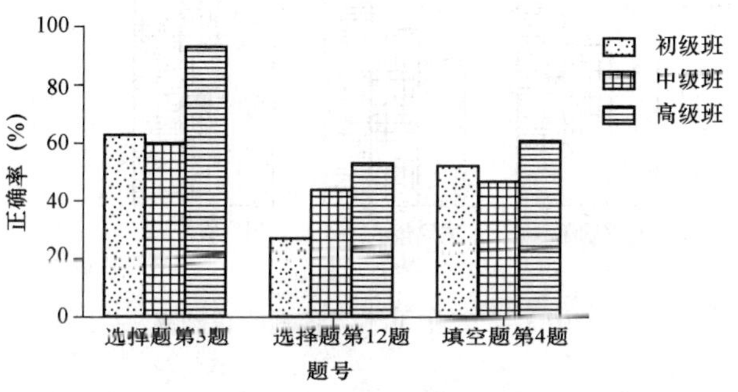

图 8–3　“说的是”各题的正确率

从图 8–3 可以看出，留学生对“说的是”掌握情况参差不齐，没有明显规律，但第 12 题的正确率明显较低，这一题的题目为：

（4）甲：其实咱们老年人，对孩子也没啥要求，不就是想让他们多陪陪咱们吗？

乙：（　　），可就这么点儿心愿也实现不了。

A. 怎么样　　B. 无所谓　　C. 说的是　　D. 说白了

大部分留学生选择了“说白了”，“说白了”表示通俗浅显地说一件事，是说透了、说到实质上了。“说的是”表示赞同对方的说法，含有对方所说正对自己心思的意味。题干中甲的意思是“老年人对孩子的要求就是希望他们多陪陪自己”，乙表示“这点儿心愿也实现不了”，说明他认同甲的说法，也有同样的愿望，所以应选择“说的是”。

另外，填空题第4题的正确率也不高，这一题的题目为：

（5）甲：要是再多一个房间该多好啊！

乙：（　　），那样咱们就能把父母接来一起住了。

很多留学生填了“真是的”，“真是的”有两层意思，一是不同意某人的说法、做法，表示不满；二是表示心中不安。题干中甲发出“再多一个房间该多好”的感叹，乙则具体指出了多一个房间的好处，“那样就能把父母接来一起住了”，说明他也有同甲一样的愿望，希望“再多一个房间”，所以应选择“说的是”。

错不了

针对“错不了”设置了三道题，不同级别留学生每道题的正确率如下所示：

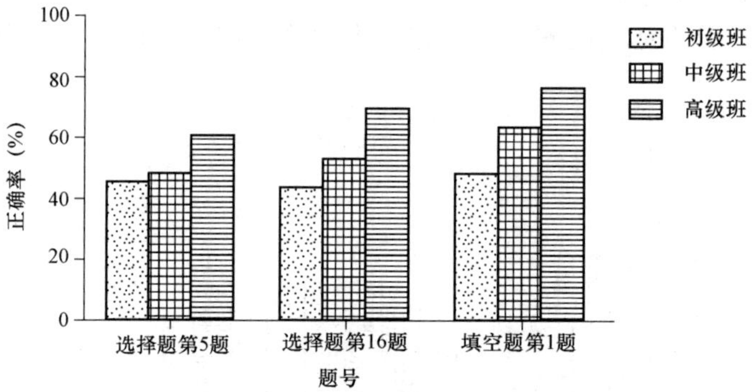

图 8–4 “错不了”各题的正确率

从图 8–4 可以看出，初级班学生的正确率在 40%左右，中级班学生为 50%左右，高级班学生约为 70%，可以说留学生对“错不了”的掌握情况总体合格。以上三道题，选择题第5题的正确率相对较低，这一题的题目为：

（6）甲：咱们上次买衣服的是这家店吧？

乙：（　　），我记得就在这个路口的第一家。

A. 这倒是　　B. 走着瞧　　C. 你说呢　　D. 错不了

其中选择最多的是“走着瞧”，“走着瞧”有两重含义：一是表示事情的结果究竟怎样，要随着事情的发展才能知道；二是预言随着事情的发展，将看到对立一方的失败。“错不了”表示确实是对的，不会有差错，所以应选择“错不了”。

不用说

针对“不用说”设置了两道题，不同级别留学生每道题的正确率如下所示：

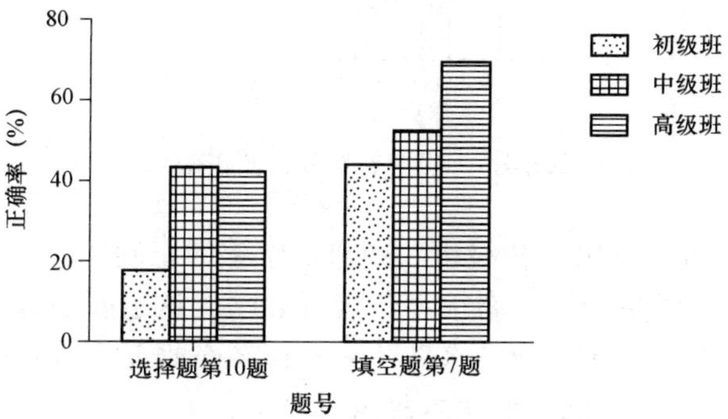

图 8–5　“不用说”各题的正确率

从图 8–5 可以看出，初级班学生这两题的正确率偏低，尤其是选择题第 10 题，不足 20%；中级班正确率约为 50%；高级班的正确率也不足 60%。虽然“不用说”在中级和高级口语教材中均有出现，但留学生的掌握情况并不理想。选择题第 10 题的题目为：

（7）甲：李明的包沉甸甸的，估计是给我们带了很多好吃的。

乙：(　　)，肯定是带了他家乡的特产。

A. 多的是　　B. 不会吧　　C. 我说呢　　D. 不用说

大部分学生错选了“多的是”，这与甲说的“很多”有关系，但“多的是”表示某东西数量很多，不必担心缺少此东西。而“不用说”表示不言而喻，在下文根据事实或经验对事情的某一方面作出肯定的判断，认为其一定是如此。题中乙根据他对李明的了解，作出“肯定是带了他家乡的特产”的判断，是对甲的话进行补充，进一步指出包里带的是什么吃的，说明他也认为李明给他们带了很多好吃的，所以应选择“不用说”。

（8）甲：我昨天排了三个小时的队才买到回家的火车票。

乙：快过年了，(　　)，人肯定特别多。

题中乙根据“快过年了”这一事实作出“人肯定特别多”的判断，根据上文对“不用说”含义的分析，这里应当填“不用说”，作插入语。

明摆着

针对“明摆着”设置了一道题，不同级别留学生这道题的正确率如下所示：

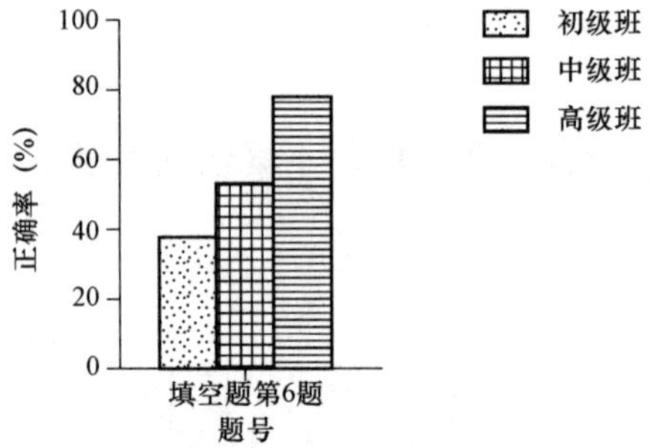

图 8–6 “明摆着”题目的正确率

从图 8–6 可以看出，初级班、中级班学生的正确率均低于 60%，不是很理想；高级班学生的正确率很高，接近 80%。这道题的题目为：

（9）甲：都九点了，他怎么还不来？该不会昨天是骗我们的吧？

乙：（　　），他根本就不想跟我们去。

该题做错的学生大部分填了“你说呢”。“你说呢”表示提出某一观点，或已经有答案的问题、行动方案，试探对方态度或求得对方同情、支持，一般用在句尾或某一观点之后，所以题中句首用“你说呢”不合适。“明摆着”表示没有不清楚或怀疑的地方，题中乙根据“都九点了，他还没来”作出“他根本就不想跟我们去”的确切判断，所以应选择“明摆着”。

二　偏误原因

通过以上分析，我们得出了不同水平的留学生对“可不是、说的是、错不了、不用说、明摆着”5 个三音节“肯定义”口语习用语的掌握情况。可以看出留学生对其掌握程度除了与自身的汉语水平有关外，还与它们在口语教材中出现的顺序有一定关系。比如“还真是”在中级和高级口语教材中均有出现，而在初级口语教材中未出现，中级班和高级班留学生的掌握情况明显优于初级班。具体而言，造成偏误的原因可归纳为以下三个方面。

一是回避心理。这是所有学习者都会有的一种心理。留学生在口语交际中，当需要对对方的观点或想法表示“肯定”时，他们多选用“对、是的、对了、没错”这样较为简单通俗的口语词。这样的说法固然没有错，但是汉语中有很多更地道的习用语，如“就是嘛、还真是、可不是、错不了”等，留学生却很少使用。此外，对于汉语水平较高的留学生而言，他们掌握了更多近义、同义表达，为规避错误的发生，他们通常挑选最常用的或最简单最先学到的词语。这种心理和习惯虽然会降低出错率，但是非常不利于留学生习得新的口语习用语。

二是教材编写不合理。教材对口语习用语编写和设置的不合理，在不同水平的口语教材中均有体现。就本节调查的《汉语口语》这套口语教材而言，初级口语教材收录的口语习用语种类较少，大部分是表示询问的，如“怎么样、怎么了、为什么”。中级教材尽管设置了很多习用语练习，但通常没有情境和注解，形式很单一，导致学生在练习中使用不当或者是规避使用。高级教材课文主要是书面语，多是一些报纸杂志上偏议论性和说明性的文章。受此影响，高级班学生在日常交往中，也偏向运用书面化的表达方式，这跟口语表达的方式大相径庭，因此他们使用口语习用语的机会也很少。

三是学习环境。对留学生而言，汉语并非母语而是第二语言，需要后天练习，所以使用时并不能像第一语言那样轻松自然。他们在来中国之前，并不处在目的语环境中，学习汉语只是依靠教师对课本内容的教授。来到中国之后，在口语课堂上，除非是针对某一口语习用语的练习，教师教授过程中很少涉及口语习用语这一“非正式”语言。日常生活中，留学生大都跟外国人交流，跟中国人交流的并不多。中国人在同外国留学生交流的时候，也会尽量使用简单的词语使其容易听懂，而不会像与中国人聊天一样使用很地道的表达方式。这就造成了留学生对口语习用语的输入和输出都很少，对口语习用语非常陌生，那么使用起来就自然很容易出错。

三　教学策略

口语习用语是汉语口语中非常重要的一部分，留学生如果能够较好地掌握口语习用语，不仅能提高其口语能力，提升学习汉语的信心，更有利于锻炼其汉语思维，更深入地学习和研究汉语，体会汉语文化。基于以上对三音节“肯定义”口语习用语的调查，以及习得情况的分析，我们从三个方面提出教学建议。这些建议不仅适用于三音节“肯定义”口语习用语，同样适用于其他口语习用语的教学。

（一）对外汉语口语教学大纲编写策略

伴随汉语不断地发展变化，语言交际环境也越来越复杂，口语更是在不断地更新，教学大纲也应当与时俱进、推陈出新。大纲中一些过时或使用频率很低的词语，应当进行删减；新出现且使用率较高的词语，应及时地补充进入教学大纲。本节所研究的三音节“肯定义”口语习用语，在日常交际中经常用到，但是大纲中仅出现了“可不是”和“说的是”，显然是不能满足实际教学需要的，应当适当增加。

有的大纲中虽然在功能项目表部分列出了不少口语习用语，但是整体编排杂乱，没有突出重点。建议按照使用频度进行编排，先按照语用功能的使用频度列出功能项目表，在每一个功能项目中，再按照口语习用语的使用频度编排。这样有利于学生在最短的时间内学到最重要的口语习用语。

此外，还应该设计汉语口语教学大纲。口语是言语技能中非常重要的一部分，甚至很多人学习汉语只是为了学习口语，应对日常工作的需要。但是，长期以来，汉语口语并没有独立的教学大纲，而是听说读写共同出现在一本大纲上，这样每一部分都很难做到具体。所以，建议设计专门的口语教学大纲，按照不同的话题分类。口语习用语的选用，也应符合实际需求，按照使用频度归到各类话题中。

（二）对外汉语口语教材编写策略

提高同一口语习用语在口语教材中的复现率。口语习用语的复现率应依据其使用频度而定，而不应随意出现；同一口语习用语的复现应分布在教材的不同位置，而不是分布不均。比如“这倒是”在《中级汉语口语 2》第八课出现四次，但是在后面的课文和练习中再也没有出现。集中出现可能有利于学生快速记住这一习用语，但是很可能一段时间后就完全忘记，所以应当科学地安排习用语的复现位置。

口语教材中补充对口语习用语的注解和练习。现有的口语教材对口语习用语的处理方式是在语句理解部分作简单介绍，在练习部分配一道练习题。练习的形式单一，数量较少，提供的语境也有限，学生很难全面地掌握习用语的用法。

对口语习用语进行系统的归类。口语教材中出现的习用语都是零散分布的，只能是见到一个学一个，但是早期学到的习用语被遗忘的概率很大，而且学生会倾向于使用自己学得较好的习用语，回避那些没有完全掌握的习用语。建议在每个单元的复习中将本单元出现的口语习用语集中起来，反复强化；在教材的附录部分，应将所有口语习用语按照功能项目和使用频度进行归纳，制定习用语表，重点突出，条目清晰，方便学生查阅和学习。

（三）对外汉语口语教学策略

教师应贯彻“精讲多练”的原则。对口语习用语的讲解要做到准确精练，更重要的是设计形式多样的练习。学生只有经过反复练习，才能真正掌握某一个或某一类习用语。

由于口语习用语对语境有很强的依赖性，教师在帮助学生理解和练习口语习用语时，应设置相对真实且跟留学生学习和生活相关的语境。比如在教习用语“可不是”时，教师可以先说：“听说 HSK 六级很难啊！”学生可能会用“对啊”“是啊”来进行回答，这时候可以告诉学生“可不是”的语气更强，用“可不是”更能表示“HSK 六级很难”。由于学习上的问题往往是学生比较关心的，所以设置学习方面的语境进行操练，效果会更好。此外，年轻学生还比较关注影视明星、美食、购物这些话题，设计与之相关的语境，更容易让学生产生兴趣和共鸣。

语块理论是口语习用语的理论基础，所以在教学的时候应当把一个口语习用语当作一个整体来教，要培养学生从整体上去认识和理解一个习用语，而无须分析其内部的结构关系。例如在教“错不了”时，要告诉学生不需要知道“错、不、了”分别是什么词性，它们之间是什么样的结构关系，只需要知道它表达的是“确实是对的、好的，不会有差错”的意思就可以了。通过整体的反复识记和操练，培养学生的汉语语感，从而达到在实际交际中自然地使用。

学习语言的目的是交流，现实生活中的交流是最好的练习方式，也是检验是否掌握一个词语、一种句式的重要标准。所以教师应鼓励学生在日常生活中尽可能多地使用口语习用语。教师在课堂上以及课后与学生交流的时候，应有选择地使用口语习用语，让学生慢慢习惯不同口语习用语的使用语境。更重要的是，鼓励学生“抛开”教材，“走出”课堂，真正地去跟中国人交流。只有在真实的语境中恰当地使用口语习用语，学生才能真切体会到口语习用语简洁明了的魅力，从而产生继续学习的动力和兴趣，最终形成良性循环，对长期的汉语学习产生益处。

第九章　结语：事实与理论

第一节　固化三音词的理论思考

一　词缀的跨类倾向与读音差异

汉语的一些派生词缀所构成的词，在词性上不稳定，具有跨词类倾向。比如词缀“乎”构成的三音词，既有副词（无怪乎、无须乎、庶几乎、几几乎），也有连词（于是乎），还有动词（不在乎、不外乎）。词缀“于”构成的三音词，既有副词（以至于、乃至于），也有副连兼类词（甚至于），还有动词（不至于）。或许可以说，汉语中有些词缀和不同的词根组合后，可以构成不同词性的词，这说明汉语词缀跟所构成词之间语法功能上的联系，是比较薄弱的。

从上面词缀的跨词类倾向，可以进一步引申为构词图式具有跨词类性。首先，以本书的研究为例：1）构词图式“X不是”中有副词（别不是、莫不是、可不是），连词（要不是），动词（赔不是、认不是）；2）构词图式“X不得”中有动词（巴不得、恨不得、见不得、要不得、来不得、免不得、少不得、舍不得、使不得），动副兼类词（怪不得、由不得、怨不得），形容词（了不得）；3）“X 不然”中有副词（果不然、终不然），连词（要不然、若不然、再不然）。上面讨论的构词图式“XX 乎”有副词、动词、连词，构词图式“X 至于”有副词、动词、副连兼类词。其次，本书之外的还有：1）构词图式“X 不了”中有动词（少不了、免不了），形副兼类词（大不了），动副兼类词（短不了）；2）构词图式“X 不住”中有动词（对不住、吃不住），副词（背不住、备不住），动副兼类词（保不住）。

除了以上讨论的三音节构词图式，汉语中的一些双音节构词图式也具有跨词类性。比如：1）“X于”有动词（便于、至于、等于），介词（对于、关于、至于），副词（终于），连词（由于）；2）“X然”有形容词（突然、偶然、坦然），副词（果然、竟然、居然），连词（虽然、固然、既然）；

3）“X 乎”有动词（在乎、合乎、关乎），形容词（悬乎、热乎、邪乎），副词（几乎、似乎、断乎）。

从语音角度我们发现：1）三音节词中类似英语中缀（infix）的“不”，在有的构词图式中读原调（如“X 不是、X 不成、X 不然”），在有的构词图式中读轻声（如“X 不得、X 不了、X 不定、X 不好、X 不准、X 不住、X 不起”）；2）三音节词中类似后缀的“是、得”，在有的词中读轻声（如“可不是、派不是、落不是”“怪不得、怨不得、由不得”），在有的词中读原调（如“莫不是、要不是、敢不是”“了不得、巴不得、见不得”）。这些语音上的不对称现象应该如何解释？其现象背后的动因又是什么？目前学界还未见任何相关研究。

我们认为，“X 不是、X 不成、X 不然”这 3 个构词图式中的“不”，之所以仍然读第四声的原调，是因为整个构词图式内部并不是动补结构关系；而其他的“X 不得、X 不了、X 不定、X 不好”等 7 个构词图式中的“不”之所以都读轻声，是因为它们的内部都是动补关系的“V 不 C”，其中表可能的中缀“不”都要读轻声。

在构词图式“X 不是”中，“是”的读音也不完全一样，“可不是、派不是、落不是、赔不是、认不是”这 5 个词中的“是”读轻声，其余的“莫不是、要不是、敢不是”等仍然读第四声原调。在构词图式“X 不得”中，“得”的读音也不完全一样，“了不得、巴不得、见不得、少不得”这 4 个词中的“得”仍然读第二声原调，其余的“怪不得、怨不得、由不得、恨不得”等中的“得”都读轻声。这是因为，汉语的词缀不具有完全的语音依附性，有的词缀读轻声，但有的词缀不读轻声，而且即使是读轻声的，也同时存在不读轻声的单独出现的用法。这种现象在其他语言中是很难见到的，这是因为英语等其他语言中的词缀具有完全的语音依附性，是不能独立出现的语音形式。

二　形成机制及词化程度差异

固化三音词的产生跟双音词有很大不同，三音词的产生大多是在相应的双音词基础上，通过词汇化、概念叠加与构式整合等语法手段，或者词法上的同义词复合、词法模式（即构词图式）等词汇手段而产生的。

本书研究的大部分三音词都是通过词汇化形成的，尤其是一些派生式三音词，比如“到头来”“蓦地里”“于是乎”等。概念叠加与构式整合形成的三音词，有“别不是、莫不是、要不然、什么的、虽说是、庶几乎”等。词法上的同义词复合构成的三音词，有“几几乎”。词法模式（即构词图式）形成的三音词，比如“难不成”是在“莫不成、终不成”形成的构词图式“X 不成”的基础上，通过类推造词而形成；明代产生的“果不然”是在“若不然”“纵不然”“终不然”“再不然”形成的构词图式“X 不然”基础上，通过类推造词产生的。

有时同一个构词图式内部成员的来源，可能综合利用了以上几种手段。比如构词图式“X 不得”中，“怪不得”“了不得”“舍不得”分别是由句法结构词汇化为副词、形容词和动词；“恨不得”是由跨层结构词汇化为动词；“巴不得”“由不得”则是通过动补构词模式直接产生的。

复合词是一个原型范畴，从句法到词法是一个渐变的过程，短语与复合词构成一个连续统（董秀芳 2011：118）。在复合词范畴中，有些成员已经彻底词汇化，不再具有短语的特性，这是典型成员。更多的形式是处于变化过程之中的，既带有短语的某些特征，又带有词的某些属性。其中有些成员已经具有了很多词的性质，只残存了部分短语的特征；还有些成员只具有部分词的特点，仍保留了大部分的短语属性。换言之，复合词内部成员之间的地位是不平等的，有着词汇化程度的差别。以构词图式“X 不然”为例，其中“要不然、果不然、终不然”已经固化成词：“果不然”是料定类语气副词，“终不然”是反诘兼揣测类语气副词，“要不然”是假设连词。但是“若不然、纵不然”还是短语，而“再不然”则是处于词和短语之间的短语词（张斌 2001：680）。

词典是否收录是判断词汇化程度高低的另一个参项。有的词汇化程度高，在各个方面都符合词的标准，表现之一就是词典中已经收录。有的词汇化已经开始，但是词汇化的过程还没有完成，人们还没有认可它们的词类地位，表现之一就是词典中还没有收录。以“X 不是”为例，“可不是、要不是、莫不是、敢不是”词汇化程度很高，《现代汉语词典》（第 7 版）已经收录；“别不是、该不是、派不是、认不是、赔不是、落不是”虽然已经开始词汇化了，但是词汇化程度还很低。表现在要么还没有收录，如“别不是、该不是”；要么已经收录，但没有标注词性，如“派不是、认不是、赔不是、落不是”。再比如三音节“XX 说”，其中“难道说”已经完成了词汇化的历程，被《现汉》收录；“没的说、不用说、不要说”正处在词汇化的过程中；“老实说、实话说、就是说”等刚开始词汇化，目前还处在词汇化的初级阶段——习语化，句法结构上还是短语，但是已含有了特殊的语用义。

三　“V 不 C”“V 得 C”的构词不对称

能性述补结构“V 不 C”“V 得 C”的不对称，除了沈家煊（2005）提到的结构、频率和分布、语法化程度、形成早晚 4 个方面的不对称之外，这里还要补充一个不对称，那就是构词能力的不对称。以构造三音节词的能力为例："V 不 C" 比 "V 得 C" 的构词能力要强，具体体现在一些三音词只有 "V 不 C"，没有 "V 得 C"，或者 "V 得 C" 使用频率很低。比如 "免不了、少不了、下不来、挂不住、说不上、拗不过" 这 7 个 "V 不 C" 三音词，通过对语料库的检索，这些词对应的肯定形式 "免得了、少得了、下得来、挂得住、说得上" 虽然也可以说，但是例句很少，使用频率很低。

表 9–1　三音词 "V 不 C" 肯定/否定句使用频率

	免不了	少不了	下不来	挂不住	说不上	拗不过
否定例句数	1443	1252	229	107	1144	192
肯定例句数	2	41	14	7	190	2

结合本书研究的固化三音词来看，"V 不 C" "V 得 C" 在构词数量上具有明显的不对称性。三音节动词、形容词，既有 "V 不 C"，也有 "V 得 C"，并且 "V 不 C" 比 "V 得 C" 在构词数量上要多很多：动词 "V 不 C" 多达 48 个，"V 得 C" 只有 24 个；形容词 "V 不 C" 有 10 个，"V 得 C" 只有 5 个。三音节副词中，没有 "V 得 C"，只有 21 个 "V 不 C"。并且能语法化为副词的动词、形容词，即动副兼类词（怪不得、怨不得、由不得、说不定、保不住、短不了）、形副兼类词（大不了、差不多、差不离），也只能是 "V 不 C"，没有对应形式的三音词 "V 得 C"。

以上讨论的动词、形容词、副词以及动副兼类、形副兼类固化三音词中的 "V 不 C" "V 得 C" 的不对称分布，在表 9–2 中体现得更明显：

表 9–2　三音词 "V 不 C" "V 得 C" 的词类分布

	V 不 C	V 得 C
动词	48	24
形容词	10	5
副词	21	0
动副兼类	6	0
形副兼类	3	0

通过表 9–2 可以看出，否定形式 "V 不 C" 构造的三音词（88 个），比肯定形式 "V 得 C"（29 个）构造的三音词要多，具体比例为 88:29，从而形成了构词层面的不对称。这一不对称，可以从句法层面得到解释。在句

法层面，“V 不 C”的使用频率比“V 得 C”也要高得多。据刘月华（1980）对 100 万字的统计，两者比例是 1211:24。此外，“V 不 C”比“V 得 C”语法化程度要高，产生得要早。

董秀芳（2011：202）指出，只有黏合式述补短语才能词汇化，组合式述补短语不能词汇化。原因是只有黏合式述补短语才能构成一个韵律词，而组合式述补短语肯定超过一个标准韵律词的长度，因而不可能成词。我们认为，组合式述补短语“V 得 C”“V 不 C”这一三音节结构，虽然不是标准韵律词即“双音步”，但可以是“超韵律词”即“超音步”（冯胜利 1997：3），因而同样可以词汇化而成为一个三音词。

历史上反复出现的词汇化模式有可能变为后代的构词法，当构词法确定之后，复合词就有可能直接通过构词法产生。比如《现代汉语词典》（第 7 版）收录的“V 得 C”“V 不 C”三音词，其中有不少应该就是通过历史上词汇化模式而成为后来词法模式的“V 得 C”“V 不 C”直接产生的，而不需要再经历词汇化的过程。

以上是从整体上对固化三音词“V 不 C”“V 得 C”进行了讨论，其实“V 不 C”“V 得 C”内部构成成分也蕴含着一些有意思的现象，可归纳为以下三点。

1）所有固化三音词“V 不 C”“V 得 C”中的“C”大都是语义已经虚化的动词，但绝对不能是形容词，这是为什么？能语法化为副词的动词、形容词，即动副兼类词、形副兼类词，只能是“V 不 C”，不能是“V 得 C”，这是为什么？

2）所有固化三音词“V 不 C”，除了“X 不得”类中的“舍不得”“由不得”“免不得”等，有对应的双音词“舍得”“由得”“免得”，绝大多数没有对应双音词的[VC]，这是为什么呢？原因之一，可能是“V 不 C”并不是双音节中补结构的可能式，即不像双音节述补结构“打开”，可以扩展为三音节的“打不开”“打得开”。

3）构词层面的“V 不 C”与“V 得 C”之间可以建立一条蕴含共性：有“V 得 C”，一定有“V 不 C”，如三音节动词（“吃得来、对得起、过得去”等）、形容词（“吃得开、划得来、靠得住”等），都有对应的“V 不 C”（“吃不来、对不起、过不去”，“吃不开、划不来、靠你住”）；反之，有“V 不 C”，不一定有“V 得 C”，如副词（“差不多、大不了、怪不得、怨不得、说不定”等），都没有对应的“V 得 C”。

四　动词、副词判定之惑

带谓词性宾语（动性短语或小句）的有可能是动词，也有可能是副词，具体该如何判定？为什么有的归入动词，有的归入副词？有何标准和规律呢？

以“X 不得”为例，为什么“怪不得、怨不得、由不得”是动副兼类词：带名宾的基本上是动词，带谓宾的基本上是副词。当然更为重要的是语义上的差别，即动词义和副词义差别很大。以“怪不得”为例，动词“怪不得”表示“不能责备；别见怪”的意思，副词“怪不得”表示“明白了原因，对某种情况就不再觉得奇怪”。“使不得、要不得”后面不能带宾语，归为动词没有什么争议，但是“见不得、来不得、舍不得”既能后带名词性成分，又能后带谓词性成分，为什么不能看成动副兼类词？“巴不得、恨不得、免不得、少不得”只能带谓词性成分，为什么不能看成副词？我们认为，主要原因应该不是句法方面的，而是语义方面这些词的词义是字面意思相加还是已经发生了凝固。

再比如“短不了”是动副兼类词，副词“短不了”等于“免不了”，如“我跟他住在一个院子里，每天出来进去，短不了要点个头，说句话”。《现代汉语词典》（第 7 版）把“免不了”看成是动词，但是按照对副词“短不了”的释义和举例，“免不了”也应该有副词用法，即“免不了”也可以后接动词性成分或小句。因为“短不了”的动词义与副词义基本相同，没有差别。

五　三音词固化的韵律基础

当短语是三音节时，就满足了一个音步（超音步）的要求，构成一个韵律词，具备了构造复合词的形式基础。由于音步是在语音上结合最为紧密的自由单位，处在同一音步中的短语组成成分之间的距离被拉近了，在反复的使用中它们之间的句法关系逐渐变得模糊，最终变为有一个在句法上无须再作分析的单纯的单位，三音节韵律词就发展为三音节复合词。

一般来说，汉语新词的构成大多是利用现有的词汇成分作基础。双音词往往是由两个单音词的临时组合而逐渐固定下来的，三音节词是在单音节和双音节词的基础上发展起来的，三音词的成词则是由一个单音词和一个双音词（“1+2”或“2+1”）的临时组合而逐渐固定下来的。随着这两个词之间的搭配关系逐渐固定，由其组合而成的词组的词义，在其各自原来表示的具体义基础上进一步抽象虚化或简化，这两个词也就由临时组合的词组凝固成一个三音词。以本书的三音节固化词语为例：连词“别说是”这一“2+1”式三音词，是在“别说”的基础上产生的；数词“一多半”这一“1+2”式三音词，是在“多半”的基础上产生的；“舍不得”这一“1+1+1”式三音词，是在“舍得”的基础上产生的。

第二节 固化三音词与构词图式

在 Booij（2007）的构式形态学体系里，“构词规则”被“构词图式”所取代，构词图式是“对已有系列复杂词语的概括，而且是意义和形式系统性配对的一种抽象图式”。那么该抽象图式是从哪儿来的呢？Booij（2009：207）认为，人们对语言抽象构词图式的习得，是源于系列具体词语的知识，这些词语是构词型式的具体例示。当人们遇到大量的同型词语时，便会从中推断出某种抽象图式，并将其扩大，用于构造其他相关同型词语。本族语者有能力创造新的复合词和派生词，就是源于对现有复杂词语组列的抽象概括。

我们认为，把某个具体的三音词放到它所属的构词图式系统中去研究，比孤立的个案研究视野更开阔，也更便于找到问题的症结所在。因此，在第 5、第 6 两章专门讨论了构词图式，把“别不是、可不是、莫不是、要不是”“难不成、莫不成、终不成、总不成”“要不然、果不然、终不然”“别说是、莫说是、虽说是、要说是”“无怪乎、无须乎、几几乎、庶几乎”“怪不得、恨不得、了不得”等分别放在“X 不是”“X 不成”“X 不然”“X 说是”“XX 乎”“X 不得”6 个构式图式系统中来讨论。此外，我们还讨论了一些学界还未研究的其他构词图式，有“X 的是”“X 至于”“X 地里”“X 然间”“XX 间”“XX 着”6 个。由于篇幅限制，没有收入到本书中来。

一 构词图式与构式空槽

汉语的构词图式，按照分类角度的不同，可分为以下三类：

1）按照空槽位置的不同，构词图式可分为前图式（“X 不得”：怪不得、恨不得；“X 不是”：别不是、可不是；“X 不成”：难不成、莫不成）、中图式（“不 X 得”：不由得、不见得）、后图式（“不得 X”：不得了、不得已）和框式图式（“X 不 X”：动不动、是不是）4 种。

2）按照空槽的数量不同，构词图式可分为单空槽的“X 不是”“X 不成”“X 不然”，双空槽的“XX 乎”“XX 里”（暗下里、背地里、猛地里）。

3）不同构词图式内部成员在语义上可以有共性，如构词图式“X 不是”中的“莫不是”，跟构词图式“X 不成”中的“难不成”，都是表示反诘义的语气副词。

Bybee（2010）认为图式性构式的每一个空槽（open slot）都有可能经历扩展，其背后的机制是类推。一个新构词图式的形成是词汇构式化的结果，在这里，图式性增强了，并且已发展出结构槽。一个构式既可能完全由抽象的“图式”结构槽组成，如双及物图式[SUBJ V OBJ_1 OBJ_2]，也可能是部分“图式的”，如像way-构式那样包含一个实体性的构式。图式构式“空槽”（open slots）的范畴成员越多，构式的能产性就越强，允准的图式就容易固化（Bybee 2010：25）。复合型图式性构式所有“空槽”的扩展之间的平衡/不平衡，以及造成这种平衡/不平衡的原因等，都是十分有价值的课题。

以本书研究的三音节动词为例，《现代汉语词典》（第7版）收录了“吃不服、下不来、拗不过、少不了、说不上”，没有收录“吃得服、下得来、拗得过、少得了、说得上”，这体现了图式性构式“V不C”与“V得C”之间的不平衡或不对称。但是三音节动词中还有25对“V不C”与“V得C”之间是平衡的或对称的，比如既有“V不C”（“等不及、犯不着、对不起、免不了”等），也有相对应的“V得C”（“等得及、犯得着、对得起、免得了”等）。

二　构词图式的能产性、渐变性

构式的能产性呈现出梯度的、连续的演化：有的构式完全能产，有的非常能产，有的比较能产，有的半能产甚至不能产。能产性不断增强的构式可以允准更多的语例。从形态学来看，形容词后加[-th]可以允准新的名词产生，如warmth，但在名词构词法中，它的能产性不强。相比较而言，形容词后加[-ness]这类图式允准名词构式产生，它的能产性则较强，如carefulness，budness等。Barodal（2008）区分了能产性和图式性，认为它俩是紧密相关的：高能产性与高频率构式类型和高度的图式性相关；低能产性与低频率类型和高度的具体性相关。下面就结合本书研究的固化三音词来展开论述。

“XX乎”“XX里”的图式性高于“X不是”“X不成”“X不然”，前者含有两个空槽，后者只有一个空槽。“X不得”的能产性高于“X不是”，“X不是”的能产性又高于“X不成”：构词图式“X不得”可允准13个词，构词图式“X不是”可允准8个词，而构词图式“X不成”只能允准4个词。赵元任（1968）认为，可带中缀的V-R式复合词是一种非常能产的形式，类比的力量有时候使得原来不是V-R式的复合词也变得可以插入“不”“得”。我们认为构词图式“X不是”“X不成”“X不然”，除了通过前文探讨的词汇化产生之外，也有可能是在V-R式复合词类推的作用下，通过类比而形成的。

每个构词图式内部成员的语义固化程度也存在差别。比如“X不是”中“可不是、别不是、莫不是”语义组合性较低，“要不是、该不是”的语义组合性较高。“X不然”内部成员的固化程度等级是：果不然、终不然＞

要不然＞再不然＞若不然、纵不然。“X 不得”内部成员的固化程度等级是：巴不得、恨不得、了不得＞怪不得、怨不得＞由不得、见不得、要不得、来不得、免不得、少不得、舍不得、使不得。“X 的是”内部成员的固化程度等级是：表原因“为的是”＞表赞同的“说的是”＞“有的是、多的是”。“XX 乎”内部成员的固化程度等级是：庶几乎＞几几乎＞无怪乎＞无须乎。

图式的构式化是由一系列微小的步骤导致的，因此是渐变的。新的微观构式可能是在类似的过程中缓慢地被创造的（即有词汇化过程），但也可能是被瞬间创造的。尽管图式、子图式和微观构式的发展是渐变性的，但是词汇微观构式的产生也有可能是瞬时性的。构词图式的扩展通常是短暂的，但它的能产性增强有可能是瞬时的，即与另一个图式融合产生新的图式，即构式整合。本书研究的大部分构词图式的形成都是渐变性的，都有词汇化的历程，但是构词图式中的一些由于图式类推而产生的三音词，都是瞬间产生的，比如“难不成”“果不然”“无怪乎”“无须乎”等。

个别微观构式随着时间流逝，可能会被加入到某个图式。当然，个别微观构式还有可能退出使用，一个一个被淘汰。比如构词图式“X 不然”中的“终不然、纵不然”，在近代汉语中使用，到了现代汉语已经消亡了，不再使用了。“X 地里”中“一地里、黑地里、潜地里、冷地里”等也只出现在近代汉语，现代汉语中已经不使用了。

三 构词图式的图式度、层级性

同一类别的构式之间还有抽象程度或图式度的差别，“图式度”（degree of schematicity）是 Fillmore 等（1988）区分构式的抽象性程度所使用的术语。一般来说，含具体单词越少的复杂结构，其图式度就越高，或者说，所含变项越多的复杂结构，其图式度就越高。Langacker（1991）对构式图式和具体用例作了区分：构式图式是对具体用例的抽象化与范畴化，承担着认可具体用例的任务；具体用例如果被认可为图式的实例，则是合法的实例。构式图式和具体用例都是语言中的构式，构成了彼此连接的连续统，二者无本质区别，差异只是抽象化程度不同而已。构式图式是通过子图式来具体说明的，或者是通过更低层级上的微观构式，即抽象图式的具体类型成员来说明，比如 may 是情态子图式的一个微观构式，而情态图式又是助动词图式的一个子图式，即：May→情态子图式→助动词图式。

一个构式既包括各种类型的上位构式图式，也涉及各种微观类型的下位构式图式。图式较强的构式调适或允准下一层级构式，构式图式的类型越多，其概括性就越强。Traugott（2007：525）根据构式的不同抽象程度

（即图式性的不同），把构式自上而下分为：宏观构式（macro-constructions）、中观构式（meso-constructions）、微观构式（micro-constructions）和构式实例（constructs）。下面以英语动词短语构式为例：

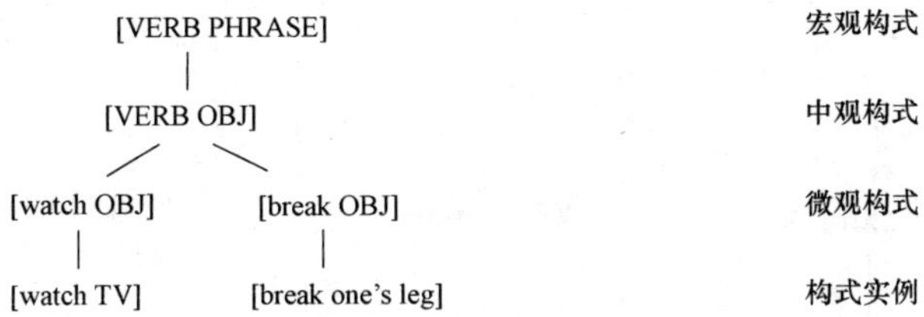

图 9–1　英语动词短语的图式层级性

从理论上讲，构式化可以发生在以上四个层级中的任何一个层级。但一般情况下，常见于微观构式和构式实例两个层级，因为构式化是在具体使用中产生，与使用频率密切相关。微观构式含有“词汇空槽”，具有部分图式性。一些习语或固定表达，如 kick the bucket，spill the beans 等构式，则发生在构式实例层级。也就是说，微观构式是由构体来体现，构体是构式的实际用例。

本书也讨论一些构词图式，其中也涉及图式的层级性。比如宏观构词图式“X 不 X”，可以分为两个中观构词图式：能性述补构式“X 不 X”（即“V 不 C”），以及非能性述补构式“X 不 X”。前者又可以分为微观构词图式（及其构词实例）“V 不得”（“怪不得、恨不得、了不得”等），“V 不了”（大不了、少不了、免不了），“V 不定”（说不定、保不定、指不定），等等。后者可以分为微观构词图式（及其构词实例）“X 不是”（别不是、可不是、要不是），“X 不成”（难不成、莫不成、终不成），“X 不然”（果不然、要不然、终不然）。

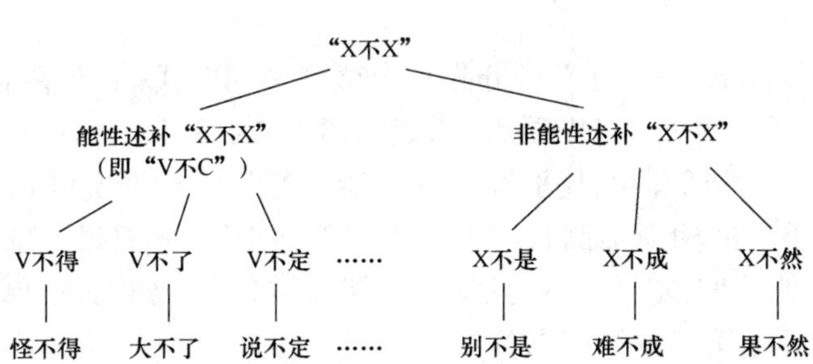

图 9–2　构词图式“X 不 X”的层级性

中观构词图式“X 不得”可分为三个微观构词图式：动词“X 不得”、副词“X 不得”、形容词“X 不得”。动词“X 不得”的构词实例有“巴不得、恨不得、见不得”9 个，副词“X 不得”的构词实例有“怪不得、怨不得、由不得”，形容词“X 不得”的构词实例是“了不得”。

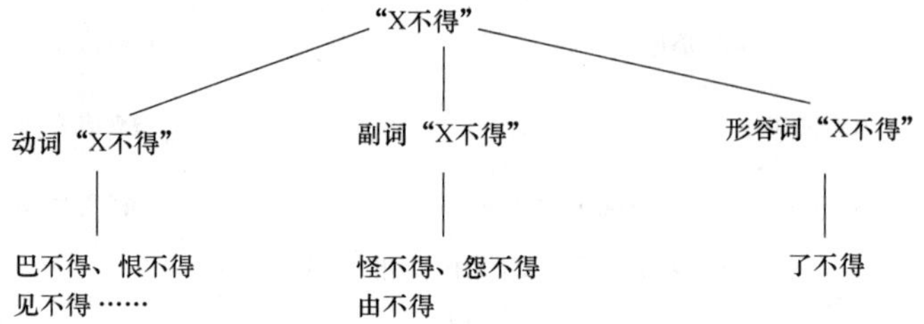

图 9–3 构词图式“X 不得”的层级性

中观构词图式“X 不是”可分为三个微观构词图式：副词“X 不是”、连词“X 不是”、动词“X 不是”。副词“X 不是”的构词实例有“别不是、莫不是、可不是、该不是”，连词“X 不是”的构词实例是“要不是”，动词“X 不是”的构词实例有“认不是、赔不是、落不是”。本书主要讨论的是微观构词构式：副词“X 不是”（详见第五章第一节）。

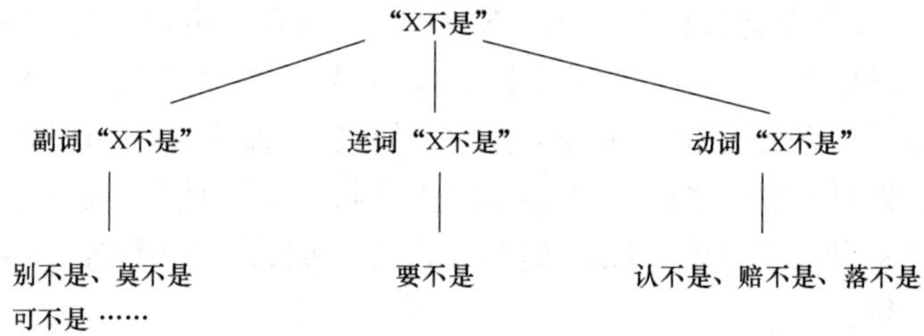

图 9–4 构词图式“X 不是”的层级性

中观构词图式“XX 乎”可分为三个微观构词图式：语气副词“XX 乎”、连词“XX 乎”、动词“XX 乎”。语气副词“XX 乎”的构词实例有“无怪乎、无须乎、几几乎、庶几乎”，连词“XX 乎”的构词实例是“于是乎”，动词“XX 乎”的构词实例有“不在乎、不外乎”。本书讨论的是微观构词构式：语气副词“XX 乎”（详见第六章第二节），以及构式实例：顺承连词“于是乎”（详见第三章第三节）。

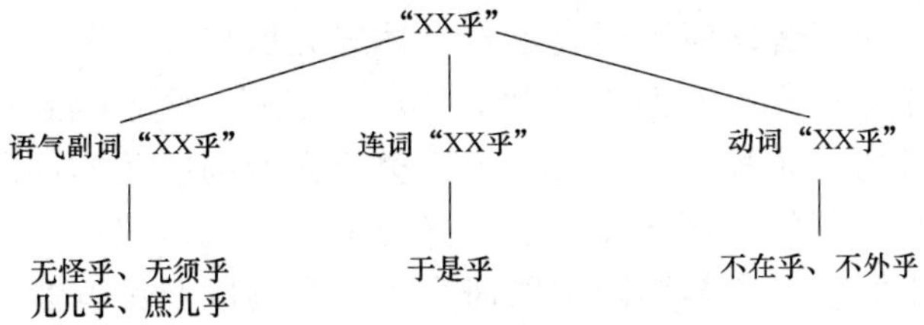

图 9-5　构词图式“XX 乎”的层级性

中观连词构词图式“X 说是”可分为三个微观构词图式：递进连词“X 说是”、转折连词“X 说是”、假设连词“X 说是”。递进连词“X 说是”的构词实例有“别说是、莫说是、漫说是、甭说是”，转折连词“X 说是”的构词实例是“虽说是”，假设连词“X 说是”的构词实例是“要说是”。本书讨论的是微观构词构式：递进连词“X 说是”（详见第六章第一节），以及构式实例：转折连词“虽说是”（详见第三章第一节）。

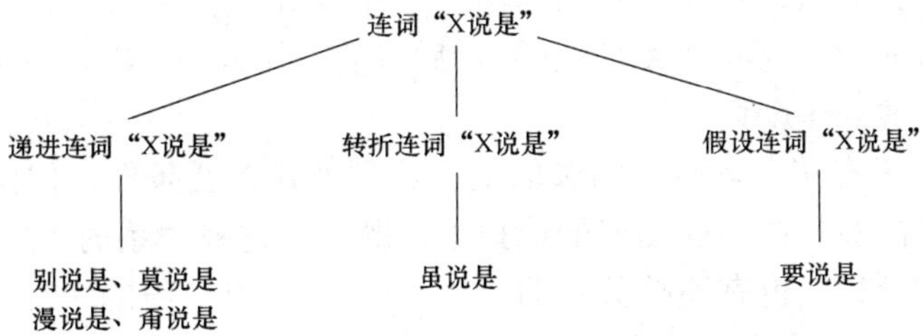

图 9-6　构词图式“X 说是”的层级性

第三节　研究特色与不足

本书从词类、构词图式、应用研究三个维度，对固化三音词作了尝试性的研究。按照词类的不同，分副词、连词、其他词类三个专题，在每类词里选取学界尚未研究或研究较少的典型三音词做个案研究。三音词的构词图式研究，也是以学界研究较少的非能性述补关系的构词图式为主，具体包括“X 不是”“X 不成”“X 不然”“X 说是”“XX 乎”“X 不得”这 6 个构词图式。三音词的应用研究主要是从词典计量研究和对外汉语教学两个角度展开：对《现代汉语词典》（第 7 版）三音词的词类分布和结构特征，进行了尝试性的分析；对对外汉语教学大纲和经典教材《汉语口语》（9 本）中的三音词作了详细的调查；分析了三音词的偏误类型、偏误原因，提出了相应的教学策略。总之，本书尝试搭建微观的个案研究、中观的构词图式研究、宏观的三音词应用研究这一立体研究框架，力图多层面、多角度探究固化三音词的共时句法语义特征、历时演变历程及其演变规律。

本书的研究，尤其是其中的三大词类研究专题以及构词图式研究，为了突出创新性，避免重复研究，以学界尚未研究或研究较少的个案和构词图式为主。比如第二章至第四章所研究的三音词以及第五章、第六章讨论的构词图式，大多数是学界首次研究，体现了选题的创新性追求。一个选题如果学界已有很多研究，那么我们的研究则不求全面，而是突出已有研究尚未涉及的角度。比如构词图式“X 不得”就把研究重点放在了语音弱化、词性及语义固化程度、有无相对应的肯定形式、能否作补语、成词时间与形成机制上。或者突出已有研究的不足之处，比如构词图式“X 不成”中的“难不成”的形成机制，并不是概念叠加和构式整合，而是利用构词图式“X 不成”直接产生的；构词图式“X 不然”中的“果不然”，是在已有词语的基础上，通过类推造词而产生的。再比如列举助词“什么的”的形成机制，我们认为是在框式列举构式“什么 X 的”基础上，由于夹在中间的成分 X 前移，形成“X 什么的”，后置的“什么的”再发生词汇化，进而形成三音节列举助词。

在构词图式和个案研究的选取上，典型性是首要条件，但同时尽量兼顾类型的多样性。在构词图式的选择上：既有非述补关系的“X 不是”“X 不成”“X 不然”，也有述补关系的“X 不得”，还有一般的“X 说是”“XX 乎”；既有跨词类的构词图式“X 不是”（副词、连词、动词），“XX 乎”（副词、连词、动词），“X 不得”（副词、动词、形容词），“X 不然”（副词、连词），也有单一词类的构词图式，比如“X 不成”（副词）、“X 说是”（连词）。在个案研究的选择上：既考虑了典型性，又考虑了词类的多样性。既涉及副词、连词、动词、代词、叹词、助词等诸多大的词类，又涉及词类内部小的下位类型。比如副词又讨论了短时、语气、情状三个下位类型，连词又讨论了转折、原因、顺承三个下位类型。

在词汇化、语法化基础上发展起来的构式化，可分为语法构式化和词汇构式化两种类型。最近几年，国内有关语法构式化的文献很多，但是词汇构式化可能由于研究对象自身的原因，研究成果非常少。在此背景下，我们把尚缺乏研究的词汇构式化作为本书的主要发力点之一，对构词图式进行了一些尝试性的探讨，主要理论思索有：1）固化三音词的构式图式，按照空槽位置的不同，可分为前图式、中图式、后图式和框式图式；按照空槽数量的不同，可分为单空槽和双空槽。2）三音节构词图式在图式性、能产性、组合性方面存在差异。3）三音节构词图式具有层级性。

在研究过程中我们发现，语法化更具系统性和跨语言的一致性，而词汇化则受到更多特异性因素的制约，与语言的特定结构相关，更多呈现出不同语言类型的差异。所以本书原来的计划“对汉语三音节固化词语的词汇化、语法化以及构式化的动因与机制的探讨，放在人类语言演变的共性背景下进行，从而更有利于认清哪些演变反映的是汉语的个性，哪些演变反映的是人类语言的共性”，只能搁置。换言之，三音节固化词语的词汇化、语法化以及构式化的跨语言类型学研究，由于汉语的特殊韵律特征，与世界其他语言差别较大（其他语言通过历时词汇化而来的三音词很少，主要是通过共时层面的构词法产生的），找不到比较的基础，因而只能遗憾放弃。

由于汉语的固化三音词众多，来源又非常复杂，受到时间和精力的限制，本书主要研究其中具有典型特征的三音词，还有很多的三音词个案研究未能展开。同时，受到学识的限制，有些地方的论证可能还不够严谨，有的观点可能还会有争议，希望能引起学界同仁来共同研究。

参考文献

巴　丹：《评注性副词“无怪（乎）”的因果衔接功能》，《汉语学习》2019年第1期。

巴　丹：《“无怪乎”的语法化及其发展》，《湖南师范大学社会科学学报》2019年第1期。

白维国：《近代汉语词典》，上海教育出版社2015年版。

白　云：《现代汉语三音节词在对外汉语教学中的运用研究》，硕士学位论文，云南师范大学，2014年。

北京大学中文系1955级、1957级语言学班编：《现代汉语虚词例释》，商务印书馆1982年版。

曹德和：《“无需”不同于“无须”》，《语文建设》1999年第1期。

曹广顺：《重叠与归一——汉语语法史发展中的一种特殊形式》，《汉语史学报》2004年总第4辑。

曹向华：《现代汉语三音节词语研究》，社会科学文献出版社2022年版。

曹秀玲：《汉语“这”“那”不对称性的语篇考察》，《汉语学习》2000年第4期。

曹秀玲：《“说”和“是”与关联词语组合浅谈》，《中国语文》2012年第5期。

曹秀玲、张磊：《“否则”类连词的语法化梯度及其表现》，《汉语学习》2009年第6期。

曾常红：《“一口气”的词汇化及相关问题》，《语文研究》2014年第3期。

柴永华：《“说不上X”构式探析》，硕士学位论文，华中师范大学，2017年。

常玉钟：《口语习用语功能词典》，北京语言学院出版社1993年版。

车录彬：《“果不（其）然”探源》，《西南民族大学学报》2011年第2期。

车录彬、许杰：《汉语悖义结构的形成条件和语用价值》，《湖北师范学院学报》2013年第3期。

陈宝珠：《“怪不得”的语法化》，《文学界》2010年第5期。

陈　琳：《“充其量”的句法语义功能及其演化》，《常熟理工学院学报》2016

年第 1 期。
陈　琳：《“X 不定”的历时发展与词汇化》，《常熟理工学院学报》2016 年第 5 期。
程　洲：《〈现代汉语词典〉三音节词及固定语声音形式和语法结构研究》，硕士学位论文，北京语言大学，2007 年。
储思潜：《现代汉语“没的说”的研究》，硕士学位论文，上海外国语大学，2017 年。
储泽祥、曹跃香：《固化的“用来”及其相关的句法格式》，《世界汉语教学》2005 年第 2 期。
楚艳芳：《“莫非”“莫不是”“难道”辨析》，《周口师范学院学报》2008 年第 6 期。
崔贵兵：《“V 不 C”结构的词汇化研究》，硕士学位论文，汕头大学，2010 年。
崔应贤：《“这”比“那”大》，《中国语文》1997 年第 2 期。
戴浩一：《时间顺序和汉语的语序》，《国外语言学》1988 年第 1 期。
丁　健：《现代汉语目的范畴研究》，上海教育出版社 2022 年版。
董玲玲：《“V 不得”的词汇化及其例证》，硕士学位论文，上海师范大学，2009 年。
董晓敏：《说“X 什么的”》，《汉语学习》1998 年第 3 期。
董秀芳：《“不”与所修饰的中心词的粘合现象》，《当代语言学》2003 年第 1 期。
董秀芳：《“X 说”的词汇化》，《语言科学》2003 年第 2 期。
董秀芳：《“是”的进一步语法化：由虚词到词内成分》，《当代语言学》2004 年第 1 期。
董秀芳：《汉语的词库与词法》，北京大学出版社 2004 年版。
董秀芳：《从词汇化的角度看粘合式动补结构的性质》，《语言科学》2007 年第 1 期。
董秀芳：《词汇化：汉语双音词的衍生和发展》（修订本），商务印书馆 2011 年版。
董秀芳：《2+1 式三音节复合词构成中的一些问题》，《汉语学习》2014 年第 6 期。
范江兰：《“于是”的语法化探析》，《民族论坛》2009 年第 4 期。
范振强：《“不由得”的语法化和主观化》，《重庆理工大学学报》2011 年第 11 期。
方一新：《中古近代汉语词汇学》，商务印书馆 2010 年版。
冯胜利：《汉语的韵律、词法与句法》，北京大学出版社 1997 年版。

冯　硕：《现代汉语次生叹词研究》，硕士学位论文，华中师范大学，2016年。
高文盛、席嘉：《〈朱子语类〉中的让步连词“虽”及相关问题》，《江南大学学报》2005年第5期。
高增霞：《汉语的担心——认知情态词“怕”、“看”和“别”》，《语法研究和探索》（十二），商务印书馆2003年版。
古川裕：《副词修饰“是”字情况考察》，《中国语文》1989年第1期。
郭燕妮：《论“虽”的职能优化与转折复句系统的重构》，《国际汉语学报》2017年第1期。
韩陈其：《浅谈“几乎”类词语的形式联系和语义强度》，《汉语学习》2005年第5期。
韩金秒：《从历时语法化角度看“好家伙”一词》，《兰州教育学院学报》2019年第2期。
韩明珠：《现代汉语目的范畴的认知研究》，博士学位论文，上海师范大学，2016年。
汉语大词典编纂处：《汉语大词典》，汉语大词典出版社1993年版。
侯瑞芬：《汉语“不XX”三字组考察与词典收词》，《语言科学》2017年第1期。
胡庆章：《〈红楼梦〉三音词研究》，硕士学位论文，东北师范大学，2019年。
黄桂红：《“断乎”的词汇化过程及其动因》，《文教资料》2012年第15期。
纪明俐：《现代汉语“要X”类连词研究》，硕士学位论文，延边大学，2010年。
江蓝生：《疑问副词“可”探源》，《古汉语研究》1990年第3期。
江蓝生：《禁止词“别”考源》，《语文研究》1991年第1期。
江蓝生：《概念叠加与构式整合——肯定否定不对称的解释》，《中国语文》2008年第6期。
江蓝生：《“好容易”和“好不容易”》，《历史语言学研究》2010年第3期。
江蓝生：《〈现代汉语词典〉第6版概述》，《辞书研究》2013年第2期。
江蓝生、曹广顺：《唐五代语言词典》，上海教育出版社1997年版。
蒋绍愚：《汉语历史词汇学概要》，商务印书馆2015年版。
康馨月：《试析“不由得”的语法化历程及其机制》，《燕山大学学报》2014年第3期。
李崇兴：《元语言词典》，上海教育出版社1998年版。
李广瑜：《跨层结构“恨不得”的词汇化及其他》，《古汉语研究》2010年第1期。
李劲荣：《列举形式“什么X”与“X什么的”的语义偏向》，《汉语学习》

2015 年第 5 期。

李　萌、马贝加：《再议连词“于是”的产生》，《唐山师范学院学报》2017 年第 4 期。

李思旭：《“有界”“无界”与补语“完”的有界化作用》，《汉语学习》2011 年第 5 期。

李思旭：《从词汇化、语法化看话语标记的形成——兼谈话语标记的来源问题》，《世界汉语教学》2012 年第 3 期。

李思旭：《三音节固化词语“X 不是”的表义倾向及词汇化》，《世界汉语教学》2017 年第 1 期。

李思旭：《“X 不成”的历时演变及相关问题》，载吴福祥、陈前瑞主编《语法化与语法研究》（八），商务印书馆 2017 年版。

李思旭：《语气副词“难道说”的句法语义分析》，《励耘语言学刊》2018 年第 1 期。

李思旭：《从假设连词位置分布看“联系项居中原则”》，《世界汉语教学》2020 年第 2 期。

李思旭：《“下不来”的句法语义与历时演变》，《沈阳大学学报》2021 年第 1 期。

李思旭：《构词图式“X 不得”的历时演变与共时变异》，《成都大学学报》2021 年第 2 期。

李思旭：《固化三音词研究的若干理论思索》，《阜阳师范大学学报》2023 年第 2 期。

李思旭：《“X 不然”的词汇构式化及其形成机制》，《安庆师范大学学报》2024 年第 3 期。

李思旭、王贞珍：《习用语“说的是”的语义篇章功能及其历时演变》，《淮北师范大学学报》2021 年第 6 期。

李思旭、杨洁玉：《递进连词“X 说是”的句法语义及词汇化》，《淮北师范大学学报》2023 年第 3 期。

李思旭、卜婷婷：《语气副词“XX 乎”的句法语义及词汇化》，《大连大学学报》2024 年第 1 期。

李小军：《说“终不成”与“总不成”》，《汉语学报》2008 年第 3 期。

李晓琴：《“弄不好”“说不定”类构式的多维分析》，硕士学位论文，江西师范大学，2017 年。

李行健：《现代汉语规范词典》（第 3 版），外语教学与研究出版社 2014 年版。

李宇凤：《也论测度疑问副词“莫”的来源》，《语言科学》2007 年第 5 期。

李宗江：《关于词汇化的概念及相关问题》，《汉语史学报》2012 年总第 12 辑。
李宗江、王惠兰：《汉语新虚词》，上海教育出版社 2011 年版。
刘丹青：《叹词的本质——代句词》，《世界汉语教学》2011 年第 2 期。
刘丹青：《实词的叹词化和叹词的去叹词化》，《汉语学习》2012 年第 3 期。
刘红妮：《“双音副词+句中语气词”进一步词汇化的再演变》，《语言科学》2019 年第 4 期。
刘　坚、江蓝生、白维国、曹广顺：《近代汉语虚词》，商务印书馆 1992 年版。
刘科含：《“说不定”的多角度分析》，硕士学位论文，上海师范大学，2016 年。
刘　敏：《“难不成”的衍生过程》，硕士学位论文，哈尔滨师范大学，2010 年。
刘双艳：《话语标记叹词化》，《现代语文》2013 年第 3 期。
刘双艳：《现代汉语叹词词类特征研究》，硕士学位论文，浙江师范大学，2013 年。
刘　顺、潘文：《“便是（了）”的词汇化与语法化》，《语言科学》2014 年第 1 期。
刘洋洋：《〈现代汉语词典〉“V 得/不住”词汇化研究》，硕士学位论文，河北大学，2017 年。
刘月华：《可能补语用法的研究》，《中国语文》1980 年第 4 期。
刘月华：《实用现代汉语语法》，商务印书馆 2001 年版。
刘志富：《习用语“有的是”的词汇化》，《语言教学与研究》2010 年第 4 期。
刘子瑜、黄小玉：《语气词“不成”的来源及其语法化补议》，载吴福祥、汪国胜主编《语法化与语法研究》（七），商务印书馆 2015 年版。
龙国富：《跨层构式语法化与句法创新——北京话连词“只要是、就算是、虽说是”历史演变》，《玉溪师范学院学报》2018 年第 2 期。
龙　泉：《列举助词“什么的”分析》，硕士学位论文，华中科技大学，2007 年。
卢惠惠：《列举义构式“什么 X”与“X 什么的”来源考察》，《语言研究集刊》2012 年总第 9 辑。
陆丙甫：《语句理解的同步组块过程及其数量描述》，《中国语文》1986 年第 2 期。
陆俭明、马真：《关于时间副词》，载《现代汉语虚词散论》，语文出版社 1999 年版。

罗荣华、刘英：《“充其量”的词汇化与主观量》，《泰山学院学报》2015 年第 1 期。

罗竹风：《汉语大词典》，汉语大词典出版社 1986 年版。

吕明臣：《“不然”格式的语义分析》，《郑州大学学报》2010 年第 5 期。

吕　佩：《现代汉语后附缀“是”及其附缀结构“X 是”研究》，博士学位论文，上海师范大学，2019 年。

吕叔湘：《中国文法要略》，商务印书馆 1982 年版。

吕叔湘：《近代汉语指代词》，学林出版社 1985 年版。

吕叔湘：《现代汉语八百词》（增订本），商务印书馆 1999 年版。

吕晓玲：《现代汉语三音词语义研究》，博士学位论文，山东大学，2015 年。

麻爱民：《副词“几乎”的历时发展》，《古汉语研究》2010 年第 3 期。

马清华：《论叹词形义关系的原始性》，《语言科学》2011 年第 5 期。

马庆株：《时量宾语和动词的类》，《中国语文》1981 年第 2 期。

马庆株：《自主动词和非自主动词》，《中国语言学报》1988 年第 3 期。

马　真：《表加强否定语气的副词“并”和“又”》，《世界汉语教学》2001 年第 3 期。

马　真：《现代汉语虚词研究方法论》（修订本），商务印书馆 2016 年版。

梅祖麟：《现代汉语完成貌句式和词尾的来源》，《语言研究》1981 年第 1 期。

孟　琮、郑怀德等主编：《汉语动词用法词典》，商务印书馆 1999 年版。

孟德腾：《假性否定构式“这一 X 不要紧，Y”的表意机制与语用功能》，《语文研究》2018 年第 4 期。

孟　凯：《三音词语的韵律–结构–语义界面调适》，《中国语文》2016 年第 3 期。

潘晶虹：《现代汉语“不 X”类构式演变研究》，硕士学位论文，重庆师范大学，2016 年。

潘晓军、周正红：《“少不了”与“免不了”的功能表达与历时演化》，《西华大学学报》2015 年第 3 期。

彭　睿：《语法化·历时构式语法·构式化》，《语言教学与研究》2016 年第 2 期。

彭　睿：《关于图式性构式历时扩展的理论思考》，《语言教学与研究》2019 年第 2 期。

彭　睿：《图式性构式的边界：边缘构例和变异构例》，《世界汉语教学》2020 年第 3 期。

朴惠京：《词汇化形式“高频双音节能愿动词+说/是”》，《世界汉语教学》2011 年第 4 期。

亓文香：《主观向量副词“充其量”的词汇化与认知研究》，《烟台大学学报》2018 年第 1 期。
齐沪扬：《论现代汉语语气系统的建立》，《汉语学习》2002 年第 2 期。
邵敬敏、罗晓英：《“别”字句语法意义及其对否定项的选择》，《世界汉语教学》2004 年第 4 期。
沈家煊：《“语法化”研究纵观》，《外语教学与研究》1994 年第 4 期。
沈家煊：《不对称和标记论》，江西教育出版社 1999 年版。
沈家煊：《语言的“主观性”与“主观化”》，《外语教学与研究》2001 年第 4 期。
沈家煊：《说“不过”》，《清华大学学报》2004 年第 5 期。
沈家煊：《也谈能性述补结构“V 得 C”和“V 不 C”的不对称》，载沈家煊、吴福祥主编《语法化与语法研究》（二），商务印书馆 2005 年版。
史金生：《语气副词的范围、类别和共现顺序》，《中国语文》2003 年第 1 期。
史金生：《现代汉语副词连用顺序和同现研究》，商务印书馆 2011 年版。
宋敏慧：《话语标记“怎么着”的多角度分析》，硕士学位论文，郑州大学，2019 年。
苏　宁：《现代汉语三音节词语的结构研究》，硕士学位论文，中国海洋大学，2012 年。
孙利萍：《答语标记“可不是”的词汇化及其形成机制》，《宁夏大学学报》2011 年第 1 期。
孙青波：《认知情态副词“保不住”的词汇化和语法化》，《宜春学院学报》2014 年第 7 期。
太田辰夫：《中国语历史文法》，蒋绍愚、徐昌华译，北京大学出版社 2003 年版。
陶红印：《从语音、语法和话语特征看“知道”格式在谈话中的演化》，《中国语文》2003 年第 4 期。
滕　越：《析“好意思”的词汇化及动因机制》，《语文学刊》2013 年第 11 期。
汪如东：《助词“就是了（就是）”的语法化及相关结构研究》，《宁夏大学学报》2010 年第 2 期。
汪维辉：《东汉—隋常用词演变研究》（修订本），商务印书馆 2017 年版。
王灿龙：《词汇化二则——兼谈词汇化和语法化的关系》，《当代语言学》2005 年第 3 期。
王凤兰：《现代汉语目的范畴研究》，博士学位论文，暨南大学，2008 年。
王焕彪：《〈金瓶梅词话〉三音词研究》，硕士学位论文，浙江师范大学，2013 年。

王建军：《“有的是”源流探略》，《语言教学与研究》2006 年第 4 期。
王娟娟：《汉语话语标记“好家伙”运用情况考察》，《枣庄学院学报》2020 年第 6 期。
王丽玲：《论元结构变化与词汇化的发生》，《汉语史研究集刊》2011 年总第 14 辑。
王　利：《“怪不得”的语法化》，《汉字文化》2014 年第 1 期。
王　楠：《外国留学生三音节易混淆口语习用语使用偏误及教学对策》，硕士学位论文，沈阳师范大学，2013 年。
王兴才：《关于“之所以”》，《汉语学报》2007 年第 4 期。
王兴才：《“之所以”词汇化质疑》，《古汉语研究》2009 年第 1 期。
王兴才：《“无所谓”的形成及其词义的主观化》，《重庆三峡学院学报》2011 年第 6 期。
王彦坤：《现代汉语三音词词典》（增订本），语文出版社 2005 年版。
王　艳、储泽祥：《“去你的（NP）”构式的形成及动因分析》，《励耘语言学刊》2016 年第 2 期。
王　银：《助动词和语气副词“别”的功能、用法及其来源研究》，硕士学位论文，上海师范大学，2008 年。
王祖姝：《试论连词“于是”的承接方式及其作用》，《湖北大学学报》1999 年第 3 期。
卫乃兴：《语义韵研究的一般方法》，《外语教学与研究》2002 年第 4 期。
魏培泉：《近代汉语能性动补结构中宾语的位置》，《语言暨语言学》2004 年第 3 期。
魏　雪：《揣测短语词“说不 X”的语义功能探析》，《齐齐哈尔大学学报》2019 年第 9 期。
温锁林：《汉语口语中表示制止的祈使习用语》，《汉语学习》2008 年第 4 期。
文　旭、杨旭：《构式化：历时构式语法研究的新路径》，《现代外语》2016 年第 6 期。
文贞惠：《说指代程度的“这么/那么+A”格式》，《汉语学习》1995 年第 2 期。
吴德新：《情态标记语“好家伙”》，《励耘语言学刊》2020 年第 2 期。
吴福祥：《汉语能性述补结构“V 得/不 C”的语法化》，《中国语文》2002 年第 1 期。
吴福祥：《汉语语法化演变的几个类型学特征》，《中国语文》2005 年第 6 期。
香坂顺一：《白话词汇研究》，白维国、江蓝生译，中华书局 1997 年版。
向　熹：《简明汉语史》（修订本），商务印书馆 2010 年版。

肖奚强、王灿龙：《“之所以”的词汇化》，《中国语文》2006 年第 6 期。
肖奚强、王灿龙：《“之所以”词汇化问题辨》，《汉语学报》2010 年第 2 期。
徐 丹：《浅谈“这/那”的不对称性》，《中国语文》1988 年第 2 期。
徐锦芳：《“不见得”的词汇化研究》，《现代语文》2016 年第 5 期。
徐晶凝：《对外汉语口语教学语法大纲的构建》，《语言教学与研究》2016 年第 4 期。
徐时仪：《“不成”的语法化考论》，《喀什师范学院学报》1999 年第 3 期。
徐时仪：《语气词“不成”的虚化机制考论》，《华东师范大学学报》2000 年第 3 期。
徐时仪：《“了不得”与“不得了”的成词与词汇化考探》，《江苏大学学报》2009 年第 1 期。
许歆媛：《小议“难不成”的用法与来源》，《中国语文》2010 年第 6 期。
杨爱姣：《近代汉语三音词研究》，武汉大学出版社 2005 年版。
杨爱姣：《近代汉语三音节副词的后缀“里”的来源》，《武汉大学学报》2011 年第 4 期。
杨爱姣：《空间感在古代汉语的“里”词缀化进程中的作用》，《古汉语研究》2012 年第 4 期。
杨 彬：《“于是”的篇章功能及其语义背景》，《青岛大学师范学院学报》2012 年第 2 期。
杨荣祥：《副词词尾源流考察》，《语言研究》2002 年第 3 期。
杨书俊：《现代汉语三音节词语研究》，世界图书出版公司 2015 年版。
杨雅楠：《〈西游记〉三音词研究》，硕士学位论文，扬州大学，2014 年。
杨永龙：《近代汉语反诘副词“不成”的来源及虚化过程》，《语言研究》2000 年第 1 期。
杨玉玲：《“这么”和“那么”篇章不对称考察》，《语言文字应用》2007 年第 4 期。
叶建军：《疑问副词“莫非”的来源及其演化》，《语言科学》2007 年第 3 期。
叶建军：《“果不（其）然”的形成及其演变》，《中国语文》2016 年第 2 期。
叶 双：《双音词“X 乎”的词汇化和语法化考察》，硕士学位论文，上海师范大学，2014 年。
于立昌：《“家伙”的类词缀用法及“X+家伙”词汇化》，《励耘语言学刊》2016 年第 3 期。
袁 宾：《宋语言词典》，上海教育出版社 1997 年版。
袁 勤：《连词“不然”刍议》，《汉语史研究集刊》2006 年总第 9 辑。
袁雪梅：《再议“恨不得”的词汇化》，《汉语史研究集刊》2009 年总第 12 辑。

张　斌：《现代汉语虚词词典》，商务印书馆 2001 年版。

张风格：《口语习用语研究的两个问题》，《语言文字应用》2005 年第 2 期。

张富翠：《“怪不得”的现状及其历史属性初探》，《西南民族大学学报》2009 年第 11 期。

张和友、邓思颖：《词法性还是句法性：论“X 是”的接口特征》，《世界汉语教学》2012 年第 3 期。

张慧颖：《“几乎”跨层结构的语法化及其变化动因》，《三峡论坛》2014 年第 2 期。

张明友：《“V 不得”的词汇化研究》，硕士学位论文，汕头大学，2010 年。

张斯文：《“好家伙”的叹词化》，《现代语文》2017 年第 1 期。

张伟轩：《“眨眼”类时间词的成因浅析》，《语文学刊》2016 年第 9 期。

张文贤：《现代汉语连词的语篇连接功能研究》，北京大学出版社 2017 年版。

张先亮：《“可不是”的语篇功能及词汇化》，《世界汉语教学》2011 年第 2 期。

张谊生：《副词的连用类别和共现顺序》，《烟台大学学报》1996 年第 2 期。

张谊生：《论与汉语副词相关的虚化机制》，《中国语文》2000 年第 1 期。

张谊生：《现代汉语副词研究》，学林出版社 2000 年版。

张谊生：《现代汉语列举助词探微》，《语言教学与研究》2001 年第 6 期。

张谊生：《“就是”的篇章衔接功能及其语法化历程》，《世界汉语教学》2002 年第 3 期。

张谊生：《“副+是”的历时演化和共时变异》，《语言科学》2003 年第 3 期。

张振羽：《〈二言〉吴语副词“大分”和“终不然”的来源》，《盐城师范学院学报》2010 年第 2 期。

赵丽华：《“不得了”“了不得”的词汇化及语法化考察》，《世界华文教学》2017 年第 3 期。

赵向果：《〈现代汉语词典〉第 6 版三音节词语研究》，硕士学位论文，浙江师范大学，2015 年。

赵艳芳：《认知语言学概论》，上海外语教育出版社 2001 年版。

赵元任：《汉语口语语法》，商务印书馆 1979 年版。

郑怀德、孟庆海：《汉语形容词用法词典》，商务印书馆 2003 年版。

中国社会科学院语言研究所词典编辑室：《现代汉语词典》（第 6 版），商务印书馆 2012 年版。

中国社会科学院语言研究所词典编辑室：《现代汉语词典》（第 7 版），商务印书馆 2016 年版。

钟兆华：《“不成”词性的转移》，《中国语文》1991 年第 4 期。

钟兆华：《近代汉语虚词词典》，商务印书馆 2015 年版。

周　刚：《连词与相关问题》，安徽教育出版社 2002 年版。

周国光：《叹词的语法功能、语义功能及其定位》，《语言科学》2016 年第 3 期。

周敏莉：《副词“大不了”及其词汇化》，《理论月刊》2012 年第 12 期。

周　韧：《汉语三音节名名复合词的物性结构探讨》，《语言教学与研究》2016 年第 6 期。

周晓彦：《“莫须有”的成词历程及动因》，《宁夏大学学报》2019 年第 4 期。

朱德熙：《语法讲义》，商务印书馆 1982 年版。

Barodal, Johanna. 2008. *Productivity: Evidence from Case and Argument Structure in Icelandic*. Amsterdam: Benjamins.

Booij, Geert. 2007. *The Grammar of Words: An Introduction to Linguistic Morphology*, 2nd. Oxford: Oxford University Press.

Booij, Geert. 2009. Compounding and construction morphology. In Rochelle Lieber & Pavol Stekauer (eds.). *The Oxford Handbook of Compounding*. Oxford: Oxford University Press.

Brinton, Laurel & Elizabeth, Closs. Traugott. 2005. *Lexicalization and language change*. Cambridge:Cambridge University Press.

Bybee, Joan L.2010. *Language,Usage and Cognition*. Cambride: Cambridge University Press.

Fillmore, Charles J., Paul Kay & Mary Catherine O's Connor. 1988. Regularity and idiomaticityin grammatical constructions: The case of let alone. *Language* 64.

Fraser, Bruce. 1990. An approach to discourse markers. *Journal of Pragmatics* 14.

Fraser, Bruce. 2005. Towards A Theory of Discourse Markers. In Kerstin Fischer(ed.). *Approaches to Discourse Particles*. Amsterdam:Elsevier.

Harris, Alice C & Lyle, Campbell. 1995. *Historical Syntax in cross-linguistic perspective*. Cambridge: Cambridge University Press.

Himmelmann, N. P. 2004. Lexicalization and grammaticalization: Opposite or orthogonal?, In W. Bisang, N. Himmelmann and B. Wiemer (eds.). *What Makes Grammaticalization- A Look from its Fringes and its Components*. Berlin/New York: Mouton de Gruyter.

Hopper, Paul.J. & Traugott, Elizabeth Closs. 2003. *Grammaticalization*. 2nd. Cambridge: Cambridge University Press.

Langacker, R.W. 1991. *Foundations of Cognitive Grammar(Vol. II.)*. Stanford:

Stanford University Press.

Norrick, Neal R. 2009. Interjections as pragmatic markers. *Journal of Pragmatics* 41.

Nunberg, Geoffrey, Ivan A. Sag & Thomas Wasow. 1994. Idioms. L*anguage* 70.

Poggi, Isabella. 2009. *The Language of Interjections*. Multimodal Signals: Cognitive and Algorithmic Issue. Springer-Verlag.

Talmy, L. 2000. *Towards a Congnitive Semantics.Vol.1*. Cambridge: The MIT Press.

Traugott, Elizabeth C. & Dasher, Richard B. 2002. *Regularity in semantic change*. Cambridge: Cambridge Univesity Press.

Traugott, Elizabeth C. 2007. The concepts of constructional mismatch and type-shifting from the perspective of grammaticalization. *Cognitive Linguistics* 18.

Traugott, Elizabeth C.& Graeme, Trousdale. 2013. *Constructionalization and Constructional Changes*. Oxford: Oxford University Press.

附录：固化三音词信息表

下表共收录了 180 个固化三音词，还有少数不典型的三音词未列入。全表按照三音词首字的音序进行排列。表中“轻声字”一栏，不打括号的字是必须读轻声；打括号的字，表示一般读轻声，有时也可以读原调。表中所涉及的兼类词，按照词性的不同，分别举出相应的例句。

三音词	读音	词类	构成	轻声字	例句
			A		
暗地里	àndì·lǐ	名	派生	（里）	暗地里直掉眼泪。
暗下里	ànxià·lǐ	名	派生	（里）	表面不露声色，暗下里却加紧活动。
			B		
巴不得	bā·bu·dé	动	中补	不（得）	他巴不得立刻见到你。
保不定	bǎo·budìng	副	中补	不	这个天很难说，保不定会下雨。
保不齐	bǎo·buqí	副	中补	不	他嘴不严，保不齐什么时候就给捅出去了。
保不住	bǎo·buzhù	动、副	中补	不	不努力创新，优势是保不住的。/ 今年冬天很难说，保不住会下大雪。
备不住	bèi·buzhù	副	中补	不	出门时带上雨具，备不住是要下雨。
背地里	bèidì·lǐ	名	派生	（里）	不要在背地里议论人。
标志着	biāozhì·zhe	动	派生	着	大庆油田的建成标志着中国人民艰苦创业精神的胜利。
别说是	biéshuōshì	连	派生		别说是，这孩子说的还真有些道理。
不得了	bùdéliǎo	形	状中		哎呀，不得了，着火了！
不得已	bùdéyǐ	形	状中		实在不得已，只好亲自去一趟。
不敢当	bùgǎndāng	动	状中		先生过奖，实不敢当。
不过意	bùguòyì	动	状中		总来打扰您，心里实在不过意。
不见得	bùjiàn·dé	副	状中	（得）	看样子，他不见得能来。

续表

三音词	读音	词类	构成	轻声字	例句
不失为	bùshīwéi	动	状中		这样处理，还不失为一个好办法。
不外乎	bùwài·hu	动	派生	乎	大家所关心的不外乎质量问题。
不下于	bùxiàyú	动	状中		新产品不下于二百种。
不像话	bùxiànghuà	形	状中		屋子乱得不像话。
不要紧	bùyàojǐn	形	状中		这病不要紧，吃点儿药就好。
不要脸	buyàoliǎn	形	状中		人要是不要脸了，什么事情都做得出来。
不由得	bùyóu·de	动、副	状中	得	他说得这么透彻，不由得你不信服。/想起过去的苦难，不由得掉下眼泪来。
不在乎	bùzài·hu	动	状中	乎	我不在乎他在背后说我什么。
不至于	bùzhìyú	动	状中		他不至于连这一点儿道理都不明白。
不足道	bùzúdào	动	状中		个人的得失是不足道的。
C					
差不多	chà·buduō	形、副	中补	不	两个队的水平差不多。/差不多等了两个小时。
差不离	chà·bulí	形、副	中补	不	差不离的农活他都会干。/差不离走了十五里山路。
吃不服	chī·bufú	动	中补	不	生冷的东西我总吃不服。
吃不开	chī·bukāi	形	中补	不	你这老一套现在可吃不开了。
吃不来	chī·bulái	动	中补	不	辣的可以，酸的我吃不来。
吃不消	chī·buxiāo	动	中补	不	爬这么高的山，上年纪的人身体怕吃不消。
吃不住	chī·buzhù	动	中补	不	机器太沉，这个架子恐怕吃不住。
吃得开	chī·dekāi	形	中补	得	他手艺好，又热心，在村里很吃得开。
吃得来	chī·delái	动	中补	得	牛肉我还吃得来，羊肉就吃不来了。
吃得消	chī·dexiāo	动	中补	得	一连几天不睡觉，人怎么能吃得消！
吃得住	chī·dezhù	动	中补	得	这座木桥过大卡车也能吃得住。
充其量	chōngqíliàng	副	动宾		这箱苹果充其量不过六十斤。
抽冷子	chōulěng·zi	副	动宾	子	他抽冷子大喊一声，把人吓一跳。

续表

三音词	读音	词类	构成	轻声字	例句
D					
大不了	dà·buliǎo	形、副	中补	不	这个病没什么大不了，吃点儿药就会好的。/赶不上车，大不了走回去就是了。
大概其	dàgàiqí	名、形	派生		他说了半天，我只听了个大概其。/这本书只大概其翻了翻，没有细看。
大约摸	dàyuē·mo	副	派生	摸	大约摸有七八百人。
到头来	dàotóulái	副	派生		倒行逆施，到头来只能是搬起石头砸自己的脚。
等不及	děng·bùjí	动	中补	不	他等不及答复，多次打电话询问。
等得及	děng·dejí	动	中补	得	下个月才能到货，你等得及吗？
动不动	dòng·budòng	副	重叠	不	他最近身体很差，动不动就感冒。
短不了	duǎn·buliǎo	动、副	中补	不	人短不了水。/我们住在一个院子里，每天短不了要打招呼。
对不起	duì·buqǐ	动	中补	不	对不起，我来晚了。
对不住	duì·buzhù	动	中补	不	对不住，让您久等了。
对得起	duì·deqǐ	动	中补	得	要对得起养育我们的衣食父母。
对得住	duì·dezhù	动	中补	得	只有学好功课，才对得住老师。
对着干	duì·zhegàn	动	状中	着	你干吗事事跟我对着干？
多一半	duōyībàn	数、副	中补		任务已经完成了多一半。/天气闷热，多一半要下雨。
F					
犯不上	fàn·bushàng	动	中补	不	他不懂事，跟他计较犯不上。
犯不着	fàn·buzháo	动	中补	不	犯不着为这点儿小事着急。
犯得上	fàn·deshàng	动	中补	得	一点儿小事，跟孩子发脾气犯得上吗？
犯得着	fàn·dezháo	动	中补	得	为这么点儿小事犯得着再去麻烦人吗？

续表

三音词	读音	词类	构成	轻声字	例句
			G		
赶不及	gǎn·bují	动	中补	不	船七点开，动身晚了就赶不及了。
赶得及	gǎn·dejí	动	中补	得	马上就动身，还赶得及。
敢不是	gǎnbù·shì	副	派生	是	你怎么这样看我？敢不是发了神经？
够瞧的	gòuqiáo·de	形	派生	的	天热得真够瞧的，庄稼都晒焉了。
够受的	gòushòu·de	形	派生	的	干了一天活儿，累得真够受的。
挂不住	guà·buzhù	动	中补	不	他受到一点儿批评就挂不住了。
怪不得	guài·bu·de	动、副	中补	不得	交通阻塞，他没有及时赶到，也怪不得他。/天要下雨了，怪不得这么闷热。
果不然	guǒ·burán	副	派生	不	我早说要下雨，果不然，下了吧！
过不去	guò·buqù	动	中补	不	大桥正在修理，这里过不去。
过得去	guò·deqù	动	中补	得	现在他家的日子还算过得去。
			H		
好家伙	hǎojiā·huo	叹	定中	伙	好家伙，他们一夜足足走了一百里。
好容易	hǎoróngyì	形	状中		跑遍了全城，好容易才买到这本书。
好意思	hǎoyì·si	动	状中	思	做了这种事，亏他还好意思说呢！
合不来	hé·bulái	形	中补	不	兄弟俩近两年合不来。
合得来	hé·delái	形	中补	得	他们几个脾气相投，挺合得来。
合不着	hé·buzháo	形	中补	不	跑这么远的路去看一场戏，实在合不着。
合得着	hé·dezháo	形	中补	得	不要工钱只吃饭还合得着。
何苦来	hékǔlái	副	派生		何苦来呢，约了人家来，又叫人家白跑一趟。
恨不得	hèn·bu·de	动	中补	不得	他恨不得长出翅膀来一下子飞到北京去。
恨不能	hèn·bunéng	动	中补	不	一听说儿子病了，她恨不得立刻飞到他身边。
花插着	huāchā·zhe	副	派生	着	大人、孩子花插着坐在树荫下听评书。
花搭着	huādā·zhe	副	派生	着	细粮粗粮花搭着吃。

续表

三音词	读音	词类	构成	轻声字	例句
划不来	huá·bulái	形	中补	不	为这点儿小事跑那么远的路，划不来。
划得来	huá·delái	形	中补	得	花这么点儿钱，解决那么多问题，划得来！
豁出去	huō·chu·qu	动	中补	出去	事已至此，我也只好豁出去了。
J					
几几乎	jījīhū	副	派生		要不是你提醒，我几几乎忘了。
基本上	jīběn·shàng	副	派生	（上）	这项任务，基本上要靠你们车间来完成。
架不住	jià·buzhù	动	中补	不	你们虽然力气大，也架不住她们会找窍门。
架得住	jià·dezhù	动	中补	得	有的小学给学生留的家庭作业太多，孩子怎能架得住？
见不得	jiàn·bu·de	动	中补	不得	雪见不得太阳。
禁不起	jīn·buqǐ	动	中补	不	你也太禁不起考验。
禁不住	jīn·buzhù	动	中补	不	这种植物禁不住霜冻。
禁得起	jīn·deqǐ	动	中补	得	青年人要禁得起艰苦环境的考验。
禁得住	jīn·dezhù	动	中补	得	河上的冰已经禁得住人走了。
进一步	jìnyībù	副	动宾		我们要进一步实现农业机械化。
就是了	jiù·shi·le	语气	派生	是了	我一定按期完成，你放心就是了。
K					
看不起	kàn·buqǐ	动	中补	不	别看不起这本小字典，它真能帮助我们解决问题。
看得起	kàn·deqǐ	动	中补	得	你要是看得起王三我，就给我这个面子。
靠不住	kào·buzhù	形	中补	不	他这话靠不住。
靠得住	kào·dezhù	形	中补	得	这个消息靠得住吗？
可不是	kěbù·shi	副	派生	是	可不是，我也有这种感觉。
L					
来不得	lái·bu·de	动	中补	不得	科学研究来不得半点儿虚假。

续表

三音词	读音	词类	构成	轻声字	例句
来不及	lái·bují	动	中补	不	还有一个钟头就开车，来不及去看他了。
来得及	lái·dejí	动	中补	得	电影是七点开演，现在刚六点半，你马上去还来得及。
冷不丁	lěng·budīng	副	中补	不	他冷不丁吓了我一跳。
冷不防	lěng·bufáng	副	中补		老奶奶冷不防摔了一跤。
里外里	lǐwàilǐ	副	重叠		投篮不进，又被对方快攻成功，里外里丢了4分。
了不得	liǎo·bu·dé	形	中补	不（得）	山沟里通了火车，在当地是一件了不得的大事。
了不起	liǎo·buqǐ	形	中补	不	他是一位了不起的发明家。
M					
忙不迭	mángbùdié	副	中补		老王忙不迭地跑了过来。
猛不丁	měng·budīng	副	中补	不	他猛不丁地大喊了一声。
猛不防	měng·bufáng	副	中补	不	他正说得起劲，猛不防背后被人推了一把。
猛孤丁	měng·gudīng	副	中补	孤	他听到枪声，猛孤丁地从屋里跳出来。
免不得	miǎn·bu·de	动	中补	不得	在这个问题上他们的看法分歧很大，免不得有一场争论。
免不了	miǎn·buliǎo	动	中补	不	刚会走的孩子免不了摔跤。
莫不是	mòbùshi	副	派生		莫不是他又责怪你了？
磨不开	mò·bukāi	动	中补	不	想当面说他两句，又怕他脸上磨不开。
磨得开	mò·dekāi	动	中补	得	你当面挖苦人，人家脸上磨得开吗？
N					
拿不准	ná·buzhǔn	动	中补	不	对自己都拿不准的事情不要随便下结论。
那么些	nà·mexiē	代	定中	么	钱就那么些，省着点儿花。
那么着	nà·me·zhe	代	派生	么着	你再那么着，我可要恼了！

续表

三音词	读音	词类	构成	轻声字	例句
难道说	nándàoshuō	副	派生		都半夜了还亮着灯，难道说他还没睡？
难为情	nánwéiqíng	形	动宾		别人都学会了，就是我学不会，多难为情啊！
乃至于	nǎizhìyú	连	派生		他的发明，引起了全国乃至于国际上的重视。
			S		
少不了	shǎo·buliǎo	动	中补	不	办这个事儿，一定少不了你。
少不得	shǎo·budé	动	中补	不	人情来往少不得要花些钱。
舍不得	shě·bu·de	动	中补	不得	妈妈舍不得孩子出远门。
什么的	shén·me·de	助	派生	么的	他就喜欢看文艺作品什么的。
时不时	shíbùshí	副	重叠		他时不时哼两句京剧。
实际上	shíjì·shàng	副	派生	（上）	他说听懂了，实际上并没有懂。
使不得	shǐ·bu·de	动	中补	不得	病刚好，走远路可使不得。
甚至于	shènzhìyú	副、连	派生		他胖多了，甚至于有的人都说他变样了。/不但大人，甚至于连六七岁的小孩都会游泳。
殊不知	shūbùzhī	动	状中		有人以为喝酒可以御寒，殊不知酒力一过，更觉得冷。
数不上	shǔ·bushàng	动	中补	不	下围棋你可数不上我。
数不着	shǔ·buzháo	动	中补	不	论射击技术，在我们连里可数不着我。
数得上	shǔ·deshàng	动	中补	得	这座建筑物的规模，在全国都是数得上的。
数得着	shǔ·dezháo	动	中补	得	在县里，她是数得着的企业家。
庶几乎	shùjīhū	副	派生		若同心协力，庶几乎可成大业。
说不定	shuō·budìng	动、副	中补	不	到底能不能参会，现在还说不定。/她说不定不来了。
说不来	shuō·bulái	动	中补	不	上海话我说不来。
说不上	shuō·bushàng	动	中补	不	我只是顺路送你到车站，说不上帮忙。
说不准	shuō·buzhǔn	动、副	中补	不	他的下落我也说不准。/他早就去新疆了，说不准现在还在那儿。

续表

三音词	读音	词类	构成	轻声字	例句
说得来	shuō·delái	动	中补	得	找一个跟他说得来的人去劝劝他。
私底下	sīdǐ·xià	名	派生	（下）	不要私底下说人家的坏话。
私下里	sīxià·lǐ	名	派生	（里）	这种事只能在私下里谈，不能在会上讲。
所以然	suǒyǐrán	名	派生		他说了半天还是没说出个所以然来。
			W		
无怪乎	wúguàihū	副	派生		原来炉子灭了，无怪乎屋里这么冷。
无所谓	wúsuǒwèi	动	动宾		今天去还是明天去，我是无所谓的。
无条件	wútiáojiàn	动	动宾		我们应该无条件服从。
无须乎	wúxūhū	副	派生		这件事很平常，你无须乎大惊小怪。
无形中	wúxíngzhōng	副	定中		小张常给他帮忙，无形中成了他的助手。
无意识	wúyì·shí	副	动宾	（识）	他说话时无意识地摆弄着手中的铅笔。
			X		
下不来	xià·bulái	动	中补	不	几句重话说得他脸上下不来。
想不到	xiǎng·budào	动	中补	不	一年没回来，想不到家乡变化这么大。
想当然	xiǎngdāngrán	动	动宾		你可不能凭想当然办事。
小意思	xiǎoyì·si	名	定中	思	这点故障，小意思，一会儿就修好。
信不过	xìn·buguò	动	中补	不	我们信不过这种以权谋私的人。
信得过	xìn·deguò	动	中补	得	群众们都信得过这家便民商店。
			Y		
眼见得	yǎnjiàn·de	副	主谓	得	日子眼见得一天比一天红火了。
要不得	yào·bu·de	动	中补	不得	你这种想法要不得。
要不然	yàobùrán	连	派生		你减肥减得太狠了，要不然现在动不动就生病。
要不是	yàobùshì	连	派生		要不是你提醒我，这件事我早就忘了。
一多半	yīduōbàn	数	状中		小组成员一多半是年轻人。

续表

三音词	读音	词类	构成	轻声字	例句
一股劲	yīgǔjìn	副	定中		他一股劲干到天黑。
一溜风	yīliùfēng	副	定中		他一溜风地从山上跑下来。
一溜烟	yīliùyān	副	定中		他急忙骑上车，一溜烟地向东追去。
一窝蜂	yīwōfēng	副	定中		人群一窝蜂地往入口处挤。
一眨眼	yīzhǎyǎn	副	状中		机群飞过，一眨眼就消失了。
一阵风	yīzhènfēng	动、副	定中		战士们一阵风地冲了上去。/搞科学实验，不能一阵风。
以至于	yǐzhìyú	连	派生		泉水很烫，以至于鸡蛋都能一烫就熟。
意识到	yìshídào	动	中补		他已经意识到了问题的严重性。
意味着	yìwèi·zhe	动	派生	着	他这么说意味着不想参加。
由不得	yóu·bu·de	动、副	中补	不得	这件事由不得你。/相声的特点就是叫人由不得发笑。
于是乎	yúshìhū	连	派生		他找不到人，于是乎回去了。
有意识	yǒuyì·shí	副	动宾	（识）	他是有意识地这样做。
怨不得	yuàn·bu·de	动、副	中补	不得	这件事怨不得他。/怨不得屋里这么冷，原来没关窗户。
Z					
怎么样	zěn·meyàng	代	派生	么	他画得也不怎么样。
怎么着	zěn·me·zhe	代	派生	么着	我们都报名参加了，你打算怎么着？
这么些	zhè·mexiē	代	定中	么	就这么些了，你要都拿去。
这么样	zhè·meyàng	代	派生	么	你可不能这么样做！
这么着	zhè·me·zhe	代	派生	么着	瞄准的姿势要这么着，才打得准。
之所以	zhīsuǒyǐ	连	派生		我之所以来晚了，是因为路上堵车。
指不定	zhǐ·budìng	副	中补	不	你别等他了，他指不定来不来呢。
左不过	zuǒ·buguò	副	中补	不	不是你来，就是我去，左不过是这么一回事。

后　记

我对汉语固化三音词的关注，大概是从 2013 年上半年开始的，标志性的事件是 2013 年 11 月受邀参加北京语言大学举办的“首届《世界汉语教学》青年学者论坛”，于 10 日下午作了题为《“别不是”“可不是”的表义倾向及词汇化》的大会报告，有幸得到会评专家吴福祥教授以及参会专家学者的批评指正。会后 3 年又进行了反复修改完善，文章的压缩版《三音节固化词语“X 不是”的表义倾向及词汇化》发表在《世界汉语教学》2017 年第 1 期上。这是本课题的第一篇文章，也是本课题的奠基之作。

对固化三音词展开全面的研究，是从 2017 年申请获批国家社科基金项目《三音节固化词语的词汇化、语法化和构式化研究》开始的。在研究过程中逐渐发现，一些典型的固化三音节词，学界研究成果很多，很难再有创新。在经过几个月的反复思索后，决定把研究重点转向一些有所固化但固化程度又不是很高的三音词上。这样受已有大量三音词研究成果禁锢的研究思路一下子就打开了，课题的创新空间也获得了很大提升。比如本课题有的三音词研究，以描写分析为主，理论解释略显不足，但是因为学界还没有相关研究，所以还是有一定创新性，我称之为“小创”；有的三音词研究既有详细的描写，又有理论上的思索和解释，那么就是“大创”。

本书的大部分章节都已在期刊上发表，如《世界汉语教学》《语法研究和探索》《语法化与语法研究》《成都大学学报》《沈阳大学学报》《大连大学学报》《安庆师范大学学报》《淮北师范大学学报》《阜阳师范大学学报》，等等。在学术研究“内卷”极为严重、发文章越来越难的今天，我要对以上这些期刊表示由衷的感谢。跟期刊上已发表的版本相比，本书中的相关章节都有一些修改完善。有的章节对例句作了删减，并补充了论证，如“X 不是”。有的章节作了较大篇幅的扩充，如构词图式“X 不成”，比发表的版本增加了 2000 多字。受到书稿版面的限制，有的章节作了较大篇幅的删减，比如构词图式“X 不然”，删掉了共时层面的句法语义特征描写（约 4000 字）。有的章节作了一定程度的改写，如“到头来”“蓦地里”。此外，接受一位国家社科结项评审专家的建议，书的最后增加了一个固化三音节词表的附录，并揭示出关键信息，以便全面反映现代汉语中固化三音节词的基本面貌。

从 2013 年算起，我对固化三音词的研究已超过 10 年。这 10 年间我指导硕博士生们在固化三音词这块土地上，披荆斩棘，辛勤耕耘，看着学生们的不断成长和顺利毕业，我内心很是为她们高兴。本课题的主要观点和学术创新，集中体现在“绪论”“构词图式”和“结语”这几章。此外，还有不少研究成果没有收录到本书中来，好在本课题的另外两部书稿《固化三音词的共时变异与历时演变》《固化三音节短时副词研究》，未来几年将会陆续出版，以便学界同仁更好地了解本课题的全貌。

词汇化一直是我的研究方向之一，前些年我关注的焦点是双音化与词汇化、语法化的关系，主要成果《试论双音化在语法化中的双重作用》（《世界汉语教学》2010 年第 2 期）和《双音化在语法化中分化作用的句法位置》（《汉语学习》2019 年第 3 期）已经发表，后者被人大报刊复印资料《语言文字学》（2019 年第 10 期）以及“中国社会科学网”全文转载，又被收入《语法化与语法研究（十）》，在学界产生了良好的反响。最近几年我的词汇化研究已经从双音化向三音化转变，我经常跟学生开玩笑地说，这是词汇化研究的 2.0 版向 3.0 版转变。此外，学界还有学者强调语素在词汇化研究中的重要性，由于语素大部分都是单音节的，那么这一词汇化的反向研究思路，或许就是词汇化研究的 1.0 版。当然，这三个词汇化研究的版本并不存在好坏高低之分，只要能揭示出汉语词汇化的特点，那就是好版本、好的研究思路。

李思旭

2023 年 8 月 16 日